eye.

守望者

——

到灯塔去

安托南·阿尔托

Antonin Artaud

〔美〕大卫·A.谢弗 著 唐建清 译

David A. Shafer

南京大学出版社

目 录

安托南·阿尔托,摄于 1920 年,
在他的精神病医生图鲁兹的诊室里。

引 言

在 1996 年的一次采访中，法国文化理论家让·鲍德里亚（Jean Baudrillard）断言："每个人都应该与阿尔托有一种独特的个人关系。和他在一起，我们总是处于一种很不堪的境地。他成了一个非人格的存在。"[1] 鲍德里亚似乎是说，肉体的阿尔托的离去导致了一种质变；在这个过程中，阿尔托几乎达到了神话般的地位。其他人，包括那些最接近阿尔托的人，也认同这个结论。2012 年 4 月，阿尔托的外甥塞尔日·马劳塞纳（Serge Malausséna），阿尔托最后一位在世的亲属，在和我的谈话中提到了两个阿尔托的存在：一个是曾经在世的，另一个是我们观念中的。换句话说，阿尔托已经成为某种重写本（palimpsest），在那上面我们写下我们想要在他身上找到的，甚至在我们自己身上找到的东西。

在某些方面，阿尔托以两种方式促成了这一点。首先，他对文学表现方式的选择引人注目，同时又让人晕头转向。他写的很多东西旨在超越传统交流的界限：这是模糊的象征主义、故意混淆、性爱假正经和怪异而污秽的类比的混合物，再就是作为追逐者的"诅咒和符咒"（curses and spells）——然而，这种奇怪的混合物又写得极好。其次，在为墨西哥超现实主义艺术家玛丽亚·伊兹奎尔多

（María Izquierdo）筹办的作品展览所写的一篇文章中，阿尔托指出，客体移动时，它们会交换属性并发生变形。[2] 就他而言，无论生前还是死后，他的人生旅程导致他人格的相应改变，这有什么奇怪的呢？

很明显，鲍德里亚无意抹去阿尔托似乎故意涂在思想之窗上的淤泥，而我也欣然认同，研究阿尔托意味着要尊重他那看似被凯夫拉纤维（Kevlar）蒙着的脑袋的不可穿透性。但尽管如此，我读得越多，就越觉得他的思想有其逻辑性。为了让文字更清晰，进精神病院之前的阿尔托与那个在法国精神病院关了近十年，却独自存在于他脑子里的家伙相比，简直是小儿科。无论他在 1937 年第一次被送进精神病院时是否精神失常，他在战时法国精神病院的艰难岁月对他精神健康都没有任何帮助。最后几年禁锢在罗德兹（Rodez）期间，他接受了电击疗法，这可能使他重新振作了起来，为重返社会做了准备，但对阿尔托来说，这是个体易受符咒（envoûtements）影响的又一个例子。考虑到强权势力对他的影响，人们很容易将这些对符咒的指涉归结为他对唯灵论（spiritualism）的嗜好，但除此之外，阿尔托还能如何理解这一切呢？

阿尔托的作品和思想始终如一；它们喊出了（有时真的是喊叫）异化和反叛：对他年轻时愚蠢的资产阶级价值观的反叛；对西方文化规范特权的反叛，包括理性（reason）和合理性（rationality）；对权威的反叛；对财富的力量的反叛；以及对自然的颠覆。除去即使不是不可理解的，也是怪诞的象征主义和无稽之谈，阿尔托的思想与法国革命传统的理想是一致的，它挑战了普遍的统治，尤其是资产阶级的统治。然而，19 世纪的法国革命者将他们的挑战置于社会政治领域，而阿尔托的革命则集中在意义、理解、表征和符号的文化空间。

尽管身边有朋友和仰慕者，阿尔托的人生旅途仍然是孤独的，他

1947 年，阿尔托在塞纳河畔的伊夫里（Ivry-sur-Seine）私人疗养院。

得到的安慰转瞬即逝，而且通常要依靠鸦片。他作品中流露出来的
情感，他内心的残酷的天赋，他遣词作文时的质朴，他所受的痛苦
折磨和他那空灵的神态，使所有遇见他的人都为之震惊；对他们来
说，只有在舞台上或银幕上表演时，他才是真正的表演家。阿尔托
认为他的生命是一场漫长而混乱的本体论危机，是一场他和强权势
力之间的他自己永远无法赢得胜利的激烈竞争——他所在的小圈子
充斥着强权势力，但作为一种被制造出来的存在的产物，它却不能
被完全信任。对我来说，阿尔托是个神话般的人物，他优美的散文
激发了我们的想象力，而他的人生故事则吸引了我们的好奇心。同
时，他也是一位有思想的作家，他深入地审视和揭露了一个残酷的
世界，或者说一种残酷的戏剧。

安托南·阿尔托，约 1918 年。

第一章
青　年

　　1918 年底，有近三分之一的在 1880 年至 1900 年间出生的法国人在一场战争中伤亡，这场战争主要发生在法国本土，带来了前所未有的大屠杀和毁灭。在 1914 年第一次世界大战的宣言中，那一代人中有许多人对此表示欢迎：有些人认为这是对 1870 年军事溃败的报复（revanche）；有些人是尼采分子，荷尔蒙激发了年轻人的雄性和活力；有些人相信战争会使一个腐朽的社会焕发生机。然而，这场战争只是影响了这代人的一系列技术变革与政治和文化动荡的结果。

　　1913 年，诗人夏尔·佩吉（Charles Péguy）感叹世界在过去三十年里的变化，比基督诞生后近两千年的变化还要大，尽管他指的是精神价值的丧失，但也可以暗指电话、电报、电影、汽车、飞机和电力使生活的即时性和快节奏成为可能。[1] 不管新技术有什么好处，它都带来了不确定性——对一些人来说，这是一场生存危机；对另一些人来说，一个与过去或现在截然不同的未来使他们感到兴奋。最重要的是，技术变革代表了对资产阶级世界的安全与保障的破坏。

　　撇开技术不谈，民族主义在巴尔干地区的兴起预示着一个重新划分的、充满冲突的欧洲。政治运动预示着欧洲的结构性转变。社会主义为工人阶级提供了一个替代民族主义的身份。女权主义使女性意识到男权社会的不平等。在法国，一个动荡的世纪里，共和主义与威权主义之间的冲突随着德雷福斯事件*达到了高潮。尽管根植于当时猖獗的反犹主义，但对阿尔弗雷德·德雷福斯上尉（Captain Alfred Dreyfus）的不公正对待，是对君主政体、军国主义及教会的无条件服从传统的控诉；但对另一些人来说，不公正并没有让这个国家滑向现代主义和混乱那么重要。

无政府主义——一场文化及非政治的政治运动——挑战国家的存在本身，谴责作为其必要条件的权威是对基本自然权利的抑制，即使不是直接的侵犯。[2] 在 1893 年至 1894 年间，无政府主义者的炸弹在法国众议院、拉玛德莱娜区（La Madeleine）、受欢迎的餐馆和治安官的家中爆炸，他们的直接行动在巴黎引起了轰动。[3]

1896 年 12 月 9 日至 10 日，在奥雷连诺－玛丽·鲁格内－坡（Aurélian-Marie Lugné-Poe）的指导下，作品剧团（Théâtre de l'oeuvre）在新剧院［Nouveau-théâtre，即现在的巴黎剧院（Théâtre de Paris），位于布兰奇街（rue Blanche）］上演了阿尔弗雷德·雅里（Alfred Jarry）的《乌布王》（Ubu Roi），政治和文化无政府主义得以成形。《乌布王》的主要人物乌布老爹（Père Ubu）贪婪、盲目、残酷、凶狠地追求权力；他的目标和方法兼有肆意的残暴和幼稚的怪异，揭示了权威天生的破坏性和暴虐性。《乌布王》的主题并不是该作品最令人震惊的方面。雅里的作品让演员自由地扮演木偶般的人物，并使用闹剧的——如果不是低俗的——幽默和特殊的舞台表演来扰乱观众对戏剧的先入之见，以及观众对舞台现象的反应。每一个方面

---

* 德雷福斯事件（the Dreyfus Affair）：1894 年法国陆军参谋部犹太籍上尉军官德雷福斯被诬陷犯有叛国罪，被革职并处终身流放，法国右翼势力乘机掀起反犹浪潮。此后不久即真相大白，但法国政府坚决不承认错误，直至 1906 年德雷福斯才被判无罪。——译注

都设计得令人震惊；甚至雅里的酒友们在观众中的捣乱行为也在设计之中，这要么是为了吸引观众的注意力，要么是为了把戏剧事件从舞台转移到观众席，从而破坏戏剧体验。[4]

《乌布王》是对"资产阶级的自满情绪"及其所依据的理性、道德、合理性、现实和物质原则的一道名副其实的战争动员令；在战争的废墟上，可能会出现一个凤凰涅槃的新时代，让一个腐败堕落的社会获得重生。[5]然而，参战的那一代人所期望的文化、社会和政治的复兴并没有在战争结束后出现；相反，这一代人徘徊在两个世界之间，而两个世界都建立在幻想和幻灭的基础上。

《乌布王》的上演与安托南·阿尔托的出生（1896年9月4日）几乎在同一时间。毫无疑问——无论是从生命进程的角度还是从法律文件的角度——这是他进入这个世界的日子。在去世前两年，阿尔托写道：

> 我的公民身份，安托南·阿尔托，不无疑问地将1896年9月4日早上8点作为出生时间。我出生于法国罗讷河口省马赛市，植物园街四号，四楼。然而，我反对这一切，我需要更多的时间，我指的是实在的、真实的、被证实的、实际的、真正的时间，让我变成这样一个急躁的、无法控制的混蛋。[6]

出生和重生是阿尔托努力寻找自己身份的核心。在罗德兹的精神病院接受治疗（1943—1946）之前，阿尔托几乎没有写过他童年的任何事情。然而，在罗德兹，阿尔托对存在的最玄妙的思考，都是从真实与想象的追溯性（*a posteriori*）融合中萌生出来的。在这一时期，阿尔托深奥的作品是对其性格形成时期的逸事式的重建，它们对其童年经历的披露较少，而更多是一扇窗口，让我们了解他是如何处理记忆深处遗留下来的东西的；像他的出生日期这样看似不言自明的事情，变成了一场关于他的自主性的自我较量，一场"存在与虚无"的危机，其目标是超越事实。

阿尔托不断地为努力控制他的整个生命而奋斗，他从子宫中的诞生只是民政局定下的一个日期，是施加于他并任意定义他的那种控制权的进一步延伸。阿尔托竭尽全力挑战身份、思想和自我的决定因素，以及作为整体控制的文化规范。阿尔托的大部分思想，以及这些思想在含混与清晰之间几乎无处不在的摇摆不定，主要是在他后半生形成的，但可以认为，这些思想是从他早年的经历中孕育出来的。由于他将有形的自我和无形的自我分开，阿尔托的罗德兹作品缺乏连贯性，更多的是向我们展示他关于实际存在的短暂和肤浅的观点：

> 灵魂并不置身于肉体，但是灵魂必定产生肉体，就像肉体在我体内生活了一段时间之后产生了灵魂，不是在生活状态，而是在永恒状态——既不醒也不睡——中，也就是说，必须学会在我的身体中生活。[7]

阿尔托在得知自己即将获准离开罗德兹的消息四天之后写了一封信，当他进入了一个比较清醒的阶段，他便将他对神话和史诗的喜好与他的出身联系起来，并声称：

> 我不来自这个世界，我不像其他有父母的人，我记得所谓的出生——1896 年 9 月 4 日在马赛植物园街四号——之前我生命的无限序列，我来自另一个地方，不是天空，而是永远像地狱一样的土地。五千年前，我在中国挂着一根据说是老子用过

的手杖，而两千年前，我在朱迪亚*……[8]

阿尔托的家族根源在他的身份和思想上都留下了不可磨灭和持久的印记。在父系方面，阿尔托一家来自马赛，马赛是法国在地中海的主要贸易港口，而他的母系祖先则是希腊人，生活在奥斯曼帝国位于爱琴海的大都市士麦那（Smyrna，即现在的土耳其伊兹密尔），这是一个贸易的十字路口，是不同种族（主要是希腊人和土耳其人，还有少数犹太人、亚美尼亚人和西欧人）的聚集地。

一位法国观察家称：

> 由于它的地理位置、天然肥沃的土壤、梦幻般的气候、错综而又迷人的道路及宽敞的码头长廊，富饶的小亚细亚港口士麦那，汇集了马赛和蓝色海岸的一切迷人之处。[9]

还是个小男孩的时候，阿尔托和他的妹妹玛丽-安吉（Marie-Ange）经常陪着他们的外祖母玛丽埃特［Mariette，也称内妮卡（Neneka）］去她的家乡士麦那；在1911年之前，阿尔托时常去那里度假，学习现代希腊语，并沉浸在这座城市中西文化兼收并蓄的氛围中。然而，阿尔托少年时期的那个士麦那勉强撑到了他的成年期。到1922年时，随着奥斯曼帝国及后来的土耳其共和国当局对该城进行了直接和秘密的"种族清洗"，士麦那城的希腊人已不复存在。

不管他是否直接承认，地中海对阿尔托产生了重大的影响。阿尔托对非西方文化的追求、希腊戏剧对他的表演理论的影响，以及他

---

* 朱迪亚（Judea），古代巴勒斯坦南部地区，包括今以色列南部及约旦西南部。——译注

安托南的外祖母玛丽埃特·纳尔帕斯（内妮卡）和她的儿子约翰。

对神秘精神体验的追求，都带着他的家族根源不可磨灭的印记，以及马赛和士麦那之间文化和传统的异域混合。阿尔托的语言运用也体现了他的这些早年经历。他年轻时学过的希腊语回荡在他辅音浓重的方言中，构成了他在罗德兹的创作特色。此外，在他生命的最后几年里，他对"莫莫"（le Mômo）这个绰号的讽刺性或自嘲性采用，通常被视为是对马赛语"莫莫"（momo）的重复使用，指"白痴"或"笨蛋"。然而阿尔托添加了长音符"~"后，这个词也指希腊语的 mômos（调侃），这是摩墨斯（Momus）——嘲笑和俏皮话之神——的衍生义。[10]

阿尔托的族谱是一张同族婚姻关系之网。他的祖母和外祖母是姐妹，不过她们在十岁之前就分开了；外祖母玛丽埃特和家人留在土耳其的士麦那，而他的祖母凯瑟琳（Catherine）随同一个叔叔去了法国马赛。玛丽埃特的两个孩子嫁给了凯瑟琳的两个孩子，从而产生了两对通婚的表兄妹，阿尔托的父母安托万-罗伊·阿尔托（Antoine-Roi Artaud）和欧弗拉吉·纳尔帕斯（Euphrasie Nalpas）就是其中一对。无论在他改编的《钦契》（Les Cenci），他翻译的马修·格雷戈里·刘易斯（Matthew Gregory Lewis）的《修道士》（Le Moine）以及他的罗德兹作品中，他是否把乱伦作为一种比喻，阿尔托脆弱的身心状态都暗示了纳尔帕斯-阿尔托家族关系中未能解决的冲突与不可调和的思想。

生下安托南后，欧弗拉吉又生了八个足月的孩子，但只有两个——玛丽-安吉和费尔南多（Fernand）——活到成年，其他六个可能先天不足；如果确实如此，这也许可以为阿尔托的各种疾病提供一种解释。[11]五岁时，阿尔托被诊断出脑膜炎。然而，考虑到这种疾病的误诊率，加上治疗方法的缺乏（以及由此导致的近乎最低的存活率）和他的症状，阿尔托实际上不太可能患上这种疾病。然而，

安托南，2 岁，1898 年。

5 岁的安托南和他的妹妹
玛丽-安吉。

为了治疗儿子的疾病，或许是为了减轻欧弗拉吉对再失去一个孩子的恐惧，安托万-罗伊买了一台静电发电机，这在当时可谓治疗各种疾病的灵丹妙药。

阿尔托七个月大的妹妹杰曼（Germaine）在他九岁生日的前两周去世，这给他留下了持久的印象。杰曼曾是这个家庭的重心，因为这个家庭已经经历了三次死胎和一个新生儿的死亡。在被保姆粗暴对待后，杰曼死于内出血。六年后，阿尔托的外祖母内妮卡在士麦那去世。阿尔托与外祖母的关系非常密切，对杰曼则知之甚少，但这两次死亡都影响了他对生死问题的看法。

当阿尔托在罗德兹重新开始写作时，杰曼成了他文学萌芽的一个准同音异义的（quasi-homonymic）象征*；杰曼既天真又纯洁，她是他五十多次电击治疗后身体复活的幻影。[12] 在他计划出版的作品集的序言中，阿尔托描述了他的一个幻觉："1931 年，当我坐在蒙帕纳斯的多姆咖啡馆外，我有一种感觉，她在附近看着我。"[13] 在同一篇文字中阿尔托提到，杰曼、外祖母内妮卡和艺术评论家伊冯·阿兰迪（Yvonne Allendy）就像被社会勒死了一样。[14] 尽管事实上没有人被勒死，但对阿尔托来说，勒死象征着一种剥夺灵魂本质的手段，也象征着一种清除"所有那些（社会）想要摆脱或防范的人的手段，因为那些人拒绝成为社会的肮脏勾当的帮凶"[15]。

在许多方面，阿尔托是他的资产阶级家庭的规范和价值观的产物和受害者。当资产阶级在 19 世纪上升到政治、社会和经济权威的地位时，其文化货币成为衡量其社会霸权的标准。秩序、稳定、理性、消费主义和对进步的承诺——这些理想在家庭中孕育，很大程度上由家长的权威来强制实现和加强——定义了资产阶级。尤其在

---

* 法语中萌芽（germination）与杰曼（Germaine）发音接近。——译注

从左至右：安托南、费尔南多、欧弗拉吉、玛丽-安吉，约1918年。

他和父亲的关系中，这个男孩"发现自己窒息而死。没有身份，他只存在于虚拟的状态中：总有一天他会和父亲的形象如出一辙……"[16] 由于安托万-罗伊的社会和文化地位，他的家庭是延续资产阶级价值观的熔炉。根据玛丽-安吉的说法，安托万-罗伊从事他的男性祖先的海上贸易，他们是"有荣誉的人、严肃正直的人、有责任心的人……当时机来到，要追随父辈的脚步，知道如何成为一个真正意义上的老板"[17]。

然而，从很小的时候起，安托南就注定不会遵循阿尔托家族男性的伟大航海传统。到安托南十一岁生日的时候，阿尔托-纳尔帕斯的企业已经所剩无几了。1906年，家族生意——航运——的主要部分被出售，只剩下安托万-罗伊一家为其投保；此外，奥斯曼帝国的不稳定正威胁着地中海航运业。当安托万-罗伊努力履行他作为一家之长的职责时，所有这些对他来说一定是痛苦的：这个家庭一度稳定的社会地位及其长子经济前途的保障，变得越来越不现实了。[18]

安托万-罗伊对资产阶级父权模式的严格遵守，使得他在教育和职业发展之外的事情上与他的儿子保持一种疏远和名分上的关系。对阿尔托来说，资产阶级门面与实质的缺乏之间的不协调集中体现了父辈世界的虚伪。安托万-罗伊被玛丽-安吉描述为"有教养的、博学的、有艺术情趣的，（但是）与他那个时代的社会相一致，有点刻板"，安托万-罗伊很可能因他不能给儿子提供一份工作以及安托南没有达到他的期望而感到失望。也就是说，安托万-罗伊在 20 世纪 20 年代早期的经济支持对安托南开始他的艺术冒险是至关重要的。[19]

安托南后来写了一些关于"父亲"的带有轻蔑意味的文章，尤其是关于安托万-罗伊。[20]1936 年，他在墨西哥城举办了一系列关于超现实主义的讲座，阿尔托在一份讲稿中写道：

> 家庭是社会束缚的基础。父子之间缺乏兄弟情谊一直是所有以权威和头面人物对其同胞的蔑视为基础的社会关系的典范。父亲、祖国、恩人，这是古老父权社会赖以生存的三部曲，也是今天法西斯主义的流毒所在。[21]

在同一个讲座的后面，阿尔托特别提到了安托万-罗伊：

> 二十七年来，我一直生活在对"父亲"，尤其是对我父亲的隐秘的仇恨之中。直到我看到他死去的那一天。现在，我指责他压迫我的不人道的暴行已经不复存在了。另一个人离开了他的身体。我生命中第一次，这位父亲伸出了双臂。我对自己的身体很敏感，我知道他的身体使他一生都烦恼，我们生来就是为了抵抗灵魂的欺骗。[22]

安托万-罗伊在安托南的成长期中是一个遥远的存在，从来没有

安托万-罗伊·阿尔托，安托
南·阿尔托的父亲。

培养出一种慈爱的父子关系，他就像一个不祥的幽灵笼罩着儿子的
身份和未来；给安托万-罗伊带来成功的世界，以及定义成功的价值
观，与他儿子和儿子的伙伴们是对立的。安托南在墨西哥城的那些
讲演中阐述对父权制的看法时，安托万-罗伊已经死去十几年了，他
和他的同辈所统治的社会与文化已经被一场世界大战及其后果弄得
支离破碎。在 20 世纪头二十年里所提出的问题和暴露出来的矛盾使
安托万-罗伊的世界如释重负；秩序、安全、稳定和西方的必胜信念
不过是一种伪装，几乎无法掩盖表面之下的颓废和空虚。

和他与安托万-罗伊的关系相反，阿尔托与母亲关系密切，对她
几乎到了痴迷的地步。如果说安托万-罗伊是"世纪末"(fin-de-siècle)
父亲的典范，那么欧弗拉吉则是符合资产阶级家庭生活主流模式的。

欧弗拉吉·阿尔托-纳尔帕斯，
安托南的母亲。

她的生活很少超出家庭范围，大部分时间都花在阿尔托身上。阿尔托掌握了操纵母亲的艺术，假装神经错乱，令欧弗拉吉感到恐惧，并吸引她的注意力。[23]玛丽-安吉回忆说，阿尔托对他母亲"有一种特殊的柔情，仿佛他的潜意识已经预见他那悲惨的生活需要这个可敬的女人"[24]。据玛丽-安吉说，1924年安托万-罗伊死后，阿尔托写了无数封信给欧弗拉吉，恳求她和他一起住在巴黎；直到1937年阿尔托的持续治疗期开始之前，母子俩几乎形影不离。[25]

由于欧弗拉吉强烈的神秘天主教信仰，阿尔托的童年很大程度上浸染在宗教中。阿尔托的学校教育始于 1907 年的圣心学校（Collège Sacré-Cœur，一所中学），这一选择既反映了阿尔托家庭的社会地位，也肯定了他们的宗教信仰：圣心学校的学生来自马赛的资产阶级，在世纪末将孩子送到教会学校是一个家庭宗教虔诚的强烈表示，即使不是出于对法兰西共和国的世俗价值观的敌意。[26]在圣心学校，阿尔托发现了诗歌，并与几位同学合作出版了一本杂志。阿尔托的贡献反映了他所熟悉的区域——马赛，它的文化及海洋环境——和他最喜爱的诗人，即埃德加·爱伦·坡、夏尔·波德莱尔和莫里斯·罗利纳特（Maurice Rollinat），他们都挖掘了超自然、潜意识和恐怖的主题。与亚瑟·兰波（Arthur Rimbaud）和斯蒂芬·马拉美（Stéphane Mallarmé）的作品的接触，增强了阿尔托诗歌表达中意识和无意识之间的相互作用，以及他脱离语言习惯进行表达的无限可能性。阿尔托在青少年时期对诗歌的发现使他遇到了挑战经典的诗人，这并不奇怪。然而，在这个充满天主教神秘主义的性格形成期，阿尔托似乎感到困惑，无法处理那些争夺并最终塑造他的思想的看似不相容的力量。

阿尔托早期，即青少年时期的诗歌创作自然带有他所受文学影响的痕迹；但在一个主题上，阿尔托似乎找到了自己的声音。在早期的几首诗中，阿尔托绝望地描写了存在的停滞和一个看似死亡的世界。在这些作品中，我们也许可以看到女性与死亡之间的联系：出生时的分离预示着个人与其本质的分离，这是阿尔托在巴黎头几年创作的诗歌中内涵更加丰富的主题。[27]

1914 年，在巴黎圣心学校的最后一年，阿尔托的行为发生了令人困惑的转变。他烧毁了他的大部分作品，并把藏书分给了朋友。对阿尔托来说，在学校的最后一年可能是个转折点，一个净化的时刻，以免他的智力和艺术的成熟被他年轻时的欲望所困扰；然而，在 1914 年 1 月 1 日写给父母的信中，阿尔托同时用他的儿时昵称"Nanaqui"和本名"安托南·阿尔托"作为签名，这表明他在向成年人过渡的过程中可能有些犹豫，也表明了他的困惑。[28]定义和改变阿尔托一代的战争始于 1914 年；尽管战争的起因或轨迹在当年的头六个月里无法看清，但一种更广泛的不确定感弥漫在法国青年中。

如果说他的藏书和他自己的艺术作品的流失有迹可循，那么阿尔托不断变化的情绪则为他的未来提供了几乎是先见之明的兆示。在青春期，阿尔托变得非常虔诚，每天祈祷，并计划成为一名牧师，但后来他突然放弃了这个计划。成年阿尔托的精神追求在极端的宗教信仰、异教的神秘主义、非宗教的灵性和无神论之间摇摆不定。1914 年，也是阿尔托和他的家人开始注意到他的后天人格所依附的心理困扰和抑郁的最初迹象的一年。

退缩、孤僻和恼怒都是阿尔托的状态。据费尔南多说，他的父母咨询了一位精神科医生，医生得出的结论是，阿尔托不喜欢他的父母。[29]作为回应，1915 年，安托万-罗伊和欧弗拉吉把阿尔托送到约瑟夫·格拉塞（Joseph Grasset）医生在蒙彼利埃经营的诊所，这是阿尔托生活中第一个将精神疾病与文化天才联系起来的精神病专科医生。在格拉塞看来，阿尔托一定是其著作《神经系统疾病治疗》（*Thérapeutique des maladies du système nerveux*，1907）提出的理论的鲜活证据，即神经失调往往是由血缘关系和对宗教的过分沉溺造成的。[30]格拉塞诊断阿尔托患有神经衰弱。神经衰弱的特征是神经疲惫、嗜睡、身体疲劳、焦虑和抑郁。如今，神经衰弱很少被视为一种精神疾病，而常被视为有闲阶层的发明。格拉塞为阿尔托提出了各种各样令人眼花缭乱的治疗方案——进行水疗、矿泉浴，以及摄入各种麻醉剂和兴奋剂——并建议阿尔托到马赛郊区拉鲁吉埃（La Rouguière）的疗养院住一段时间。在那里，治疗过程主要集中在水

从左至右：安托南、费尔南多和欧弗拉吉，约 1913—1914 年。

疗法和激惹源隔离：就阿尔托而言，就是与他的家人相隔离。[31]然而，拉鲁吉埃只是阿尔托五年旅居生活的开始，五年里，他穿梭于法国南部（普罗旺斯、比利牛斯、萨伏伊）及瑞士的各个诊所和疗养院之间。

1916年8月，距安托南·阿尔托二十岁生日还有不到一个月的时间，阿尔托正在接受神经衰弱的治疗，却被征召到第三步兵团（Third Regiment of the Infantry）。尽管接受的是公认的神经紊乱的治疗，法国军方却认为阿尔托适合服兵役，凡尔登战役对士兵的迫切需要和阿尔托的驾照可能是他入伍的决定性因素。除此之外，医生将男性的神经紊乱与"女性疾病"歇斯底里症联系起来，将其看作阉割引起的社会退化和社会衰落的标志；这场战争被视为"一场鼓舞人心的男子汉体验，它可以让法国男性重新焕发活力，甚至恢复男子气概，从而有助于重建法国社会"[32]。战争带来的贫困和危险注定会把阿尔托与无数像他一样的人解救出来，使他们免于沉沦，并在这个过程中复兴法国社会。

阿尔托驻扎在法国东南部的迪格尼（Digne），他在军队里度过了一段短暂而平静的时光。在服役五个月后，出于不明的健康原因，他暂时退役，1917年底，他得以完全解除兵役。后来，阿尔托说他因为梦游而退役，但他母亲在阿尔托的一次精神病治疗中接受精神科医生的采访，说是"因为他神经紧张"。[33]阿尔托得以解除军籍很可能是因他父亲的权势，因为在1917年这个关键的年份里，法国军队拼命弥补1916年的巨大损失，几乎没有人能得到类似的待遇。

第一次世界大战对几乎所有参战者都造成了创伤。科技进步带来的破坏给一代人留下了心理阴影，他们不再以冒险和期待的眼光看待战争。战争造成的大量伤亡和给精神带来的恐惧促进了精神病学的发展。关于阿尔托在战争期间短暂服役的记录已不多见，因此，无法确定他是否真切地经历了导致他退役的精神或身体上的痛苦。如前所述，在被征召时，阿尔托已经有了神经系统疾病的记录（从他被诊断出脑膜炎时的偏头痛开始）；他的心理治疗几乎没有中断，一直持续到 1919 年底。

在后来的生活中，阿尔托写了战争和他的性意识觉醒之间的短暂联系，这两大"灾难"不可避免地交织在一起。阿尔托声称自己在 1914 年就经历了青春期（尽管不太可能在 17 岁的时候发生），他很可能将他的性觉醒与青春期的生理现象混为一谈了。在给画廊老板科莱特·阿兰迪（Colette Allendy）的一封信中，阿尔托拐弯抹角地要求对方提供"血液"，以"弥补 1915 年在马赛被人偷走的小酒瓶"。[34] 他的初次性体验——他从未真正详述过的经历，尽管他经常含糊地提到它——是痛苦的一个来源，他痛苦的另一个来源我们只能猜测：战争，或者他脆弱的精神状态，又或者是两者的结合。[35] 无论如何，阿尔托始终把青春期的失落与战争联系在一起，这似乎代表了他对青春的渴望，他从未掌握自己的青春，而这个成长期过早地被打断，他对自我定义的追求从未实现。

虽然阿尔托在战争中没有受伤——因此也就看不出他参加过什么行动——但在后来的作品中，他似乎渴望与受伤有一种间接的联系。第二次世界大战期间，当他还在罗德兹的时候，他写了 1916 年在马赛无故被刺伤的事：

> 鲜血四溅，我流了好几品脱*血，我背上还有两道刀伤的疤痕，那是我做梦也想不到的，我产生了幻觉，尽管我所处的环境，自然是很怪异的。第一道伤疤是 1916 年 7 月马赛的另一场

---

* 容量单位，在英国等国家约合 0.568 升，在美国约合 0.473 升。——译注

> 战争中一个皮条客给我留下的，我这辈子第一次见到他……默默地从他身边走过，他也第一次看见了我。[36]

阿尔托对上述事件的迟来的回忆，发生在他被送入精神病院多年之后，这可能是由于记忆受到压抑。但这个事件也可能从未发生：并无官方记录。这是对过去的一种非认知夸大吗，因为他逃避了一场法国参战士兵伤亡率高达 71％ 的战争后想象力膨胀且产生了心理负担？难道阿尔托仅仅将自己变成了众多同龄人的牺牲品，并将自己置于战争伤亡者之列？

1917 年 1 月，阿尔托回到马赛，格拉塞医生告知他有梅毒的症状，他日后会写下他的耻辱。在 1943 年给雅克·拉特莫里埃（Dr Jacques Latrémolière）医生——他在罗德兹实施电击治疗——的一封信中，阿尔托写道：

> 根据您在我身上发现的某些病症，您怀疑我得了梅毒。这不是理所当然的，因为我逃避并厌恶一切不体面的人间性关系，认为我的身体能够在生命的任何时刻随意地满足自己，这让我感到非常生气；至于我的情况，我的遗传性梅毒，是许多法国医生都知道的老病了，第一个是蒙彼利埃的格拉塞教授，1917 年，由于我的瞳孔不正常，如您所知，他开了一大堆二碘化汞针剂。

阿尔托对最初的诊断表示怀疑，不认为自己是一个由遗传或其他原因导致的梅毒患者，但实际上他是"数百次注射的受害者……它们严重损伤了骨髓和大脑"[37]。在阿尔托写此信的时候，他对性的观念已经有了很好的阐述，这些观念至少与这个诊断有一点关联。格拉塞的初步检查产生了积极的结果；第二年，在接受了当时流行的抗梅毒注射疗法——每周服用两次各种药物鸡尾酒和含氰化物的烈性酒，并进行两次汞注射*——后，他的梅毒测试呈阴性。虽然这些治疗可能对阿尔托有效，但也有可能，就像他怀疑的那样，他从一开始就没有这种病症；当时，医生常常将无法解释的情绪紊乱归咎于梅毒。[38]如果对梅毒的诊断一直萦绕在阿尔托心头，导致了他对性的厌恶和恐惧，那么这很有可能促成了他对性的定义，即性是一种无法挽回的本质的丧失。

1918年末，阿尔托到达瑞士纳沙泰尔（Neuchâtel）附近新开的沙内（Chanet）诊所。在那里，他第一次尝到了吗啡和鸦片的味道，并决定以文学为职业。1920年3月或4月，阿尔托离开诊所。虽然他的病情有所改善，但他仍未被治愈；可以想到的是，诊所所长莫里斯·达德尔（Maurice Dardel）医生得出的结论是，他不能再为这个病人提供什么帮助了。无论如何，达德尔让他与爱德华·图鲁兹（Édouard Toulouse）医生取得联系，图鲁兹医生是巴黎南部郊区维勒瑞夫（Villejuif）一家精神病院的院长。选择图鲁兹并非偶然：达德尔意识到了阿尔托对文学的兴趣，而从1912年起，图鲁兹担任一本部分是文学，部分是科学的杂志《明天》（Demain）的编辑。如果阿尔托的精神状态在纳沙泰尔的定居环境中得以稳定下来，也许巴黎更有活力的文化生活和图鲁兹医生的指导将为患者提供一个治疗性的艺术出口。

当阿尔托搬到巴黎为艺术表现开辟新的前景时，他的本质已经被确定了。安托南不能，或者也许不愿意遵循家庭的资产阶级道德，矛盾的是，他却对此有所吸收。阿尔托接受了自己的思想和行为异

---

* 在15—19世纪，人类对梅毒进行了各种匪夷所思的治疗尝试，汞治疗便是其中一种，会导致病人发生严重的汞中毒，甚至因此丧命。——译注

常的观点，他把这种异常理解为一种病态。他有意无意地吸收和接受现行的规范和制度，但在努力保持一致的同时，他又不免陷入与自己的冲突之中。虽然马赛是贸易的十字路口，是各种文化的交汇处，似乎是自由的麦加，但对阿尔托来说，这是一个封闭的空间，他的个人解放受到他被寄予期望的现实和实现自我期望的非现实的双重束缚。随着战前文化实验的恢复，阿尔托在巴黎的停留也使他得以探索和拓展他的文学及戏剧思想的深度，并使他从规范的资产阶级体制的霸权中解脱出来。

安托南·阿尔托的素描，"病人 B"，达德尔医生诊所，1919 年。

第二章

巴　黎

第一次世界大战之前，爱德华·图鲁兹博士调查了法国精神病护理的糟糕状况。在世纪末，法国的精神病治疗缺乏其他医疗形式的权威和紧迫性。往好里说，法国公众和政府官员对此漠不关心；往坏里说，他们对精神错乱者的困境麻木不仁。然而，令人难以想象的伤亡率、经济混乱和因炮弹休克症而转业的士兵，给法国留下了"一群需要精神治疗和护理的公民"；对图鲁兹和其他改革者所设想的变革事宜来说，这个时期似乎是有利的。尤其是，图鲁兹希望把收容所改造成精神卫生保健医院。此外，需要这种护理的人可以自由地利用这种设施，而不必通过司法获准治疗；因此，即使是轻度精神病患者也可以得到精神护理，哪怕他们缺乏支付私人护理的费用。[1] 图鲁兹的目标是为中等收入的病人提供门诊精神治疗，这可能对阿尔托一家没有太大的影响，但他更大的目标——消除精神卫生护理接受者的社会耻辱感——是缓解他们的困境。

图鲁兹也是最早探索艺术创作、面相特征与精神病诊断之间对应关系的精神病学家之一。图鲁兹刚成年时是马赛本地报刊的文学和戏剧评论家，他认为精神病学跨越了艺术和科学之间的界限，精神病学家也是"小说家，他的工作基于准确的观察"。[2]1896 年，作为"高智

1920 年，阿尔托在图鲁兹医生的诊室里拍摄了这张照片。

商与神经病的关系的精神医学调查"（Enquête médico-psychologique sur les rapports de la superiorité intellectuelle avec la néuropathie）——一项未完成的关于"高智商"人群生理和心理状况的系列研究——研究小组的一员，图鲁兹将爱弥尔·左拉（Émile Zola）作为样本，煞费苦心地描述了这位作家的外貌和心理特征。图鲁兹的目标是辨识和确认天才，无论是文学天才左拉、都德（Daudet），音乐天才圣-桑（Saint-Saëns），视觉天才罗丹（Rodin），还是数学天才亨利·庞加莱（Henri Poincaré），他们都具有某些可解释的特征。图鲁兹使用的方法中有一种是前罗夏测试*；然而，图鲁兹并没有将社会常态和病理区分开来，而是将这项测试的结果作为衡量创造性冲动的标准。在开展这个项目两年后，图鲁兹被任命为维勒瑞夫现代诊所的主任。

1920 年 4 月上旬，在父亲的陪同下，阿尔托抵达巴黎。据图鲁兹的妻子说，她的丈夫几乎立刻就在阿尔托身上看到了创造性天才的特质，尽管他只能隐晦地提到阿尔托与"波德莱尔、奈瓦尔（Nerval）或尼采"同属一个"种族"[3]，这一"种族"坚决拥抱"非理性"，大胆拒绝理性的特权地位。[4] 图鲁兹把阿尔托带到他家，这是一个比维勒瑞夫更有利于引导和鼓励病人创造力的环境。

1912 年，图鲁兹创办了双周刊杂志《明天》，其宗旨是激发"更丰富的知识生活，使之更深刻、更清晰、更独立"，并邀请读者为其展开"积极的宣传"。[5] 图鲁兹把幸福定义为求知欲、共和主义道德以及身心健康的协调。作为曾经的实证主义者，图鲁兹强调科学是确保人类幸福的主要因素，这一立场很难与他对文化非理性的理想化相调和。但对图鲁兹来说，科学的普遍性将把人类从无知、偏执和恐

---

　　* 也叫罗夏墨迹测试（Rorschach ink-blot test）：让人解释墨水点绘的图形以判断其性格。——译注

阿尔托的素描：图鲁兹医生，1920 年。

惧中解放出来。与他的整体科学观相一致，《明天》的主题是多样化的：在出版的第一年，《明天》的六十八篇文章涵盖了戏剧、文学、政治权威、阶级和性别不平等、青少年犯罪、无政府主义、巴尔干战争、优生学、时尚、电影心理学等主题。[6]《明天》创刊一年后，图鲁兹引入了"生物治理"（biocraty）一词，用来描述科技官僚社会（scientific-technocratic society）。生物治理与共产主义有许多共同的目标：它们都是反资本主义和反资产阶级的，都努力实现国际主义，并将其作为历史进程的最后阶段。然而，根据图鲁兹的估计，实行共产主义（通过布尔什维克主义）是把没有文化和教养的人提升到自封的权威地位。

第一次世界大战的破坏和非理性给图鲁兹传达的信息造成了一种紧迫感；1919 年以后，他更加坚决和积极地反对资产阶级统治。虽然图鲁兹从未被阿尔托明确承认，但他对阿尔托的影响是显而易见的。1923 年，阿尔托编辑了一本图鲁兹关于偏见——无论是基于阶级、性别还是意识形态——的破坏性本质的文集，名为《爱德华·图鲁兹：克服偏见》（*Édouard Toulouse, Au fil des préjugés*），并撰写了序言：[7]

> 有些东西必须被摧毁。思想的扭曲、精神陋习，简而言之，罪恶，玷污了人类最初的判断。我们在一个充满谎言的环境中出生、活着、死亡。我们的老师，虽然是我们的血亲，但我们必须说，由于祖传的习惯，他们并非故意，而是无意识地成了不好的顾问……与偏见做斗争是一项令人钦佩的任务，但将通过对社会和道德谬误的彻底纠正而得以完成。[8]

在抵达维勒瑞夫后的几个月内，阿尔托为《明天》撰稿，内容涉及从学士学位新课程到艺术批评等各种话题。[9] 然而，对《明天》最重要的贡献是，阿尔托表达了对资产阶级风格的失望，并揭示了文化在反资产阶级的时代思潮中的重要意义。在《有毒的百货公司》（"Le Grand Magasin empoisonneur"）一文中，阿尔托对"教育百货公司"（Le Grand Magasin éducateur）很反感，而图鲁兹则赞美百货商店的美学和卫生优点。在对资产阶级的庸俗感到绝望的同时，阿尔托也表现出对图鲁兹日益增长的疏离：

> 百货公司对法国普遍的品位退化负有很大的责任。
>
> 百货公司以其适中的价格和送货服务，可以说是把资产阶级的住宅、乡村别墅、愚蠢的自助餐、仿古铜灯和今天公寓里所有那些可怕的装饰都加在一起了。
>
> 它通过消灭小商店及独具个人风格的门厅，来营造一种普遍的令人陶醉的趣味……
>
> 人是愚蠢和盲目的。他们不知道，人不是为了摆设而摆设，家具是为了实用，只有当它们是艺术对象或是不可否认的审美对象时，它们才能偏离这种非常严格的功能主义。

随后，阿尔托斥责阿里斯蒂德·布西科特 [Aristide Boucicaut，世界上第一家百货公司"乐蓬马歇"（Le Bon Marché）的创始人]，说他把家居美学变得庸俗、廉价和同质化，只是为了装满他的钱包。[10]

阿尔托对表演文化的商品化和平庸表现出不屑；他被戏剧吸引，既被新潮流吸引，也被更激进的观念革命的前景吸引。在第一次世界大战之前的二十年里，法国戏剧分为"林荫道戏剧"（boulevard theatre）* ——高度商业化的、传统的、夸张和喜剧性的、价格适中的戏剧——和先锋戏剧（avant-garde theatre）两种。先锋戏剧是 19 世纪波希米亚主义的产物，它努力将戏剧与艺术和心理学的新潮流联系起来。[11] 随着世纪末法国在政治上更加两极化，先锋派变得更加激进，将戏剧视为颠覆文化规范、挑战社会和政治传统的最佳论坛。[12] 阿尔托因接触到巴黎先锋派戏剧而燃起了对戏剧的兴趣，进而对戏剧的意义有了更深入的认识。

1893 年，奥雷连诺-玛丽·鲁格内-坡用他成立的作品剧团向法国戏剧发起了一场真正的攻击。鲁格内-坡向法国观众介绍了易卜生等斯堪的纳维亚象征主义者的作品，上演了阿尔弗雷德·雅里颇具争议的《乌布王》，并通过从虚无主义角度对性和腐败的诸种权威的描绘，构想了文化和政治层面无政府主义的融合。鲁格内-坡的文化无政府主义强调"行动和姿势的维度胜过语言"，削弱对话的重要性，着重于"场面调度"（mise en scène）。[13] 在易卜生的《人民公敌》（*An Enemy of the People*）及《乌布王》中，鲁格内-坡迷恋和陶醉于暴力；暴力行为本身成为一种姿态，并非作为手段，而是一种虽使人不安并具有破坏性但又能净化人的恐怖行为。无政府主义者和象征主义者重视姿势（gesture）** 的永恒和普遍性，而非修辞上的发明，尽管剧作家可能不会提倡实际的暴力。

作为一种反应性冲动，姿势还原了交流的原始本质；与此相应的是，通过放弃语言的反思性指令，姿势交流表达了隐藏在潜意识中的东西。艺术的新方向与精神病学的新潮流融合在一起，图鲁兹

---

* 19 世纪下半叶至 20 世纪中叶，巴黎歌剧院周围的主要林荫大道上兴建了许多商业剧院，主要上演以消遣与营利为目的的剧作。——译注

** 包括手势和其他肢体动作。——译注

就是这种科学与文化协同作用的先锋，他的杂志《明天》为文学和戏剧拓展了空间。

1913 年，雅克·科波（Jacques Copeau）接管并改造了第六区一个破旧的剧场，故意使它保持一种雅致而简朴的状态，并将它命名为"老鸽巢剧院"（Théâtre du Vieux-Colombier）。科波的梦想是把艺术带回剧场；简朴的内饰有助于回归"原始的完整性"和重新塑造演员及观众。不受那些使人类"机械化"并使戏剧成为对生活的平庸模仿的巧饰和肤浅的束缚，演员将揭示人类状况的本质；而对观众来说，戏剧将是一种启示性的体验，脱离了商业化的简化论（reductionism）的自满。[14]通过科波的戏剧敏感性和鲁格内-坡的政治化构想，法国戏剧所走的道路被重新引导了。图鲁兹把它看作自己"空气中弥漫着有益的再生思想"这一信念的结晶。[15]对阿尔托来说，科波的演员们适应角色时所展现出的自然，再加上布景那优雅的简约和想象力，预示了一个新的开端，从此法国戏剧可以向前发展，即使科波式剧场可能过于依赖文本。

"老鸽巢"是第一次世界大战期间的一个难民中心，1920 年 2 月作为剧场重新开放。战后，科波对观众几乎漠不关心，无论是观众身体的舒适、他们的判断和期望，还是他们对戏剧的接受度。舞台变成了一个独立的环境，没有任何装饰，与外部世界格格不入；文本和表演才是最重要的。1920 年至 1923 年间，老鸽巢剧院的门票是巴黎最受欢迎的门票之一；1924 年，科波也许因要取得商业上的成功就必须妥协而感到沮丧，于是终止了与"老鸽巢"的合作。

抵达巴黎后不久，阿尔托试图加入作品剧团的一场演出，与鲁格内-坡不期而遇；他给这位导演留下了深刻的印象。很快，阿尔托就在大剧院开始了无酬工作，有时是在幕后，有时作为临时演员。在一次不常见的关于 20 世纪 20 年代法国戏剧的回忆中，阿尔托说道，在鲁格内-坡导演的菲尔南·克罗梅林克（Fernand Crommelynck）的《伟大的绿帽子》（*The Magnificent Cuckold*，在该剧中扮演的角色是阿尔托最早的舞台角色之一）中，导演强调演员的姿势表现力而不是对文本的忠实：

> 鲁格内-坡创造了一个令人难忘的知识分子小丑形象，他在法国舞台上引入了一种类似勃鲁盖尔 * 风格的作品，他的声音仿佛是从一个黑暗的地方发出的咆哮，还有一连串的笑声，接着是从头到脚的各种身体的表达方式。[16]

阿尔托在剧场的聘用期并不长，1920 年 6 月，鲁格内-坡写信给图鲁兹，证实了他对阿尔托的兴趣，问"他以后会怎么样？"[17]虽然阿尔托对鲁格内-坡的态度最终带有批判性（阿尔托批评作品剧团，因为它"把美丽的北欧悲剧商品化了"），但在阿尔托离开作品剧团两年后，鲁格内-坡写道：

> 他才华横溢，这在年轻演员中是少见的品质，他们大多数人认为自己的技能仅能迅速产生丰厚回报。我已经让我的伙伴们注意安托南·阿尔托激昂的诗歌，但他不自然的措辞使第一步显得笨拙……排演《斯格纳瑞尔的疑虑》（*Scrupules de Sganarelle*）的时候，我和亨利·德·雷涅（Henri de Régnier）吸着烟，被这位令人惊讶的艺术家的身影所吸引，当时他还只是个跑龙套的，扮演一个受夜晚煎熬的资产者。他的化妆、他的举止，就像一个画家，误入一群演员中间。[18]

---

* 勃鲁盖尔（Bruegel Pieter, 1525—1569），荷兰画家。——译注

1921 年 5 月，阿尔托引起了国家公众剧院（Théâtre national populaire）导演菲尔明·格米耶（Firmin Gémier）的注意。作为一名演员，格米耶在 1896 年鲁格内-坡的舞台剧《乌布王》中首演乌布老爹这个角色。与鲁格内-坡相似，格米耶亦将戏剧视为革命的工具，用以挑战资产阶级社会的平庸。作为一个坚定的社会主义者，格米耶把戏剧想象成一场大型的表演，在大型的可拼装的剧场里上演，这种剧场可以在全国范围内搬迁；这让人想起雅克-路易·大卫（Jacques-Louis David）法国大革命期间的作品，演员和观众在部落庆典中欢聚一堂，他们的集体参与压倒了最后的自私自利的个人主义。最重要的是，对格米耶来说，戏剧必须把语言从资产阶级的束缚中解放出来，使之与集体的众声喧哗产生更大的共鸣。战争的结束为格米耶的愿景创造了有利的氛围；毕竟，这场大屠杀似乎已经败坏了资产阶级价值观的所有要素。1920 年，在政府的支持下，格米耶创立了国家公众剧院，一个旨在颂扬国家集体精神的机构，一个无产阶级的剧院。[19]

在 1921 年 10 月面试阿尔托之后，格米耶把他推荐给夏尔·杜兰（Charles Dullin），他之前是老鸽巢剧院的成员，现在是蒙马特（Montmartre）戏剧工作室的导演。阿尔托从科波、鲁格内-坡和格米耶那里提炼出了关于戏剧与社会的关系的思想，而杜兰对阿尔托对戏剧的理解产生了最为重大的影响。1921 年 10 月，阿尔托在给伊冯·吉尔斯（Yvonne Gilles，他在来到巴黎并进入戏剧领域之前认识的一位年轻女性）的信中第一次提到了杜兰，他对杜兰的戏剧的新的表现手法非常感兴趣：演员所做的一切都来自"灵魂"；美学选择是模仿日本戏剧的简朴；这些材料不是来自"托尔斯泰、易卜生或莎士比亚，而是来自霍夫曼（E. A. Hoffmann）和埃德加·坡"。[20]阿尔托在《行动》（*Action*）杂志上写道，杜兰的使命是"净化和复兴法国戏剧的道德和精神"[21]。

在追求一种更真实、更少做作、更少还原主义的戏剧体验的过程中，杜兰的思想更多集中在演员身上，而不是以文本为中心。为了实现这一目标，他建立了一个戏剧实验室，最初是为了远离巴黎的压力，在戏剧实验室，演员们可以一起生活和排练。[22]阿尔托去世两年后，杜兰回忆说，虽然阿尔托和戏剧工作室共享着物质上简朴的公共生活，他的衣服经常是凌乱的，但他仍然保持着"花花公子的样子"。杜兰为他的年轻演员们制定了一套内涵丰富的即兴表演方案，以此作为一种手段，让他们自己在把通过这些练习发现的东西搬上舞台之前，先发现内在自我。如果说即兴创作对杜兰来说只是一种局限于工作室的磨炼，阿尔托则认为即兴创作是一扇通向演员性格的窗户。[23]

杜兰强调戏剧是形而上的体验，并运用东亚戏剧的技巧（包括日本面具），这激起了阿尔托对神秘和魔力的兴趣。在给诗人、画家和前卫的"牛虻"马克斯·雅各布（Max Jacob）的信中，阿尔托写道，"在听杜兰讲课的时候，人们会有这样的印象，他重新发现了一些古老的秘密和被遗忘的关于场面调度的神秘"，然而，由于戏剧偏离这些原则太远，它们似乎就是创新。[24]杜兰对阿尔托的开放性感到满意，尊重他的戏剧整体观——甚至委托他为洛佩·德·鲁埃达（Lope de Rueda）的《橄榄树》（*Les Olives*）设计服装，也欣赏他的舞台天赋，但杜兰被他的这位门徒的极端主义所困扰：

> 尽管我被东方戏剧所吸引，但他（阿尔托）在这个方向上走得比我远得多，而且从实用的角度来看，这很危险。例如，在皮兰德罗（Pirandello）的《荣誉的快乐》（*La Volupté de*

l'*Honneur*）中，他饰演一个商人，他上台时的妆容，灵感来自中国演员饰演角色时用的小面具——这种象征性的化妆在现代喜剧中并不常见。[25]

对阿尔托来说，法国戏剧采用一些东亚戏剧的手法是不够的；为了认识和重新获得剧场古老的秘密以及它神奇并神秘的特长和可

1922 年 3 月 2 日，阿尔托为戏剧工作室的剧作《橄榄树》设计的戏服。

能性，它必须从东亚戏剧中汲取灵感并对其加以复制。不管他们之间可能会有什么分歧，在阿尔托去世两年后，杜兰写道，在"天才如花般绽放"的时刻，他有幸认识了迷人的年轻的阿尔托。[26]

1922 年，东亚文化对阿尔托的影响显著增加。7 月中旬，杜兰的剧团在法国南部演出。阿尔托利用这次机会去马赛旅行。马赛是他的家乡，也是 1922 年殖民地博览会（Colonial Exposition）的主办地，该博览会展示了法国本土和它的殖民帝国之间互惠的经济关系。除了战前殖民地博览会中占主导地位的帝国主义经济学之外，1922 年的展览还颂扬了殖民地对战时法国的贡献以及殖民地的文化和历史；但殖民地博览会并没有关注印度支那在战争时期的辅助角色，而是突出了它的建筑风格和艺术性。

在马赛殖民地博览会的印度支那部分（或许是整个博览会），一件吴哥窟的复制品占据了主要位置。虽然单凭这一点就足以吸引大批观众前来参观，但组织者通过安排柬埔寨和越南舞蹈团的表演，提升了异国情调的氛围。西索瓦国王（King Sisowath）的柬埔寨皇家芭蕾舞团吸引了最多的注意力，迷人的舞者是博览会的"必看之物"。对法国政府官员来说，这些表演者展示了他们希望向公众展示的殖民地形象：优雅，有才华，充满异国情调，但并不原始。[26]

十年后，阿尔托把观看舞者比作被恩典感动，他想知道"最终的幸福是否无法与这种特别的涅槃的解决方案相媲美"[28]。然而，尽管当时的柬埔寨舞者对他产生了极为深远的影响，阿尔托还是无法摆脱一种空虚感，一种强烈的忧郁和失落感，这种感觉压倒了他在观看舞者表演时可能感受到的任何惊喜。在春季，阿尔托爱上了热内加·阿塔纳西奥（Génica Athanasiou），她是戏剧工作室的一名女演员。在剧团停演期间，他和阿塔纳西奥分隔两地，除了她，他什么也不想。阿尔托在给阿塔纳西奥的信中说，殖民地博览会给他留下了"一种无望（或绝望）的感觉，但同时也带来平静和清醒。阳光明媚，有人穿着浅色的礼服。我想到了你的衣服"[29]。

阿塔纳西奥出生在罗马尼亚的布加勒斯特（Bucharest），比阿尔托晚将近四个月，她于 1919 年移民法国以追求演艺事业。据很多人说，阿塔纳西奥是第一个，也许是唯一一个与阿尔托关系密切的女人；他们的关系一直持续到 1927 年，阿塔纳西奥无法忍受阿尔托关于性的独特观点（至少可以这么说）以及他的鸦片瘾。尽管如此，他们的信件透露出了一种亲密和温柔，而这在阿尔托更宏大的故事中往往是缺失的。两人分手时阿尔托对阿塔纳西奥的激情与渴望也表达了他的存在的核心思想。1922 年 7 月，阿尔托写信给阿塔纳西奥说："我比任何时候都更需要你。似乎我与我的身体分离了……我又变成了一个孩子，那时我的母亲便是我的一切，我不能离开她。现在你变成了她，那么不可或缺，在你面前，我比那时还要天真。"[30]

阿尔托与阿塔纳西奥的分手，以及他试图用文字表达他的爱情和痛苦时所遇到的障碍，使他对语言的肤浅（以一种非个人化的方式）进行了反思。由于无法或不愿把内心的情感用语言表达出来，阿尔托反而认为，语言表达所必需的思维过程，是感情纯洁性的内在堕落。1922 年 8 月，在瓦尔省（Var），阿尔托写信给阿塔纳西奥说："因此，如果你喜欢安静，请保持安静；我们不写信，我们的爱情会更好，因为所有的话语都是谎言。我们说话时，我们背叛了我们的灵魂……人感觉到了一些事情，但是仅仅努力去表达这些事情就是一种背叛了。"[31]

阿尔托和阿塔纳西奥之间不只隔着一条地理上的鸿沟。他们之间迅速发展的关系，可能是他一生吸食毒品的第一个"受害者"。尽管在巴黎的最初几年里，他第一次写了他的药物问题，但阿尔托第一次使用毒品的时间并不确定。1932 年 12 月，在一份入院调查问卷中，他声称自己从未服用过吗啡；在他坚持服用鸦片酊后，医生于 1919 年给他开了该处方。[32] 在戏剧工作室的两年里，阿尔托经常服用鸦片剂。这完全是个猜想：他使用药物是纯粹出于医疗目的还是为了提高他的创造力？1921 年，阿尔托开始写一篇关于作家莫里斯·马格里（Maurice Magre）的文章，探讨东方文化中的"虚幻"（unreal）及其日常意义，批评马格里最近对"虚幻"的入侵，最后就鸦片对马格里作品的影响进行反思——"而且，自从他对鸦片唱赞歌以来，他能够从每天发生的事情中获得前所未有的反响"[33]。阿尔托承认毒品和可选择的意识形式之间的关系，正是这些意识形式激发了马格里、波德莱尔、坡和洛特雷阿蒙（Lautréamont）的创造力。然而，据图鲁兹的妻子让娜（Jeanne）说，阿尔托只是把鸦片用作"止痛药"，以减轻他的头疼。当有人说他吸毒成瘾时，他非常生气。他发现制约麻醉品销售的法律有问题："我理解禁止向瘾君子出售毒品，但不包括像我这样不幸的人，我们需要毒品，这样我们就不会再受苦了。"[34] 在 1932 年的医院问卷调查中，阿尔托写道："如果我没有处于这种长期的抑郁状态，经受各种各样的道德和精神上的痛苦（1915 年到 1919 年之间），我就不会吸食鸦片了。"[35]

春季在戏剧工作室，阿尔托饱受疲劳和头痛的折磨，医生给他制定了一个每周两次的砒霜和溴化物注射方案；在这期间，他自己服用鸦片和鸦片酊。夏天在马赛，他尝试戒毒，这主要是为了安抚阿塔纳西奥，因为她坚持认为他的药物需要是心理上而不是生理上的，但他的戒毒时间从未超过两周。[36] 一开始阿尔托服用鸦片类药物主要是为了治疗，而在那之后，他一生都对麻醉剂有着浓厚的兴趣和使用习惯。

带着一些疑虑，阿尔托 1922 年 11 月回到巴黎，当时杜兰开始了戏剧工作室新一季的工作。至少在三个不同的方面——经济、创意、家庭（缺乏更好的表达方式）——阿尔托离杜兰越来越远了。在返回巴黎之前，阿尔托在马赛的戏剧出版物《小臼炮》（*Le Crapouillot*）上赞扬杜兰为创造"总体戏剧"（total theatre）所做的努力，这种戏剧以日本戏剧对生活的"奇妙启示"（fantastic illumination）为模式。[37]然而，在写给阿塔纳西奥的信中，阿尔托对杜兰就没那么宽厚了，对他能否继续和杜兰在一起也不怎么乐观。在剧团动身前往法国南部之前，一向以缺钱而出名的阿尔托一直和杜兰一家住在一起，直到阿尔托尝试让房东忍受凌晨 3 点的排练和半夜与夏尔就他写的有关日本能剧的文章进行的讨论。当杜兰夫人发现阿尔托在客厅的地毯上撒尿——他显然是在模仿她公寓里的六只狗，决裂的时刻到了。[38]

1922 年 12 月 19 日，戏剧工作室首演了让·科克托（Jean Cocteau）改编的《安提戈涅》（*Antigone*），演出的布景（包括面具）由毕加索设计，服装由可可·香奈儿（Coco Chanel）设计，音乐则出自阿尔蒂尔·奥涅格（Arthur Honegger）。[39]阿尔托饰演忒瑞西阿斯（Tiresias），一个底比斯（Thebes）的盲人先知。就在演出前夕，阿尔托热情洋溢地写了一篇关于这部新剧的文章，后来（十年后在墨西哥）则回忆了阿塔纳西奥在剧中的表演：

> 呻吟从远处传来，仿佛是在一个阳光普照的日子里，被地中海的浪花激起；这就像肉体的音乐向寒冷的黑暗延伸。这实际上是古希腊人的声音，当看到弥诺斯迷宫（Minos' labyrinth）

深处的弥诺陶*突然化身为处女的肉体。[40]

阿尔托对《安提戈涅》的热情并没有改变他对杜兰日益消极的看法；最终的决裂发生在《波尔多的于翁》（*Huon de Bordeaux*）的演出期间，那时《安提戈涅》的演出已经结束。作为查理大帝（Charlemagne）的扮演者，阿尔托期待呈现"一个有远见的老国王，哭诉、咆哮，满怀仇恨、饱受折磨。这是我第一次找到与我的技能相匹配的角色"[41]。几场演出之后，杜兰换掉了阿尔托，确认了阿尔托与戏剧工作室的决裂。对杜兰来说，阿尔托不断地将表演推向极端；在阿尔托看来，杜兰已经损害了戏剧工作室的指导原则。1923年1月，阿尔托写信给图鲁兹夫人说，既缺乏艺术的完整性，也没有杜兰答应给他的月收入，所以他不会继续留在戏剧工作室，"我很快就会去有工资的地方"。阿尔托的选择并非出于唯利是图的考虑；他还批评杜兰沿袭了老鸽巢剧院的宏大情感和业余传统："人们不可能用那些永远不会成为艺术家的学徒来重塑戏剧。"[42]

离开杜兰的剧团后，阿尔托引起了俄国侨民夫妇乔治·皮托耶夫（Georges Pitoëff）和柳德米拉·皮托耶夫（Ludmilla Pitoëff）的兴趣，他们以前是康斯坦丁·斯坦尼斯拉夫斯基（Konstantin Stanislavski）的学生，现在正在香榭丽舍喜剧院（Comédie des Champs-Elysées）展演非法国剧作家的作品。阿尔托在《小白炮》上评论乔治·皮托耶夫，讨论了他通过创造性的灯光使用来强调演员的表情："走向大自然痛苦的尽头，这是皮托耶夫艺术的核心。"[43]在皮托耶夫导演的皮兰德罗的《寻找作者的六个角色》（*Six Characters in*

---

* 弥诺陶（Minotaur），人身牛头怪物。根据希腊神话，雅典定期向弥诺斯迷宫进贡童男童女。——译注

Search of an Author）一剧中，阿尔托最初扮演"提词人"（the Prompter），但在开幕式演出前几天他失踪了，因而他的角色就被取消了。[44] 该剧在皮兰德罗的祖国意大利首演后，在巴黎取得了巨大的成功。虽然阿尔托错失了这个可能让他在舞台上脱颖而出的机会，但在其他方面，他在巴黎的名气越来越大。

正当阿尔托和戏剧工作室的合作逐渐终止时，他的第一本诗集出版了。丹尼尔-亨利·卡恩维勒（Daniel-Henry Kahnweiler）是一位艺术品交易商，也是一家小型艺术出版社的主管。这家出版社曾出版过乔治·布拉克（Georges Braque）、胡安·格雷丝（Juan Gris）、费尔南德·莱热（Fernand Léger）、安德烈·马松（André Masson）和巴勃罗·毕加索（Pablo Picasso）的作品。1923 年，该社出版了八首阿尔托的诗，题名为《天空棋盘》（Tric trac du ciel）。这些诗并非严格押韵——和他十几岁时写的诗很像，阿尔托要求他的《全集》（Oeuvres complètes）不收录它们，声称它们在"任何方面"都不代表他。出版的时候，阿尔托在给卡恩维勒的一封信中写道，诗歌的价值不在于表达形式，而在于表达情感的方式：

> 我个人最感兴趣的（也许这是错误的）是，首先，从一个持久而真实的框架，而不是从装模作样中获得一些想法，我相信真实的（在我理解的意义上）事物，就定义而言是美丽的。[45]

显然，阿尔托在写作过程中备受折磨，正如这封信所揭示的那样，他特别关注美与真之间的共生关系，以及一方的矫饰会如何损害另一方的完整性。批评家弗朗西斯·德·米安德烈（Francis de Miomandre）在《生活》（La Vie）上撰文写道，阿尔托是一位"真正的诗人"，他称这部作品"奇特、多样、混乱，而且没有给我们任何帮助".[46]尽管阿尔托公开表示自己缺乏安全感，但他也不是没有一丝傲慢。据马松回忆，阿尔托曾问卡恩维勒："您认为我是一个好演员，一个好艺术家，还是一个好诗人？"对于这件逸事，马松补充道："对此您有何看法？在这种情况下，他并不谦虚，他相信自己可以发挥很大的作用。"[47]

1923 年 3 月，阿尔托寄了两首短诗给《新法兰西评论》（*La Nouvelle Revue Française*）的编辑雅克・里维埃（Jacques Rivière）。尽管里维埃不愿发表阿尔托的诗歌［原因不明（考虑到这两个人的相对地位）］，里维埃还是想见他。在 1923 年 5 月 1 日至 1924 年 6 月 8 日间，两人经常通信。在给阿塔纳西奥的信中，阿尔托写道，"也许会有一扇新的门打开"[48]。他是对的。1925 年 2 月，里维埃死于伤寒，在此之前，他在《新法兰西评论》上发表了他俩的来往书信。[49]这些书信的发表使阿尔托一举成名。

在这些信件中，阿尔托提及了日后折磨他的痛苦思想，并定义了与他密不可分的一些观念。这些信中不时穿插着对语言的缺陷的思考，对他的虚无感与缺乏存在感、纯粹表达之美（虽然不完美）和文学的不一致性的诸多思考；它们传达了一个年轻人的紧迫感，他预见自己无法将自己的思想与对思想的表达调和起来，这将导致一场个人的惨剧。同时，他拒绝为便于理解而牺牲这些思想的完整性或个人感情。然而，里维埃却不那么富有同情心，里维埃告诉阿尔托他的思想缺乏必要的约束，因此他的思想缺乏条理。

在阿尔托看来，他与里维埃的通信始于他想讨论"思想的简单事实"与"词语的外部物质化"之间的不和谐。对阿尔托来说，这个失败是"由我的思想的不确定性造成的"；他问里维埃："相对于一首没有内在反响的完美的诗，对于一首虽不完美，但孕育着至美的诗，人们是否会减少对它的文学真实性和价值的承认？"从此，阿尔托开始怀疑，他的诗歌尽管"整体上很美"，但由于没有遵循某些标准，其文学价值会降低。里维埃的反馈不可能太令人欣慰。里维埃认为阿尔托诗歌的"笨拙和令人不安的怪异之处"，不在于阿尔托无法控制自己的思想，而是来自阿尔托的一个深思熟虑的决定，也许，他想要一个内在的恶魔作为对精神不振的补偿。[50]

阿尔托在回信中否认自己缺乏严谨、勤奋和意志来控制自己的思想。他感到受了伤害，被误解，被评判："在您面前，我把自己当作一个精神病例，一种真正的精神异常，您对我的回应是对这些诗歌的文学价值的评价，这些诗歌我并不看重，我也无法看重。"阿尔托试图澄清（但可能只是重申），因而介绍了一个概念（他将来会回到这个概念）：有一种"秘密的"（furtive）力量，"它攫取我所找到的字句，减轻我的精神紧张，同时相应地从本质上摧毁了我思想的主体"。阿尔托并没有说出是什么隐秘的力量剥夺了他表达自己的能力，然而，他写道："虽然我可以很好地判断我的思想，但我只能在一种幸福的无意识状态下评估我的思想的产生。这就是我的标准。"阿尔托在信中附了一首诗，名为《哭泣》（"Cry"），大概是他自己写的：

> 小小失落的诗人
> 放弃了他的天职
> 一个超凡脱俗的想法
> 紧贴着他毛茸茸的胸膛
>
> 两个传统相遇
> 但我们的思想封闭
> 没有什么空间，

重新开始一段经历。[51]

两个月后，里维埃终于回信了，在阿尔托的刺激下，他又开始指责阿尔托造作："有件事让我印象深刻：您的自我诊断异常准确，而您的努力却很含糊，或者至少是不够确定。"最终，里维埃承认阿尔托"精神上的侵蚀"是真实的，但也提醒他不要让自己的大脑有太多的时间去漫游，不要自主性太多而约束力不足。[52]

里维埃在给阿尔托的倒数第二封信中，提出将他们的通信公之于众的想法，不过是以化名的方式。在回复里维埃时，阿尔托也认为这些信件是可以发表的，但他拒绝使用笔名，因为这会让读者觉得所有的信件都是虚构的。当然，如果以笔名发表，阿尔托的信由里维埃发表的意义将不复存在。

阿尔托提到了他那代人所遭受的心理创伤，但他仍然认为自己的精神混乱是独一无二的："我可以诚实地说，我不属于这个世界，这不是知识分子的故作姿态。"[53]在给阿尔托的最后一封信中，里维埃终于被打动了，他承认自己难以忍受阿尔托不断表达的自我怀疑的痛苦，但也承认阿尔托经历了更深沉的折磨和灵魂的毁灭。如果说这是一种安慰的话，那就是里维埃为阿尔托的创作带来了一线希望："谁若不知道抑郁，从来没有感到灵魂受到肉体的伤害，灵魂被肉体的软弱所侵犯，谁就认识不到人的本性的任何真实。"[54]

巴黎先锋派文学的元老和有抱负但饱受折磨的诗人之间的书信往来，为了解阿尔托的生存状态提供了一扇非同寻常的窗户。对阿尔托来说，里维埃可能不仅仅是一位著名的导师和未来的出版商；他还是阿尔托的代理父亲，是他亲生父亲——这位父亲的儿子认为，父亲既不会听他的话，也听不懂他的话——的一个替代者。[55]

在与里维埃通信时，阿尔托也不断给阿塔纳西奥写信。这些信

自画像，约 1921 年。

件往往令人心碎，在表达欲望、渴望、痛苦和悲伤时显得温柔，却没有提到他与里维埃的通信，也没有吐露他在表达自己思想时的困难。1923 年 5 月至 1924 年 4 月的大部分时间里，阿尔托和阿塔纳西奥不在一起——她在巴黎时，他在法国南部，而当他在巴黎时，她在罗马尼亚。这些信件提到了阿尔托与阿塔纳西奥的异地恋以及随之而来的空虚感。然而，1923 年 7 月，阿尔托还写了一篇关于身体不适的文章，提道：

> 一种麻木的感觉，一种从四肢和器官中分离出来的感觉……当我触摸自己时，我没有触摸我自己的感觉，而是碰到一堵有意识的墙，它给我一种既无皮又无肉的骨架的感觉，或者更确切地说，是一种活的虚空。[56]

10 月，他写到自己几乎无法正常生活，感觉自己的"存在被剥夺了，生活被剥夺了"[57]。虽然阿尔托并没有直接把他的迷失和失落的感觉与阿塔纳西奥的缺席联系起来，但我们几乎不可能得出其他结论。

然而，阿尔托对鸦片的上瘾给这些信件蒙上了一层无处不在的阴影。阿尔托的回复让我们得以一窥阿塔纳西奥书信的内容；对她来说，只有阿尔托不吸毒，他们的关系才能长久。然而，阿尔托坚决拒绝了，他在一封信中声称，"如果他的健康状况允许的话，他就会停止使用药物"，他恳求她不要在他"不幸"的时候抛弃他。他在这封信的结尾，以及之后的几封信的结尾恳求谅解："请帮助我，不要再增加我的不幸了，请理解我，你所有的理由对我都不能产生任何影响，因为我那可怕的命运，在很长一段时间里，已经把我置于人类理性之外，置于生活之外了。"[58]

1923 年 11 月，阿尔托声称情况有所好转，他觉得药物注射的效果和他预期的一样。[59]这不是能够安抚阿塔纳西奥的消息；她明白，尽管阿尔托一再保证，但只要他把自己的身心健康与鸦片挂钩，他就永远是个瘾君子。阿尔托的反应混杂着愤怒、绝望、对谅解的恳求，他提及他们在一起的日子，并威胁要切断所有的联系；但随着阿塔纳西奥来信的语气越来越冷淡，频率越来越低，很明显，阿尔托想与阿塔纳西奥共度一生的愿望不会实现了。他在信中倾注了自己的灵魂，甚至在落款处写上了他在家中的小名"Nanaqui"和"Naky"；不管阿塔纳西奥是否对他怀有同样的感情，流经他血管的药物给予他的解脱将永远胜过她所能给予他的任何东西。1924 年 8 月，阿塔纳西奥似乎嫉妒阿尔托与钢琴家艾琳·潘西斯（Aline Panthès）之间的关系。在两封信中，阿尔托告诉阿塔纳西奥，她对他的不信任伤害了他，并澄清说："我没有把她（潘西斯）称为女朋友（amie），我说的是灵魂（âme）。"阿尔托接着说："不要用抱怨来烦我，我的生活太没有安全感，太不快乐了，所以不要有这么多麻烦。"[60]

阿尔托与里维埃来往书信的出版给安德烈·布勒东（André Breton）留下了深刻的印象，后者是达达运动（the Dada movement）的主要人物之一。布勒东第一次遇见阿尔托是在《安提戈涅》的首演式上；布勒东长期以来一直轻视科克托，并努力不让他进入达达派圈子，正因如此，他中途退场。然而，到了 1922 年，布勒东显然回避与达达主义的联系，他意识到这场运动的精神已经耗尽，难以挽回了。[61]布勒东转而发起一场新的文化运动，这场运动在拉帮结派方面的竞争将不可避免地更加激烈；在布勒东看来，阿尔托内心的冲突和他想要再现自己观念（追求思想和形式的纯粹）的决心，似乎与超现实主义的精神相吻合。

第三章

别　处

　　安德烈·布勒东比阿尔托大六个月，出生于诺曼底，在巴黎郊区长大，和阿尔托一样，他对自己家族的资产阶级志向感到恼火。但两人的相似仅此而已。布勒东更多地参与了"一战"前法国的政治潮流，尤其是无政府主义；尽管布勒东后来称之为一种"令人困惑的钦佩"，但他认为无政府主义是超现实主义的根源之一。[1] 相比之下，政治论争似乎并没有进入阿尔托的战前世界。战争期间，阿尔托和布勒东处于精神病学谱系的两端：阿尔托因为神经紊乱被送进了精神病院，布勒东则在圣迪济耶（Saint-Dizier）的精神病中心担任助手，为士兵治疗炮弹休克症。正是这段经历让布勒东的世界观开始成形，他将自己的艺术倾向与对弗洛伊德非理性理论的兴趣结合起来。

　　1916 年 2 月，一群对民族主义及其引发的战争感到失望的流亡艺术家和作家在苏黎世的伏尔泰酒店（Cabaret Voltaire）会面。他们运用文学和视觉艺术来揭露西方逻辑和理性的道德空虚以及文化生产的平庸，从而使达达主义焕发生机。1917 年，布勒东认为达达主义缺乏原创性，但在停战后不久的 1918 年，他又重新考虑了自己先前的判断。他的精神和文化导师雅克·皮埃尔·瓦谢（Jacques

Pierre Vaché）因过量吸食鸦片而死，对此他感到绝望；他认为自己在达达主义的指导性人物中找到了瓦谢的替代者，即罗马尼亚出生的诗人特里斯坦·查拉（Tristan Tzara），一个决心颠覆资产阶级秩序的与他志趣相投的人。[2] 在布勒东看来，这场战争在物质和精神上摧毁了欧洲，暴露了西方的空虚和支撑其基础的清规戒律。然而，布勒东的问题是，达达主义对荒谬的强调是不是对 1919 年的挑战和机遇的一种足够大胆的回应，而当时革命性变革的前景似乎是有利的。[3]

几个月后，布勒东开始为达达主义期刊撰稿，并积极参与编辑决策；然而到 1921 年底，布勒东已经开始怀疑达达主义只是一种垂死的缺乏实质内容的戏剧性创新，不过是文化荒野中的一个声音而已。他对一些合作者不再抱有幻想，并对达达主义停滞不前、缺乏建设性的目标感到沮丧，认为它的挑战从来没有超过戏仿的水平。1922 年 1 月，布勒东与达达主义者决裂了，从达达主义那垂死的躯体里，他将发展出一种新的运动，充满早期先驱者的无畏、热情和活力。

在他脱离达达主义者的两年里，布勒东试图栽培个人而不是组建一个团体，但到 1924 年，他的新的哲学冒险——超现实主义——已经发展成一场运动。运动的宗旨在布勒东起草的宣言中得到了提炼：

> 超现实主义，名词。纯粹状态下的精神自动作用（psychic automatism），通过它，人们可以——口头、书面或用其他任何方式——表达思想的实际功能。对思想进行记录，完全没有理性的控制，免除任何美学或道德上的顾虑。[4]

对布勒东来说，超现实主义是达达主义、弗洛伊德的释梦理论和布勒东的文学英雄——洛特雷阿蒙、亚瑟·兰波、埃德加·爱伦·坡、弗里德里希·尼采、阿尔弗雷德·雅里、马修·格雷戈里·刘易斯（Matthew Gregory Lewis）和雷蒙·鲁塞尔（Raymond Roussel）——三者结合的产物。与弗洛伊德对梦的分析不同，布勒东将梦想象成包含了不同意识状态的种子的豆荚，它是诗意表达的真正收获，基本不受现实掺假的束缚。与达达主义对社会荒谬的虚无关注不同，超现实主义采取了一种自觉的革命姿态，将布勒东的政治信念和他对诗歌的定义融合在一起。对布勒东来说，诗歌是"生活问题的具体解决方案"，是"进入一个更丰富、更充实的世界的媒介……甚至是用自己的内在资源创造这样一个世界"。[5] 理想虽然源于无意识的非理性世界，但由诗意的思想和表达所催生的理想，却自然演变成对理性和逻辑的抗议；从此，对资产阶级的文化、政治和社会霸权的反抗，就只有一步之遥了。超现实主义的目标——挑战并最终推翻资产阶级文化体制——必然伴随着革命和再生的过程，尽管这一过程仍然对政治运动持怀疑态度。出于对无政府主义传统的忠诚，至少在最初阶段，超现实主义小心翼翼地避免党派归属。

布勒东被阿尔托与里维埃的通信及阿尔托因在《新法兰西评论》上发表文字而招致的恶名所吸引，1924 年 10 月 11 日，他邀请阿尔托加入超现实主义团体。阿尔托无动于衷，他给图鲁兹夫人写信说："我遇到的所有达达主义者，他们都想把我拉上他们最新的超现实主义之船，但没有结果。我太像一个超现实主义者了。此外，我一直都是超现实主义者，我也知道什么是超现实主义。这是我一直实践着的世界和思想体系。"[6] 而且，在 1924 年 5 月 25 日写给里维埃的信中，阿尔托区分了他所受的折磨和超现实主义者所受的折磨：

事实是，他们没有受苦，而我，不仅在精神上，而且在身体上，在我每天的灵魂里受苦。所有的文学作品都有一个特点，那就是与客体缺乏联系，对我来说，这就是与生活缺乏联系。就我自己而言，我可以诚实地说，我不在这个世界上，这不仅仅是一种心态。[7]

这封信写在阿尔托刚接触超现实主义的时候，它强调了阿尔托的观点，即他的状况有别于他那一代饱受战争及其后果之苦的人。对阿尔托来说，他所忍受的苦难既是一种痛苦的诅咒，也是一种创造性的祝福；这表明他的经历是独一无二的，他对痛苦的表达体现在一个艺术家的语言中，这位艺术家似乎被他高深莫测的洞察力和难以理解的思想所困扰。

然而，到 1925 年初，阿尔托已经成为这个团体的积极成员，他终于在那些像他一样不愿或不能遵守社会习俗的艺术家中找到了创作的空间。即使在与超现实主义者痛苦决裂之后，阿尔托仍将超现实主义视为一种救助：

超现实主义来到我身边的时候，生活已经变得非常无聊，已经把我打倒，疯狂或死亡是我唯一的出路。超现实主义就是这种虚拟的希望，它是无形的，也许和其他任何东西一样诱人，但它刺激你不由自主地去抓住最后一次机会，和任何能够欺骗你心灵的幽灵搏斗。超现实主义并不能恢复我失去的本质，但它教育我，不要再在思想活动中寻找不可能的稳定，学会满足于我脑海中挥之不去的幽灵。更重要的是，它给了这些幽灵一种感觉，一种无可争辩的残酷的生活，而且，事实上，我已经重新学会再次相信我的思想。[8]

1924 年，阿尔托在他妹妹玛丽-安吉的婚礼上。

阿尔托 1922 年认识了艺术家安德烈·马松。当时，马松与胡安·米罗（Joan Miró）、米歇尔·莱里斯（Michel Leiris）等作家和艺术家在布洛梅特街四十五号组成了一个创作团体。就像阿尔托与写作的矛盾关系吸引了布勒东一样，马松的艺术也吸引了布勒东，尤其是他在《四大元素》（*The Four Elements*）——布勒东于 1924 年购入——中对原始主义的颂扬。将画家纳入超现实主义阵营，对这场运动来说是个难题。超现实主义的指导性实践之一是自动写作——不受思想或意识影响的创造性工作。通过这种实践，视觉艺术是深思熟虑和唤起记忆的艺术。然而，如果拒绝诸如马松、米罗、毕加索、恩斯特（Ernst）、德·基里科（de Chirico）、达利（Dalí）、马格里特（Magritte）和坦基（Tanguy）这样的人，就会把那些有潜力和能力将超现实主义意象形象化，并使抽象的文学思想更易于理解的人排除在外。此前，人们被划分到他们所选择的艺术表达媒介的小集团，而超现实主义为文学家和视觉艺术家提供了机会，让他们联合起来，成为一场变革运动的先锋。

超现实主义研究机构（Bureau of Surrealist Research）的总部位于格雷奈尔街十五号，与《新法兰西评论》编辑部只有几个门户之隔。该机构在那里出版一本名为《超现实主义革命》(*La Révolution surréaliste*）的杂志，旨在传播关于无意识的研究成果，最重要的是，将超现实主义纳入革命议程。对阿尔托来说，这是一个令人兴奋和满足的冒险；他仍然是社会和文化主流规范的局外人，但他不再孤独，不再被遗弃在荒原上，也不再被困在充满烦恼的内心深处。在超现实主义者中，他最深刻、最完整的思想是有关真正的诗歌（true poetry）；它们似乎有一种纯洁和诚实的样子，即使——也许就因为——它们无视形式和风格。首先，对阿尔托来说，超现实主义是一场革命——正如《超现实主义革命》的封面所宣称的那样，这是一份"新的人权宣言"——的起源，这场革命反对伪装成客观现实的艺术发明，以及由此而来的精心算计、两面作风、自私自利、自以为高雅的社会和政治环境。超现实主义将梦和自动写作置于沉思和思考之上，希望毫不妥协地将人类精神从一切阻止其实现的事物中解放出来。

布勒东和其他超现实主义者欢迎阿尔托的热情参与，但发现他的个性神秘莫测。与阿尔托见面后不久，西蒙妮·布勒东（Simone Breton）就把阿尔托描述成一个"如浪潮般壮观、如灾难般令人感到痛快"的人。[9]在布勒东看来：

> 没有人比阿尔托更真诚地把他所有的巨大力量都投入超现实主义事业中。也许他与生活的冲突比我们其他人更激烈。尽管他当时很英俊，但他无论走到哪里，似乎都随身带着一种黑色小说（black novel）中的异样风景，全都被光线照亮了。他怒不可遏，可以说，他对人类的任何制度都毫不留情，但有时以一声大笑来结束，由此可以看出年轻人极端的虚张声势。尽管如此，这种愤怒有着惊人的感染力，对超现实主义有很深的影响。[10]

阿尔托意识到超现实主义是他的救赎，并沉浸于该阵营对自己的接受，他在短时期内也曾强烈地影响了超现实主义运动，他为《超现实主义革命》各期撰稿并主编了第三期；阿尔托独特的视角似乎找到了归宿，而在此之前他相信那是无法企及的。他为《超现实主义革命》第一期写的文章集中在两个具有个人意义的生存问题上：麻醉品和对个人存在的控制。在第二期中，阿尔托主张鸦片的合法化，并将鸦片的效用当作一种存在主义困境：在"人类绝望"被消除之前，鸦片必须随时可用。[11]同期杂志还包括阿尔托对第一期刊登的一篇有关自杀的文章的回应。在他的文章中，阿尔托写道，作为一种出于自己意志的行为，自杀并没有引起他的兴趣；它只是证实了折磨他的现实。为了——而且很可能成功地——掩盖这个问题，阿尔托断言：

> 我已经死很久了，我已经自杀了。换句话说，已经有人使我自杀了。但你怎么看待之前的自杀，一个让我们重新开始的自杀，但是从存在的一边，而不是从死亡的一边。仅这一点对我就有价值。[12]

阿尔托在比利时文学评论月刊《绿色磁盘》（*Le Disque vert*）上发表了一篇稍长的文章，澄清了他的观点。在这里，阿尔托生命的缺失成为他回应的潜台词。这篇论述引入了一些主题，这些主题成了阿尔托最深刻的思想——自我的重建、"无器官的身体"和思想的解放：

> 我若杀了自己，不是自取灭亡，而是叫自己复活；对我来说，自杀不过是一种暴力地重新征服自我的方式，一种野蛮地侵入我的存在的方式，一种预测上帝不确定的前进方向的方式……我将从我的器官的条件反射中解脱出来，我的自我调节得如此之差，对我来说，生活将不再是一种荒谬的命运，由此命运，我将按照别人告诉我的方式去思考。从今往后，我要选择我的思想，选择我的能力、我的爱好、我的现实的方向……
>
> 因为生活本身不是一个解决方案；生活不是一种被选择、被准许、被决定的存在。它只是一系列的欲望和对立的力量，

一些微不足道的矛盾，它们的成败取决于一种令人憎恶的命运。[12]

在写给热内加·阿塔纳西奥的信中，阿尔托偶尔会提到自杀，因为他对他们的关系感到绝望。然而，在这篇文章中，他写道，为了考虑自杀，他必须完全控制他的整个生命，完全从社会的束缚中解脱出来；否则，这种行为缺乏意志（volition）。尽管他曾经计划成为一名牧师，但现在，阿尔托责怪恶毒的上帝：

> 他让我活在空虚、无情的自我否定中；他熄灭了我心中的一切，直到我的思想和知觉生命的最后的涌动。他把我变成了一台会走路的自动机（automaton），但这台自动机能从他的无意识中感受到撕裂。[14]

虽然有二十六人署名，但 1925 年 1 月 27 日的《超现实主义宣言》至少大部分文字是阿尔托写的。《宣言》强调了超现实主义者对革命的承诺，并且声称他们擅长反抗："没有我们不能采取的行动手段。"《宣言》以如下内容结束："对于西方世界，我们说得更具体一些：超现实主义的存在……这是一种精神回归的呼声，它坚定地倾向于用真正的锤子猛烈地砸碎它的枷锁。"[15]《宣言》将超现实主义定位于与西方文化的对立，并将超现实主义的目标定义为革命性的，这些目标不同于以往的法国革命，但暴力的必要性始终如一。

受到阿尔托对超现实主义使命的投入的吸引，以及感受到与阿尔托相同的对因自我放纵而误入歧途的厌倦，布勒东支持任命阿尔托为超现实主义研究机构的主管和《超现实主义革命》第三期的主编。但是，阿尔托所表现出的超现实主义的使命感，以及这种使命感在他身上体现出的紧迫性，是一把双刃剑：他孜孜不倦地把全部精力投入超现实主义中，但他对不同观点很难容忍，他对同伴提出不合理的要求，这破坏了运动中的同志情谊。阿尔托致力于将超现实主义的观念发展成熟，向现存的正统观念发起严肃的挑战，并保持超现实主义的纯粹性，使这一团体远离外界的影响，他关上了这一机构的大门，不向公众开放。

第三期《超现实主义革命》（1925 年 4 月 15 日）的主题是"基督教时代的终结"；这一期代表了阿尔托对超现实主义影响的顶峰。和超现实主义的传统一样，这些文章都是匿名或集体署名的（根据阿塔纳西奥留下的笔记，这些文章大部分是阿尔托写的，其中几篇描写了他对西方世界的幻想的日渐破灭和对神秘主义的追求）。阿尔托对东方宗教只是表面上熟悉，他的《致达赖喇嘛》（"Address to the Dalai Lama"）呼吁启蒙，用"一种我们的头脑——被欧洲人污染了——可以理解的语言"[15]。同样，在对佛教徒的呼求中，阿尔托颂扬了他所理解的东方禁欲主义，并拒绝西方的物质主义：

我们的心灵承受着生活所固有的需求之外的痛苦。我们深受腐败之苦，理性腐败之苦。

欧洲的逻辑不断地在两个极端之间挤压心灵；它打开又关闭了心灵。[17]

在另外两封写给欧洲大学校长和教皇的信中，阿尔托分别谴责了西方教育和基督教：

你们对心灵一无所知，你们忽略了它最隐秘、最重要的分支，那些化石印记与我们的起源，即我们有时在头脑中最模糊的沉积物里发现的痕迹如此接近。

你们信奉的天主教和基督教的上帝，与其他所有的神一样，只想到邪恶：

第一，你们根本不是他的对手；

第二，我们只会把你们的教规、律法、罪恶、告解、神职当成狗屎；我们想象另一场战争，对你们的战争，教皇，狗……

从上到下，你们的罗马假面舞会所取得的胜利是对灵魂中一切直接的真理的憎恨，这些火焰在同一个心灵中燃烧。没有上帝、《圣经》或福音书……[18]

这些文字表达了超现实主义者拒绝西方知识的神学和教育支柱。1924年，布勒东写道："就我而言，我很高兴西方文明处于危险之中。今天，光明来自东方……地中海的影响正在消失，对此我只能感到高兴。"[19]受发生在摩洛哥里夫山脉（Rif Mountains）的阿布德·埃尔-克里姆（Abd El-Krim）反抗法国帝国主义的起义的启发，超现实主义者营造一个"想象的东方"，东方被神化为颓废西方的一个更真实的精神对立面，作为西方理性和逻辑至上的解毒剂。包括阿尔托在内的超现实主义者是否真正理解非西方文化还有待研究；然而，阿尔托——比布勒东更甚，布勒东承认自己更喜欢东方思想"形象"——构想了一个东方以回应他的特殊需要，并为他的痛苦提供缓和剂。

与他的超现实主义同伴对东方主义的调情不同，当阿尔托得知超现实主义对理性的否定而与东方哲学和宗教相呼应，他的这种共鸣更深刻、更个人化。[20]在超现实主义的浸润中，阿尔托有顿悟之感：到目前为止，他一直为自己无法按照理性的要求清晰地表达自己的想法而苦恼，并向里维埃征求摆脱痛苦的建议，但超现实主义已经向他揭示逻辑思维过程并没有内在的优越性。随着阿尔托对东方信仰越来越熟悉，他开始意识到，就像那些被西方殖民主义征服的人一样，他也是欧洲知识和宗教专横的受害者。阿尔托无法找到他存在的核心，这不再是一个障碍，不再是一个需要纠正的失败，而是更高意识状态的证明。印度教和佛教的圣书将阿尔托吸引到思想和存在作为独立实体的概念上；并且，反射性知觉（reflexive perception）的产物而非反映性思维（reflective thought）的产物，会产生对现实的更高层次的理解：

> 你们这些没有被肉体囚禁的人，你们知道在肉体的存在中，在它无意义的来往中，灵魂找到了完美的表达方式，新的词语、内心世界；你们知道我们如何在思想中撤退，以及思想如何从自身中拯救自己；你们是在自己里面，心灵不再在肉身里；你们有双手，取得并不代表一切，你们有头脑，所见并不拘泥于一大片屋顶、花卉般的门面、车轮上的国家、火焰和大理石的活动……
>
> 因此，把所有这些头脑迟钝、循规蹈矩的白人扔到海里去。这些狗东西必须理解我们，我们不再谈论人类古老的苦难。除了生命固有的需求外，我们的心灵还遭受其他需求的折磨。我们受尽腐败之苦，受尽理性腐败之苦。
>
> 合乎逻辑的欧洲在两个极端，即打开心灵和关闭心灵的锤击之间，无休止地摧残着精神。但现在，这种窒息达到了顶点，我们在它的枷锁下受苦太久了。心比心大，生命的变形是无数的。我们跟你们一样，拒绝进步：来吧，拆毁我们的房屋。[21]

神秘主义引起了阿尔托的共鸣，它既是物质世界的替代品，也是与提升现实状态相联系的手段。它给了他一个走出物质世界的痛苦和沮丧的出口，承诺了他思想与存在的和解，即一种超越的形式。[22]神秘主义将帮助阿尔托"在面对外部现实的物质侵犯时保护他的存在"[23]。

当布勒东将研究机构主管和《超现实主义革命》第三期主编的职务托付给阿尔托时，他既对运动的方向感到沮丧，也为具体管理他的文化后代而苦苦挣扎。布勒东对超现实主义有很高的期望，但他看到了成员之间的冲突、期刊编辑的自满、承诺和纪律的缺乏，以及成员未能将超现实主义的核心实践（包括自动写作）内化的现状，这些都不符合他的期望。他担心超现实主义正在复制他在达达主义中经历的失望情绪，而阿尔托也同样感到受挫。因此，布勒东转向阿尔托，欲为超现实主义注入目标、动力、气魄和能量，1925年1月22日，他告诉妻子西蒙妮："他将为研究机构的工作提供一个新的基础，而且他似乎比任何人都更有决心把我们的革命行动推向前沿。"[24]然而，阿尔托和布勒东一样，因他的超现实主义同伴而感到不安。5月14日，他在给阿塔纳西奥的信中写道：

> 这是一场绝对的危机，也是一场无可挽回的危机，在经历了一系列的起落和失望之后，我感到了厌恶，这一切都是我亲爱的超现实主义者造成的，除了布勒东和阿拉贡（Aragon），他们已经证明他们是地球上产生的一群最糟糕的混蛋。[25]

然而，尽管阿尔托对待超现实主义的态度是严肃的，即使说不上多么紧迫，但他的主管任期甚至没超过两个月。1925年4月20日，布勒东宣布机构将关闭；而不到一个月后，布勒东在自己家中重开该研究机构。怎么回事？这个问题很大程度上涉及阿尔托和布勒东之间的二元动态关系，这是一种既和谐又不相容的关系，充分说明了他们对超现实主义革命的投入。布勒东反对《超现实主义革命》第三期的基调，他被阿尔托对神秘主义的探索和阿尔托内在的、自我放纵的革命立场所困扰。尽管布勒东宣称厌恶理性和逻辑，但他对革命的理解是"思想的革命"，而阿尔托追求的则是一个混沌的宇宙，一个混乱的领域，在那里，可知的现实持续地倒转为一个复杂的网络，这个网络由深奥的感觉构成，消除了任何熟悉或舒适的东西。多年后，布勒东反思了他和阿尔托之间出现的分裂，他说：

> 阿尔托把我带到了一个似乎抽象的冰的画廊……一个有着空白和省略的地方，在那里我个人无法再与无数我喜欢的东西交流——不管怎样，这些东西使我活在这个世界上。人们常常忘记，超现实主义爱很多东西，它愤怒地谴责任何对爱有害的东西。[26]

如果布勒东是正确的，那么阿尔托是将超现实主义作为对他阴暗冲动的回应。出于自我消耗（Self-consumed），即使不是自我放纵，阿尔托无法像通常那样成功地驾驭存在。在某种程度上，对阿尔托来说，这些"空白和省略"是人类状况的一种更普遍的症状，是所有那些中断纯粹思想的事物所造成的缺失；超现实主义是它的灵丹妙药。然而，在另一个层面上，阿尔托发现了一些与自己密切相关的问题；在将危机个人化的过程中，超现实主义与其说是一剂灵丹妙药，不如说是对他存在的一种肯定。与其说超现实主义是他自己思维空间的出口，不如说它是一种将他人带入思维空间的工具。它的承诺驱使阿尔托固执地坚持实现他所表达的想法，他不肯妥协，因为他的存在不允许妥协。

尽管与他的超现实主义同行们并不完全一致，但阿尔托与超现实主义运动的多年联系对他来说是建设性的。周围人的最终目标是颠覆他们的社会，阿尔托则可以释放他的思想，不害怕遭到拒绝或评判。阿尔托和他的超现实主义伙伴们都相信超现实主义是一场革命，而不仅仅是一场文化运动；然而，正如阿尔托所理解的，革命并不是过去与现在的割裂，而是，从它的词源来看，对起点的回归。[27]阿尔托被免去研究机构主管一职，部分原因是布勒东想要重新控制这场运动，但这也意味着超现实主义内部更重大的分裂。

布勒东最初对超现实主义革命的任何政治目标的回避并没有持续多久。既然从一开始，超现实主义阵营的活动就是为了颠覆资产阶级的价值观，那么它至少在理论上是政治性的，但它在任何政治问题上都没有采取明确的立场。这种情况在 1924 年发生了变化：阿布德·埃尔-克里姆在摩洛哥里夫山脉发动了反抗法国统治的起义。法国共产党及其下属杂志《光明》（Clarté）积极反对战争，支持埃尔-克里姆。但是，在民族主义和爱国主义的政治气氛高涨的情况下，在帝国主义及种族主义的文明使命（la mission civilisatrice）潜流的支持下，和平主义在很大程度上是荒野中的呼声。

在那之前，超现实主义和共产主义的革命思想几乎没有对应的地方。超现实主义者更倾向于无政府主义及其对纯粹自由的推崇和对无意识思想超越理性的推崇，他们认为俄国革命缺乏实质、想象力或灵感，只不过是一种官僚式的替换。尽管如此，超现实主义和共产主义的核心都是对资产阶级及其理想的蔑视。

由于不满于法国政府对里夫起义的反应，并同情西方帝国主义的傲慢的受害者，超现实主义者和《光明》杂志的成员联合起来。布勒东写信给西蒙妮说："在这（法国入侵摩洛哥）之后，谁还能谈论写诗和其他事情?"[28]除了促使超现实主义者支持和平，法国对里夫起义的军事反应还暴露了西方文化优越感的空虚，而这种优越感正是帝国主义的基石。尽管符合阿尔托的文化情感，但超现实主义者与共产主义之间日益密切的关系，无论是与官方的法国共产党的还是与《光明》杂志的关系，都不是他所认同的。

以墨索里尼（Mussolini）在意大利掌权为代表的欧洲保守主义浪潮，以及法国由激进党和社会党组成的联合政府，即左翼联盟（Cartel des gauches）的无能，同等地促成了超现实主义阵营与《光明》杂志成员的结盟。布勒东重新考虑他早先对意识形态问题的回避，从而陷入了《光明》杂志刻板的教条主义。由此导致的第一个后果是阿尔托的亲密伙伴，即超现实主义剧作家、诗人罗杰·维特拉克（Roger Vitrac）因未能完全遵循超现实主义新的政治化的议程而被超现实主义者正式排斥。即使布勒东施加压力，要求他远离维特拉克，阿尔托也拒绝这样做，再加上他从研究机构主管的位子上被撤职，阿尔托进一步疏远了超现实主义。[29]

1925 年，电影和戏剧角色的大门开始向阿尔托打开。值得注意的是，1925 年春天，新兴文学之声最重要、最具影响力的出版社伽利玛（Gallimard）出版了他的《地狱之脐》（*L'Ombilic des limbes*）。尽管仍与超现实主义有关，但阿尔托对它的投入程度已经降低。阿尔托和维特拉克共同创办了阿尔弗雷德·雅里剧团（Théâtre Alfred Jarry），承诺为观众带来精神、身体和感官的彻底转变之后，他与超现实主义阵营的关系最终在 1926 年 11 月破裂。两年前，在超现实主义者内部的分裂浮出水面之前，这样的抱负很符合他们的信条；但随着超现实主义越来越政治化，越来越多地与共产主义的物质问题联系在一起，这种空灵的——如果不是精神上的——理想与它的新方向变得不相容。阿尔托被传唤到一群"法官"面前。面对各种安托南·阿尔托，约 1925 年。

指控，他说他只是出于礼貌才在"法庭"上露面；就这样，他离开了，正式结束了两年多来与超现实主义阵营的正常联系。

1927 年，阿尔托写了两篇关于超现实主义的文章，即《在黑暗中，或超现实主义的虚张声势》（"À la grande nuit, ou le bluff surréaliste"）和《终点》（"Point final"）。在《终点》的导言部分，他以非常个人的方式痛惜超现实主义失去的潜能：

> 超现实主义来到我身边的时候，生活完全让我疲惫不堪，让我灰心丧气，而对我来说，仅有的解决办法就是疯狂或死亡。超现实主义是一种虚幻的希望，难以捉摸，也许就像其他任何东西一样具有欺骗性，但它促使我们不顾一切地抓住最后一次

机会，去绞死任何幽灵，如果这些幽灵会让人沮丧的话。超现实主义无法恢复我失去的本质，但它教会我不再去寻找一种不可能的稳定的思维方式，并知道要满足那些我的心灵之前暂时放过的鬼魂。[30]

阿尔托指责布勒东的领导是专制的，是由"个人偏见"驱动的。在这两篇文章中，阿尔托的悲痛之情主要集中在革命上，特别是超现实主义者如何不明智地偏离了他们最初的革命概念：

> 超现实主义从来就不是一种思想的复兴……是的，超现实主义者一开始想象的革命类型在生活的整体规划中是不可能的。无论人们能否觉察到，革命是心灵的事情，而实际的精神与革命无关。[31]

此外，阿尔托还痛斥他的超现实主义同伴们没有能力或不愿意断绝与唯物主义的联系，他反问道：

> 当布勒东和他的追随者相信他们必须团结起来支持共产主义，在事实和现实问题中寻求行动的结果，而这种行动通常只能在心灵最私密的范围内发展时，超现实主义不是已经死亡了吗？[32]

虽然阿尔托意识到，他的革命思想至少可以说是深奥的，但他不支持物质驱动的革命：

安托南·阿尔托，约 1926—1927 年。

当我说到灵魂的内在条件发生变化时，他们认为可以自由地嘲笑我，就好像我理解的灵魂正是他们所理解的那种令人恶心的东西，又好像从绝对的观点来看，世界的社会结构的变化或权力从资产阶级手中转移到无产阶级手中，似乎没有任何利害关系。[33]

在一个补充性的脚注中，阿尔托认同革命是一项集体事业，但"真正的革命是个人的事情"[34]。阿尔托进一步追问道："为了生存，超现实主义是否需要体现一种物质上的反抗，使自己符合诸如八小时工作制等要求，接受工资的调整和与高生活成本的斗争？"

在被逐出超现实主义阵营之后，阿尔托痛斥他以前的同志缺乏精神上的纯粹性，并引证他们对超现实主义革命的承诺，说他们"只在性行为中看到爱"。[35]从超现实主义的年代开始并贯穿他的一生，阿尔托都对性着迷。但他对性有一种近乎病态的恐惧，特别是对阳痿和阉割。在他看来，这两者是有联系的，因为性导致了生命本质的丧失。在接下来的几十年里，他对自己的想法进行了扩展和完善，但在 20 世纪 20 年代末，阿尔托不断提到那些会吞噬他的恐惧；在他的想象中，超现实主义是精神革命的先驱，否认身体的享乐和物质带来的快乐，包括性。

他最早出版的作品之一《神经测量仪》（*Le Pèse-nerfs*）包括一组三封"家书"，涉及阿塔纳西奥，但没有指名道姓。写信的部分原因是阿塔纳西奥努力阻止他服用药物让他感到沮丧，这些信件将浪漫的关系与阿尔托对自己存在的疏离感联系在一起。阿尔托对性的不安全感流露出一种厌女情绪，他隐晦地提及失败或不令人满意的性接触正体现了这种不安全感：

就像所有女人一样，你用你的阴蒂来判断，而不是用你的思想……另外，你只是从我的外表来判断我，就像所有女人一样，就像所有白痴一样，而我的内心是最残破的，最荒芜的。[36]

阿尔托自己也承认，当他写到他需要一个女人时，他是自私的，"她是我的专属，我可以随时在家里找到她"。虽然他承认阿塔纳西奥永远也满足不了他的需求，但他在信中还是先表达了对她永恒的爱，然后才以这句话结束："我只要求改变我们的关系，让我们两个人都有不同的生活，而不会让我们分开。"[37]在第三封信中，阿尔托因阿塔纳西奥用她那些愚蠢的信榨干了他的生命而埋怨她："你的信来自你的阴蒂，而不是来自你的头脑，你的信充满了性冲动和无意识的推理。"[38]阿尔托之前对"有意识的推理"的无情贬低和他在此的表述之间的矛盾是惊人的。然而，在这种情况下，在异化和腐蚀身体之物的分类（并没有真正解释这种二分法）中，性比意识更为致命。

意大利文艺复兴时期的画家保罗·乌切罗（Paolo Uccello）和中世纪思想家彼得·阿贝拉尔（Peter Abélard）的悲惨生活，也折射出阿尔托的身体与心灵的斗争；性是潜台词。阿尔托对乌切罗的兴趣很有可能源于他对马塞尔·施瓦布（Marcel Schwob）的《想象的生活》（Vies imaginaires）中画家的虚构素描的熟悉。[39]施瓦布把注意力集中在乌切罗审美想象中的局限，以及他对生活的物质需要的忽视上。乌切罗对艺术的投入无疑激起了阿尔托的兴趣，阿尔托又对故事做了润色。在他所写的这个故事的三个版本的第一个版本——他与里维埃通信时为剧本写的一个提纲——中，冲突围绕乌切罗的妻子赛尔瓦吉亚（Selvaggia，她死于饥饿）、乌切罗（他要么不愿意、要么不能够给妻子提供食物），以及文艺复兴时期的建筑师菲利普·布鲁内莱斯基（Filippo Brunelleschi，他对赛尔瓦吉亚的渴望可以满足她的所有需求）展开。与乌切罗的空灵和软弱相反，布鲁内莱斯基是肉身存在和力量的化身；乌切罗飘浮在精神领域，而布鲁内莱斯基则扎根于物质。在作品中，乌切罗不能给赛尔瓦吉亚提供食物，因为"他身上什么也没有"，阿尔托实际上是暗指乌切罗无法满足赛尔瓦吉亚的性欲。[40] 布鲁内莱斯基对赛尔瓦吉亚的欲望既是"人之常情，也是性方面的。他就想和她上床"，而乌切罗"虽然没有忽视性，但他认为性是光滑的、不稳定的，是冰冷的"。阿尔托的故事梗概是这样结束的："突然，布鲁内莱斯基觉得他的鸡巴变大了，变得巨大。他控制不住自己，就放飞了一只白色的大鸟，像精子一样，在空中盘旋。"[41]

在这部作品的开头，阿尔托指出这个故事是一种自我表现的形式；他和乌切罗是不同的自我，就像他后来关于文学或历史人物——无论是乌切罗、阿贝拉尔、赫利奥加巴卢斯（Heliogabalus）、凡·高，还是他改编的马修·格雷戈里·刘易斯的《修道士》（*The Monk*）和珀西·比希·雪莱（Percy Bysshe Shelley）的《钦契》（*The Cenci*）——的作品可能是"自传的间接形式"一样。[42]

在一部名为《艺术与死亡》（*L'Art et la mort*）的短篇小说集中，有两篇讲述了多产学者、神学家彼得·阿贝拉尔和他有天赋的学生爱洛伊丝之间不幸的爱情故事。因使爱洛伊丝怀孕并与其秘密结婚，阿贝拉尔激起了她伯父的愤怒，后者阉割了阿贝拉尔。阿贝拉尔和爱洛伊丝从此天各一方，他们伟大的爱情以书信的形式流传下来。尽管乌切罗和阿贝拉尔的故事无法以其他方式展开，但阿尔托在肉欲中找到了它们之间的共同线索：乌切罗放弃肉欲，阿贝拉尔则屈服于它。在阿尔托的故事中，不是爱洛伊丝的伯父，而是爱洛伊丝本人对阿贝拉尔的惩罚负责；在他受到阉割之后，她站在他面前，成了一个嘲弄者，她的美丽曾经吸引过阿贝拉尔，现在她却变得丑陋。最后一句话——"这是阉人阿贝拉尔的妻子"——是对阿贝拉尔所受诋毁的悲剧性收尾。[43] 阿贝拉尔的故事作为隐喻，符合阿尔托对性的恐惧；在阿贝拉尔的例子中，对性的恐惧导致了他肉体上阴茎的丧失，而在阿尔托的例子中，它导致了形而上的丧失，一种精神上的阉割，一种与他的存在的分离。

1946 年至 1947 年间，在经历了近十年的住院和五十多次电击治疗之后，阿尔托将他对"纯粹思想"（pure thought）的追求扩展到"完美身体"（corps propre）的构建上。在阿尔托看来，身体是一件"未完成的作品"，努力保持它的无限可能性。当身体简化到解剖学功能：

> 性就将身体铭刻在有限的社会心理规范领域，或者统治力量的识别标记领域……这种恶意的性是一种战略性的修辞结构，它想掩盖、束缚和控制身体的潜能。[44]

阿尔托对性的理解过于奇特。1947 年，他写信给布勒东说："性交行为，通过性高潮的快感，只是让身体忘记它是一枚炸弹，一枚鱼雷，穿上比基尼，不过就是一枚核弹，就科学而言，其投弹同样无聊。"[45]

在阿尔托死前不到一年的时间里，他在笔记本上写了许多意识流片段，在其中一段，他断言：

> 但狗屎
>
> 　　　该死的
>
> 无论如何，我
>
> 不想去操

为取悦自己

这些家伙

需要

　　　　去操

但在鼻子里

在眼睛里

在额头上

又能发现

　　　　什么内在的东西

也是在操之中

所描述的状态

　　　　最不纯粹

离它的源头

也最远

一切都是

野兽所为[46]

　　尽管阿尔托对超现实主义的发展感到失望，但他一生都与他的几个超现实主义伙伴保持着联系，其中包括布勒东。尽管他避开共产主义，认为它过于物质性、过于西化，但阿尔托从未动摇过他对无政府主义理想的承诺，这种理想最初激发了超现实主义，他也从来都认为自己是一位真正的超现实主义者。在他看来，个人的内心释放——他认为这是超现实主义革命进程的核心目标——与集体共识的追求或共产主义僵化的唯物主义是不相容的。超现实主义脱胎于第一次世界大战后欧洲的混乱、困惑和不确定性，是那个时代的产物，也是对那个时代的反思；它的革命性言辞、对资产阶级传统的蔑视和对无意识的推崇，为阿尔托提供了他所认为的有效和鼓舞人心的空间。然而，阿尔托对超现实主义的投入——他面对其原则表现出的强烈的个性化和内化倾向——却不利于他与超现实主义的长期关系。就像布勒东死守教条一样，阿尔托也无法原谅偏离自己的世界。超现实主义并非一成不变，这在阿尔托和他的超现实主义同伴之间造成了一种对等与和谐的假象。阿尔托的超现实主义视野需要一种超越日常经验和事件的高蹈和空灵。但就像它兴起时一样，超现实主义是那个时代的产物，符合并回应那个时代的现实需要，最终让阿尔托回到他与超现实主义者合作之前的孤高状态。"对我来说，我并不关注一切集体性事业，我在孤独中毫不妥协地投入对魔力的探索。"[47]

第四章

演 艺

　　与超现实主义的决裂虽然不可避免，也令人失望，却解放了阿尔托。20 世纪 20 年代的最后几年见证了著名的伽利玛出版社对阿尔托的认可。与此同时，阿尔托通过戏剧——超现实主义者尤其鄙视的一种文化媒介——努力实现自己的艺术理想。最后，从这个十年的中期开始，阿尔托拓展了他的影艺技能，演了更多的电影，写了更多的剧本，并设想将意识的不同形式视觉化和加以表现的可能性。

　　1925 年雅克·里维埃去世后，他过去五年的秘书让·波朗（Jean Paulhan）成了伽利玛《新法兰西评论》的主编。对于 20 世纪 20 年代的法国作家来说，在《新法兰西评论》上发表作品是一种"文学上的至高荣誉"[1]。虽然阿尔托并没有积极追求在法国文学界的精英圈子里的名声，但他陶醉于这种对他的关注和自己迅速增长的声望。在相识之前，阿尔托和波朗在同样的文化圈中活动。战争期间，波朗是爱德华·图鲁兹《明天》杂志的编辑，战争快结束时，波朗与布勒东通信。[2] 在担任《新法兰西评论》的编辑时，波朗出版了阿尔托的两本小书，即《地狱之脐》和《神经测量仪》；安德烈·马松给两部作品创作了封面图片，为作品增色不少。阿尔托与《新法兰西评论》的关系迅速发展，导致——也许促进——了他与超现实主义的最终分离，并扩大了他的受众范围。这也奠定了他与波朗的终生合作和友谊的基础。尽管两人自 1924 年以来一直通信，这种关系在 1926 年夏天得到了明确的体现，当时阿尔托在波朗和布勒东之间斡旋，促成超现实主义者和《新法兰西评论》之间的合作。谈判因波朗和布勒东主张的编辑方针不同而破裂了；阿尔托一反常态地迎合奉承，一边为之前的通信道歉，一边安慰波朗说："我和布勒东并不是拴在一起的。我有我的独立性，我并不总是同意他的看法。"[3] 波朗回答说，他愿意把对阿尔托的失望和对阿尔托创作的尊重分开来。[4]

超现实主义者在 1926 年秋天采取了一种更政治的姿态，这损害了阿尔托与他们的关系；阿尔托对戏剧的兴趣打断了阿尔托与他们之间的联系。布勒东把戏剧视为资产阶级的另一种文化发明，因而它对超现实主义日益增长的政治目标是一种厄运。阿尔托则致力于戏剧，将戏剧的再生视为革命的工具。1926 年 9 月，阿尔托同另一位被驱逐的超现实主义者罗杰·维特拉克，以及罗贝尔·阿隆（Robert Aron）——加斯顿·伽利玛（Gaston Gallimard）的秘书——一起，与勒内·阿兰迪（René Allendy）和伊冯·阿兰迪（Yvonne Allendy）夫妇接洽，商讨资助一个新剧团，即阿尔弗雷德·雅里剧团的相关事宜。[5] 1926 年 11 月 1 日的《新法兰西评论》刊登了该剧团的介绍：

戏剧是世界上最难拯救的东西。一种艺术，若完全基于一种无法实现的幻想的力量，只会消亡。

语言要么有要么没有这种幻想力量。它们有自己的独特的价值。但布景、服装、动作和表情永远无法取代我们所期待的现实。当务之急是创造一种现实，一个世界的空前爆发。戏剧必须给予我们这个短暂而真实的世界，这个与现实相关的世界。要么它变成这个世界，要么戏剧不复存在。[6]

根据阿尔托的介绍,戏剧是一种互动的体验;观众是戏剧创造的参与者——戏剧不仅仅是观赏,不仅仅是娱乐,而且是从内心和存在的角度使人经由体验而有所改变或动摇,从而让戏剧深入"人的痛苦"。[7] 与多年后制定的"残酷戏剧"(Theatre of Cruelty)蓝图不同,在 1926 年,阿尔托将文本(text)置于其他所有事项之上:

> 对于我们试图给戏剧下的这个定义,有一样东西对我们来说似乎是无懈可击的,有一样东西似乎是真实的:文本。但是文本,作为一种独立存在的独特的现实,是自给自足的,不是就它的精神方面——对此我们往往不予尊重——而是就它的发音换气方面而言。这不必多言。[8]

1926 年 11 月 13 日,阿尔托发表了《流产剧团的宣言》("Manifeste pour un théâtre avorté"),渴望将超现实主义重新定位到其最初的使命(并将其与再生的戏剧相协调),也表达了对他的规划难以实现的失望。阿尔托写道,雅里剧团既不是一个商业场所,也不是一个上演舞台剧的场所,而是一种形而上的体验,"由身体来展现所有那些在思想中模糊的、隐藏的和未揭示的东西"。[9] 阿尔托将超现实主义者称为"厕纸革命者",并阐明了他和他以前的同志们对革命的不同看法:

> 有几种理解革命的方式,在这些方式中,共产主义,在我看来,是最糟糕、最简单化的。懒惰者的革命。我强烈声明,如果权力从资产阶级手中转移到无产阶级手中,那也没有什么区别。对我来说,这不是一场革命。革命不是简单的权力移交。把生产必需品放在首位,坚持以机械化作为改善工人生活条件的手段的革命,对我来说,是一场宦官的革命……在所有的反思阶段,我们都

对机械化感到绝望。但是,邪恶的真正根源更为深远,因此有必要写一本书来分析它们。现在,我只能说,最迫切需要的革命包括一种时间上的倒退。让我们真正地通过改变我们的本性,回到中世纪的精神状态(mentalité)或简单习俗上来,我想我们就完成了唯一值得提倡的革命。[10]

"宣言"发布时——两个多月后,在马赛召开的"南部手册"(Cahiers du Sud)会议上——阿尔托与超现实主义者的决裂已成定局,尽管他与包括布勒东在内的前同志之间的个人隔阂是暂时的、起伏不定的。更重要的是——至少眼下看来是这样——1927 年 3 月,伊冯·阿兰迪为雅里剧团支付了三千法郎。

在 1927 年 6 月 1 日和 2 日的首轮演出中,雅里剧团上演了三部作品,每位创始人各有一部。评论褒贬不一。《新法兰西评论》撰稿人、文学评论家本杰明·克雷米厄(Benjamin Crémieux)批评阿隆和维特拉克的作品缺乏原创性,但喜欢阿尔托的作品,称它是"一个没有或者几乎没有文本的短暂幻觉,作者在作品中浓缩了生与死的整体过程"。[11]然而,在损失了七千法郎之后,雅里剧团幸存的希望渺茫。然而,阿尔托仍然致力于戏剧更大的目标,即传达"一种精神上的绝望,这种绝望只有在表演中才会出现"。[12]

1928 年 1 月 14 日,雅里剧团在香榭丽舍大道喜剧院推出第二批作品,包括俄国电影制作人 V. I. 普多夫金(V. I. Pudovkin)根据马克西姆·高尔基(Maxim Gorky)的《母亲》(La Mère)改编的电影,这部关于俄国革命的电影被法国审查机构封杀;还有一位剧作家的作品,阿尔托对他的身份只字不提,甚至没有透露给他的演员。超现实主义者原计划扰乱演出,但布勒东意识到这是对诗人、剧作家、当时法国驻美国大使保罗·克洛岱尔(Paul Claudel)所著《正午的分界》(*Partage de midi*）第三幕的戏仿，他们的怒气也就烟消云散了。布勒东欣赏克洛岱尔的诗歌，但对克洛岱尔的政治保守主义和天主教倾向很反感；克洛岱尔最近将超现实主义比作鸡奸进一步加深了这种分歧。演出结束后，阿尔托出现在舞台上，说作者是克洛岱尔，"一个臭名昭著的叛徒"。阿尔托的言论引起了公众的强烈抗议，但提高了剧团的知名度，并在非常短的时间内为阿尔托与布勒东之间的和解铺平了道路。[13]此外，除了《新法兰西评论》对该剧的尖刻评论外，阿尔托本人的描述也让波朗感到震惊：

> 所以对您来说，担任法国驻外大使是叛国行为；这是改变自己。突然间，您放弃了对这些工具、这些灵魂的缺失、这些诡计的看法，放弃了对反教权主义和政治革命的践行，阿尔托，这难道不是您吗？对此，我只能告诉您我有多生气。[14]

阿尔托将波朗的信连同他的回复给了布勒东，后者将其发表在《超现实主义革命》杂志上。

雅里剧团的第二次演出实现了戏剧的革命性和颠覆性的潜力，并暂时促进了阿尔托与超现实主义者的重新联系。但即使颠覆性的戏剧也需要资金。雅里剧团获得了伊冯·阿兰迪的一些瑞典侨民朋友的资助，条件是演出奥古斯特·斯特林堡（August Strindberg）的一部作品。斯特林堡的《梦的戏剧》（*A Dream Play*）结合了东方神秘主义（尽管从一个明确东方化的有利角度）、社会批判、时空折叠以及另类的现实等元素，显然对阿尔托很有吸引力。据克雷米厄估计，这部作品的布景灵感来自意大利超现实主义画家乔治·德·基里科（Giorgio de Chirico）。[15]顺便说一句，在阿尔托与布勒东和解仅六个月后，材料和资金来源的选择又使两人产生了分歧。由于部分资金来自瑞典领事馆，布勒东表示超现实主义者将破坏演出。1928
年6月2日，《梦的戏剧》在大道剧院（Théâtre de l'Avenue）举行首
演，观众包括瑞典大使、瑞典贵族、拉罗什福科公爵夫人、波里亚
克（Polignac）公主、希腊乔治王子、保罗·瓦莱里（Paul Valéry）、
安德烈·纪德（André Gide）、阿贝尔·冈斯（Abel Gance）、弗朗索
瓦·莫里亚克（François Mauriac），以及其他各种达官贵人和国际记
者；对阿兰迪而言这是个妙招，而这份出席者的显赫名单对阿尔托
来说却是个负担。当超现实主义者占据专为上层人士准备的正厅前
座并大声抗议瑞典资本家对这部作品的介入，阿尔托出现在舞台上，
宣称这部作品是有意挑选的，因为"斯特林堡是个反叛者，就像雅
里，就像洛特雷阿蒙，就像布勒东，就像我。我们上演这部戏，因
为它让自己的国家、让所有的国家、让社会都倒胃口！"[16]听了这些
话，瑞典代表团离开了剧院，但后来给阿兰迪寄去一封短信，称赞
这部作品比马克斯·莱因哈特（Max Reinhardt）在斯德哥尔摩上演
的那部好！四天后，阿尔托为自己侮辱了瑞典人感到遗憾，他澄清
说，虽然他"反对一切有组织的社会"，但如果不是"超现实主义者
背信弃义的挑衅"，他是不会公开表达这一点的。此外，阿尔托还提
出瑞典人投入了资金，要对他们做出补偿。[17]

尽管布勒东和超现实主义者警告阿尔托不要再演出《梦的戏
剧》，雅里剧团还是在6月9日继续演出了，令布勒东吃惊的是，剧
院请了警察进行保护。演出时发生了斗殴，五名超现实主义者被捕。
整个事件对罗贝尔·阿隆来说太过难堪，他原则上支持雅里剧团，
并与阿尔托保持着友谊，但他向阿兰迪递交了辞呈。超现实主义者
对阿尔托的冷嘲热讽愈演愈烈；在《梦的戏剧》第二次演出几天后，
年轻的超现实主义者皮埃尔·伊尼克（Pierre Unik）伙同布勒东，
在伊尼克和阿尔托居住的酒店楼梯间对阿尔托进行了人身攻击，布

勒东还在《超现实主义革命》第十二期也是最后一期中批评阿尔托
不适合超现实主义运动。

　　1928 年 12 月底，阿兰迪同意资助雅里剧团的另一部作品，这是
一部由维特拉克执笔的剧本，名为《维克多或孩子们的权力》
(*Victor ou les enfants au pouvoir*)。尽管剧情有些夸张——为了达到
戏剧效果，还包括投掷臭气弹——但媒体报道较少；尽管如此，评
论还是很热情的，如果没有夸大的话（与阿尔弗雷德·雅里的《乌
布王》相比）。尽管获得赞誉，雅里剧团还是在《维克多》演出三场
后倒闭了。诺瓦耶（Noaille）伯爵和伯爵夫人愿意为雅里剧团提供
两万法郎的资金，但阿尔托的文化兴趣和经济需要已使他转向相对
较新的电影媒介。

　　阿尔托的电影生涯始于 1924 年，当时他在克劳德·奥当-拉哈
(Claude Autant-Lara) 的短片《社会新闻》(*Faits-divers*) 中饰演
"二先生"（Monsieur Ⅱ）。奥当-拉哈得到提醒，阿尔托是个"很难
相处的小伙子"；然而，在叙述他与阿尔托的第一次会面时，他回
忆道：

　　　　面对一个陌生人，有点疏远。他看上去离地面有一两米。
　　他给人的印象是心不在焉；事实上，他听得很专心。我的提议
　　引起了他的兴趣，他很快就同意和我一起拍这部电影。[18]

　　两个月后——1924 年 7 月——阿尔托在布列塔尼拍摄了卢茨-莫
拉特（Luitz-Morat）的海盗史诗片《海盗之王》(*Surcouf, roi des
corsairs*)；电影拍摄将持续到 10 月，与早期电影疯狂的后期制作步
调一致，《海盗之王》于 1925 年 2 月上映。阿尔托获得这个角色是
因他舅舅路易·纳尔帕斯（Louis Nalpas）的帮助，后者是电影小说

协会的艺术总监，也是默片时代法国电影的奠基石。[19] 在写给阿塔纳西奥的信中，阿尔托说他很喜欢拍摄《海盗之王》的经历，而且他给其他演员留下了深刻印象。布列塔尼海岸的空气对他的健康起了神奇的作用，他甚至说自己被晒黑了。然而，阿尔托对同为舞台剧演员的阿尔芒·萨拉克罗（Armand Salacrou）抱怨说，卢茨-莫拉特为了惩罚进行干涉的纳尔帕斯，不顾阿尔托的眩晕，让他拍摄屋顶和塔上的场景。[20] 当阿尔托后来在卢茨-莫拉特大致根据欧仁·苏（Eugène Sue）的 19 世纪小说《流浪的犹太人》（Le Juif errant，1844）改编的电影中扮演一个角色时，这一切似乎都被遗忘了。

纳尔帕斯是早期法国电影中一个强大而令人敬畏的人物，被认为强化了电影制片人在电影制作中的关键作用。纳尔帕斯对一部影片的支持对它的成功至关重要，而他对电影制作人的信心对其职业生涯起着决定性的作用。1915 年，受到乔治·梅里耶（Georges Melies）开创性电影作品的启发，二十六岁的阿贝尔·冈斯通过一系列扭曲的形象，在他导演的《杜普博士的疯狂》（La Folie du docteur Tube）中表现了疯狂。纳尔帕斯被电影中"令人困惑的画面吓到了"，他不允许这部电影上映，但他相信冈斯的才能，并让冈斯留在摄影棚——尽管受严格的约束。他发出以下指示："最重要的是，不再有理论或心理学。"[21]

1924 年 9 月，阿尔托通过纳尔帕斯与冈斯会面。作为当时法国最著名的导演之一，冈斯的成功使他能够测试法国电影的局限性并拓展电影语言。1919 年 3 月，在停战协定结束战争仅六个月后上映的冈斯的反战电影——《我控诉》（J'accuse），重新定义了法国电影；对导演莱昂·波伊里尔（Léon Poirier）来说，通过冈斯，

电影工业产生了一种新的艺术形式。从此刻开始，人们可

以在一个真实的人类群体中，通过无声的节奏和情绪的波动来细腻地表达感情，表达思想，孕育生命。这是获得授权的，公众也认可，真正的革命完成了。[22]

在电影中，阿尔托找到了一条实现他革命性构想的途径。在1923年3月号的《戏剧与喜剧画报》（*Théâtre et comoedia illustré*）上，导演勒内·克莱尔（René Clair）要求读者列出他们最喜欢以及想要制作的电影类型。杂志刊登了多位文化界知名人士的反应，包括费尔南德·莱热、让·科克托和保罗·瓦莱里；阿尔托的回复没有被刊载出来，但他的回复揭示他的关注点从戏剧转向了电影。阿尔托肯定了他"对电影的喜爱"：

> （他把电影描述为）一种价值的完全逆转，一种光学、视角和逻辑的完全混合。它比摄影更令人兴奋，比爱情更迷人。它的原动力不可能通过使用那些抵消其影响的、真正属于戏剧的主题而被无限期地摧毁……电影是一种非凡的兴奋剂。它直接作用于大脑皮层。当它的艺术的趣味与它所包含的心理因素充分融合时，它将超越戏剧，而我们将把戏剧放入我们记忆的阁楼……最重要的是，电影有一种无害而有效的药物的优点，就像皮下注射吗啡。[23]

在默片时代，电影表达依赖身体和面部表情；虽然言语可以通过字幕来传达，但字幕很少，而且字幕上的文字不多，甚至很少配合身体的动作。对阿尔托来说，与戏剧和文学不同，视觉形象是理性帝国及语言表达的解毒剂；至少，无声电影必须让身体赋予经验以意义，去探索更深层次的意识状态，而不是将语言或声音强加于人。

在难得与冈斯进行了一次会面之后，阿尔托滔滔不绝地对图鲁兹夫人说：

> 我对冈斯的拜访圆满成功……他说，我的脸很有趣——我的精神状态也是如此——最后他答应我出演他准备拍摄的六部关于拿破仑生平的电影中的一部。[24]

1925 年初，冈斯选定阿尔托出演法国革命家让-保罗·马拉（Jean-Paul Marat）的角色，这位"人民的朋友"在雅克-路易·大卫（Jacques-Louis David）的《马拉之死》（*La Mort de Marat*）中永垂不朽。然而，在 1 月到 7 月之间的某个时候，冈斯决定将阿尔托的角色换成卡米尔·德穆兰（Camille Desmoulins），一个不那么出名，也不那么戏剧化的人物。阿尔托写信给冈斯，恳求他重新考虑：

> 我认为扮演这个角色（德穆兰）在道德上和身材上都是不可能的，而且，如果放弃马拉这样一个更理想、更有特色、更卓越的角色，那将是灾难性的，因而在您做出最后决定之前，我有必要和您谈一谈。[25]

阿尔托表达了他对表演的主要信念之一：演员必须体现（embody），而不是简单地扮演（portray）一个角色。阿尔托要重新塑造马拉。

1927 年 11 月，阿尔托写信给冈斯，请求他为让·爱泼斯坦（Jean Epstein）根据埃德加·爱伦·坡的《厄舍古屋的倒塌》（*The Fall of the House of Usher*）改编的电影选角。"我在这个世界上没有太多的要求，"阿尔托写道，"但我觉得自己理解埃德加·爱伦·坡，我是个像厄舍少爷一样的人。如果我不是这个人，就没有人是。

我在身体上和精神上都是他。"阿尔托接着说，美国演员约翰·巴里摩尔（John Barrymore）要是在片中扮演厄舍，他的表演会是"不可思议的""外表的"，

> 我会内在地成为他的化身。我的生活就是厄舍和他那险恶的古屋的生活。我的神经里有一种瘟疫，我很痛苦。如果没有经历过，世界上最伟大的演员也无法在银幕上刻画出这种精神上的痛苦。我经历过。我想我和厄舍一样。[26]

当冈斯为他雄心勃勃的拍摄计划寻找资金时，缺钱的阿尔托在《格拉齐耶拉》（*Graziella*）中扮演塞科（Cecco），这部电影的灵感来源于 19 世纪法国浪漫主义诗人拉马丁（Lamartine）的作品。为期八天的外景拍摄是在意大利海岸的普鲁西达岛（Procida）上进行的，拍摄环境并不舒适：

> 睡觉时会被跳蚤吞吃，饭食吃得像猪一样，十五个人围着一张桌子。房子散发着稻草、灰尘和粪便的臭味。几乎没有水可以洗漱。睡觉只不过是张吊床。[27]

1925 年春，阿贝尔·冈斯导演的《拿破仑》开始拍摄，两年后，影片于 1927 年 4 月 7 日在巴黎国家歌剧院（Théâtre national de l'opéra de Paris）举行首映式。两千多名观众出席了首映式，其中包括政界和文化界重要人物，以及几位美国电影名人。[28] 以行业标准衡量，这部电影从开始制作到上映的时间跨度太长了。虽然这部最新的作品在叙事层面上是冈斯最传统的作品之一，但在其他任何可以想到的方面，它都达到了冈斯对电影视觉潜力的所有期望。在《拿

破仑》中，摄影机不仅仅是一种记录工具——例如，为了象征 1793
年国民公会（Convention）的不稳定性，冈斯把相机固定在一个钟摆
上，让它而不是演员或布景来呈现气氛。最令人难忘的一幕发生在
电影的结尾：冈斯创造了一个三联画序列——将屏幕的宽度增加两
倍——通过在水平线上同时放映三卷胶卷，使每卷胶卷的色彩化达
到顶点，以模拟法国的三色旗。这部电影原本打算用六个部分来讲
述拿破仑的一生；冈斯的设想是，每个部分的时长都超过他迄今为
止最长的电影《车轮》（*La Roue*），后者的片长略多于四个半小时。
最终他只完成了第一部分——长达五个半小时的影片介绍了拿破仑
在军校的生活和法国大革命期间的经历，最后以 1797 年他在意大利
征战中获胜结束。

在拍摄《拿破仑》的过程中，阿尔托几乎没说什么（除了向阿
塔纳西奥抱怨自己没有拿到片酬）。然而，在 1929 年 8 月接受《电
影界》（*Cinémonde*）采访时，阿尔托反思了扮演马拉对他个人的重
要性：

> 这是我第一次在银幕上有自我存在感，在那里我有机会忠
> 于自己的角色，去表达我对一个人物、一个人的看法，他似乎
> 是自然力量的化身，除了他内心深处的激情之外，对一切都漠
> 不关心。[29]

虽然马拉在电影中并非最重要的角色，但冈斯再现了夏洛特·科黛
（Charlotte Corday）对浴缸中马拉的刺杀，让阿尔托的表演给观众留
下了难忘的印象。影评家对阿尔托的表演做了简短但肯定性的评论：
"这是阿尔托的马拉，一个可怕的马拉，冷酷无情。"[30] "范·戴勒
（Van Daele）、库比茨基（Koubitzky）、安托南·阿尔托和菲利普·赫

安托南·阿尔托在阿贝尔·冈斯的《拿破仑》中饰演马拉。

里亚特（Philippe Hériat）对罗伯斯庇尔（Robespierre）、丹东（Danton）、马拉和萨利切蒂（Salicetti）做了刻画，这些人物很难塑造。"[31] 1931 年 5 月，让·科克托在《新法兰西评论》上发表文章，称阿尔托的表演是"炼金术士"的杰作："我仍然可以看到瘫在浴缸边的这个神圣的人物，他将大卫绘画中奇怪的孩童般的形象与处于沉寂状态的阐释者的正直的形象结合在一起。"[32]

《拿破仑》首映两个月后，阿尔托在丹麦导演卡尔·西奥多·德莱叶（Carl Theodor Dreyer）的第一部法国作品《贞德受难记》（*The Passion of Joan of Arc*）中获得了一个角色。这部电影的原著作者约瑟夫·德尔特尔（Joseph Delteil）曾是超现实主义阵营中的一员；虽然德尔特尔对贞德的刻画是反正统的，但布勒东责备他的书是"一堆狗屎"，并把德尔特尔从超现实主义者中踢了出去。当德莱叶 1926 年 4 月抵达法国时，他已经为法国电影观众所熟知；就在他抵达的同时，兴业电影公司（Société générale des films）——出品《拿破仑》的公司——宣布聘请他执导一部剧本由（法国）最著名作家之一执笔的新电影。《贞德受难记》是一场视觉上的胜利；它的字幕直接取自贞德的审判记录，虽然文字是次要的最低限度的布景设计。最重要的是，德莱叶对特写镜头的运用使他的人物更有人情味，减少了观众与银幕形象之间的距离。[33] 安德烈·巴赞（André Bazin）认为，德莱叶的特写镜头让演员真正体现了角色的灵魂，超越了角色的局限。[34] 饰演同情贞德的牧师马休（Massieu）时，阿尔托非凡的面部表情强调了他的角色的同情心和面对贞德的痛苦时的情感折磨；海报的主角是阿尔托和电影明星玛丽亚·法尔科内蒂（Maria Falconetti），突出了电影的主题：清心寡欲、偶像破坏和唯心论（spiritualism）。

阿尔托扮演的马休的角色与他之前的银幕角色形成了对比，无论是在《海盗之王》中扮演的海盗还是在《拿破仑》中扮演的马拉。

在 1929 年的一次采访中，他将马休描述为一位圣徒："他不再陷入
混乱，不再充满愤怒，也不再永久地与自己分离，相反，他很平
静。"在电影拍摄期间，阿尔托写信给阿塔纳西奥，表达了对德莱叶
的不满（他从未详细说明为何不满，但多年后他抱怨德莱叶坚持让
演员们剃去长发）。[35] 然而，在 1929 年的那次采访中，阿尔托称赞德
莱叶的导演成了他"难忘的回忆"：

> 这次，我打交道的这个人，使我相信他的理念是公正、美好
> 和有关人类利益的。不管我对电影、诗歌、生活的看法如何，我
> 第一次认识到，这已不再是美学、偏见的问题，而是一件艺术作
> 品，一个决心要阐明世界上最令人痛苦的问题之一的人。德莱叶
> 决心证明贞德是所发生的最令人憎恶的扭曲现象的受害者：这是
> 神圣原则的扭曲，这种原则已进入人们的头脑，无论人们叫它政
> 府、教会还是其他什么名字……德莱叶致力于向演员暗示一个场
> 景的含义，并允许他有足够的自由去体现它，他可以有一些个人
> 的解释，只要他仍然忠实于作品所要求的内在精神。[36]

尽管演员阵容获得了很高的评价，但阿尔托的表演并未得到特别的
关注。为数不多的评论指出，阿尔托的表演"令人难忘，尽管他并
不想引人注目"[37]。1952 年，科克托说，几十年后，法尔科内蒂、西
尔万（Silvain）和阿尔托的表演仍然让观众惊叹，让他们热泪盈
眶。[38] 虽然阿尔托巧妙地表现了马休的同情、信仰和真诚，但最让人
印象深刻的还是他的面容，正如照片所示。1934 年，阿奈斯·宁
（Anaïs Nin）——她在头一年刚见过阿尔托——在清理自己的衣橱
时，发现了他那张如今已成为标志的饰演马休的照片：

阿尔托在《贞德受难记》中饰演马休。

他双颊显得凹陷，眼睛充满了幻想和狂热。安托南·阿尔托一直拒绝提供自己的照片，因为他害怕巫毒诅咒（他说的是咒语），而且相信如果有恶魔把大头针插进照片里，他就会受到伤害。而这个漂亮的修道士就在我的掌握之中。我决不会插上一个图钉。我把它保存起来。[39]

在无声电影时代，还有两个角色成就了阿尔托的电影生涯——一个是莱昂·波里耶（Léon Poirier）的《凡尔登，历史的幻影》（*Verdun，visions d'histoire*，1928）中的"知识分子"，另一个是他在马塞尔·莱尔比埃（Marcel l'Herbier）根据爱弥尔·左拉的 19 世纪小说《金钱》（*L'Argent*）改编的同名电影（1928）中饰演的一个小角色。尽管莱尔比埃称赞了阿尔托的演技（"仅凭他的出场、他的神态和他行动的机智，他给秘书这个角色带来了一种令人难忘的活力，使人感到有点不安"），但他在片场对阿尔托并不那么信任。[40]

阿尔托在《凡尔登》中的角色是他和超现实主义者之间冲突的另一根导火线。尽管波里耶把他的电影（像《拿破仑》一样在巴黎歌剧院首映）"献给所有为人类最丑恶的激情——战争——殉道的人"，但他的电影与其说是对第一次世界大战给法国士兵造成的伤害的描述，不如说是对一场崇高战争的描述。阿尔托因为出现在影片中而受到了超现实主义者的攻击。在写给电影制作人罗兰·图阿尔（Roland Tual）的信中，阿尔托辩解说，这部电影"不是为了宣扬并不高尚的公民道德而拍的爱国主义电影，而是一部左翼电影，目的是激发'有觉悟和有组织的群众对战争的恐惧感'"[41]。

《凡尔登》将战争的镜头与在凡尔登拍摄的戏剧性场景混合在一起，再现了战争的场景及其对社会各阶层的影响。阿尔托的战争经历以梦游和住院为主，因而这部电影为他提供了一种与战争间接的不真实的联系。片中的"知识分子"满腔热情地参加"正义的战争",却在战场上死去,他以基督式的姿势俯卧着,为了崇高的事业而献身。尽管有波里耶的指示,但演员还是从亲身的战争经历中汲取灵感。阿尔托似乎从安德烈·马松的经历中得到启发:1917年,马松身受重伤,躺在战场上,思索着他所经受的恐惧和这一切的无意义。

20世纪20年代后期,随着阿尔托对电影的兴趣逐渐浓厚,他写了两部电影剧本。第一部《十八秒》(Les dix-huit secondes)写于1925年至1926年间,从长度和形式上看,与其说它是一部电影剧本,不如说是一种治疗。自传的性质再明显不过了。故事开始时,一个男子(他是一位演员),看着他的手表;当他再次看表时,只过去了十八秒,虽然银幕上发生了很多事情,但都是在演员的脑子里。正如阿尔托所描述的那样,这位演员即将名声大振,并得到了他追求很久的女人的爱:

> 他得了一种怪病。他无法表达自己的想法;他是完全清醒的,但无论他想到什么,他都不能给它一个外在的形式,也就是说,把它转换成适当的动作和语言……他找不到想说的话,它们不再响应他的号召;他只能看到一连串的形象,一大堆矛盾的形象,彼此之间没有多少联系。[42]

《十八秒》更像是20世纪20年代中期阿尔托的写照:一个即将成功的演员,因为无法实现自己的想法而苦恼。这位演员的感情生活几乎和阿尔托与阿塔纳西奥的关系相似,而提及卡巴拉*和演员在十八

---

* 卡巴拉(Kabbalah),犹太教的一种神秘主义思想。——译注

秒结束时的自杀则预示了阿尔托之后的两个关注点。这十八秒的画面依赖于形象，并无语言，在银幕上以一种近乎噩梦般的超现实方式展开。演员在一系列看似不协调的环境中行动，最终他意识到，存在是一种与思想的浮士德式的交易，随之而来的是思想的代价。

《十八秒》从未拍摄成电影，而阿尔托的下一部电影剧本《贝壳与僧侣》（Le Coquille et le Clergyman），将是他唯一一部从书面搬上银幕的作品；它的出品引起了很大的争议和混乱，而这些争议和混乱很大程度上归咎于阿尔托本人。1927 年 4 月 16 日，阿尔托在电影家协会（Association of Film Authors）存放了他的剧本《贝壳与僧侣》；三周后，《电影杂志》（Cinémagazine）宣布，阿尔托和著名导演谢尔曼·杜拉克（Germaine Dulac）将制作"一部原创电影，电影剧本的灵感来自一个梦。只有一位表演者：安托南·阿尔托"。两周后，《喜剧》（Comoedia）杂志澄清说，阿尔托和阿塔纳西奥将共同演出。[43] 杜拉克指责阿尔托在媒体上发布这些消息，她无意再与他合作。[44]

在给杜拉克的信中，阿尔托否认与这些消息有任何关系，并声明他"没有与［杜拉克］合作的意愿。这是一个愚蠢的借口"[45]。他把谣言归咎于"那些想伤害我的人，那些与我有私怨的人"，"您拍的电影一定会引起轰动"。[46] 给杜拉克的其他一些信透露了不同的信息：阿尔托对这部电影的主旨有明确的想法。在 9 月 25 日写给杜拉克的最后一封信中，阿尔托反对她在影片开头加入解释性文字："我从来不认为这部电影是任何一种理论的说明。这是一部纯影像电影。没有精神分析、形而上学或人文的含义。"[47]

无论在台前还是幕后，阿尔托都不会在这部影片中扮演任何角色。在拍摄《贞德受难记》期间，他得到了两周的休假时间去与杜拉克一起工作；不管是出于艺术歧见还是个人原因，导演将拍摄推迟了很长时间，以至在拍摄期间，阿尔托不可能去到高蒙制片厂

阿尔托，约 1927—1930 年（左）、约 1928 年（右）。

(Gaumont Studios)。

鉴于她的视觉感受和电影经验，选择杜拉克导演阿尔托的剧本是有道理的。虽然她在 1918 年才导演了她的第一部电影，但杜拉克 1923 年根据安德烈·欧贝（André Obey）的剧本《微笑的布迪夫人》（*La Souriante madame Beudet*）改编的电影极大地提高了她的知名度。在杜拉克的导演下，该片呈现出女权主义色彩；这是一部前卫版的《包法利夫人》（*Madame Bovary*），杜拉克充分利用电影提供的视觉可能性，来表达主人公在沉闷的中产阶级生活中受挫而未能实现的梦想。

阿尔托期待在自己剧本的构想中发挥更重要的作用，所以不能平静或谦卑地接受自己被排除在电影制作之外。1927 年 10 月 25 日，杜拉克终于答应阿尔托看电影的请求。可以预见的是，阿尔托声称他对影片一点也不满意。尤其是，阿尔托宣称，杜拉克把影片变成了一长串梦幻般的镜头，吸干了他剧本的生命，把一部可能具有革命性的剧本变成了又一部平庸的电影（然而，英国电影审查委员会在禁止这部电影的时候，称它是"如此神秘以至几乎毫无意义。如果有什么意义，那无疑是令人反感的"）。[48]

杜拉克原本计划于 1927 年 11 月 23 日在巴黎大皇宫（Grand Palais）的秋季沙龙上举行首映式，但将首映式推迟到了 1928 年 2 月 9 日，地点是于尔絮勒影院（Studio des Ursulines），这座影院于 1925 年首次开放，专门放映前卫电影。包括布勒东、罗伯特·德斯诺斯（Robert Desnos）和路易·阿拉贡在内的几位超现实主义者都出席支持阿尔托（就在几周前，雅里剧团刚演出了克洛岱尔的舞台剧，并且阿尔托与超现实主义阵营实现了和解）。接下来发生的事情众说纷纭，但最令人震惊的故事是这样的：在电影放映的时候，布勒东为了强调阿尔托的远见和抗议杜拉克对他的远见的贬低，大声朗读了阿尔托的剧本。[49]当有些观众试图让布勒东安静下来时，另一位超现实主义者——可能是德斯诺斯——喊道："是谁拍了这部电影？"在第三位超现实主义者确认杜拉克为电影制作人后，德斯诺斯问道："那谁是谢尔曼·杜拉克夫人？"布勒东回答说："谢尔曼·杜拉克夫人是个婊子。"现场发生了扭打，镜子被打碎，警察被召来，超现实主义者要么自行离开，要么被赶出剧院。当阿尔托出现在放映现场时，我们还不清楚他是像有些人说的那样，在影院的混乱中狂奔，对杜拉克大喊大叫，还是像其他人说的那样，他和他母亲安静地坐在后排。[50]

在于尔絮勒影院事件之后，伊冯·阿兰迪（可能与阿尔托合谋）指责杜拉克"违背了剧本的精神，以她的固执扭曲了影片的诗意形象，而她并不理解这些形象的意义，拍摄中她拒绝了所有的建议"，这导致了"诗人的激烈反应，他们希望阿尔托脱离"杜拉克的这部错误的电影。[51]尽管阿尔托也可能将自己的剧本与杜拉克的电影区别开来，但他完全沉浸在《贝壳与僧侣》所引起的关注中。阿兰迪的摘记中包含了十八份出版物（包括一份比利时刊物和一份奥地利刊物）的相关评论，它们强调了阿尔托在影片中的作用，并贬低杜拉克的贡献，只提及后者五次。[52]

古老的谚语说，没有所谓的坏名声，这并不适用于《贝壳与僧侣》；这部电影并没有从围绕其发行展开的所有活动中受益，不到十六个月后，它的重要性就被路易斯·布努埃尔（Luis Buñuel）的《安达鲁之犬》（*Un Chien Andalou*）超越，后者的第一次放映也在于尔絮勒影院，但现场的状况远没有那么混乱。当然，阿尔托继续为他的剧本的原创性辩护，他认为，虽然所有的先锋电影都是《贝壳与僧侣》的后代，但它们都"没有《贝壳与僧侣》的精神，而这精神是它们难以重新获得的"。[53]

在一些文章中，阿尔托时而具体地提到《贝壳与僧侣》，时而隐晦地提到它（但从不提及杜拉克），他阐明了自己写电影剧本的意图，并将自己的想法与电影进行比较。伴随着剧本在《新法兰西评论》上发表，阿尔托在名为《电影与现实》的一份介绍中，反对电影制作人只在梦境中设想现实的另一种状态的倾向；相比之下，阿尔托说他的意图是释放电影的视觉灵活性，使它能够传达更原始的表达和交流方式，使它能够脱离文本，无论是通过电影的叙事还是字幕：

> 即使在没有字幕的电影中，情感是语言的，需要文字的澄清和支持，因为情境、图像、动作都有着明确的意义……没有必要在视觉语言中找到与书面语言等同的东西，因为视觉语言的翻译会很糟糕，而是要尽可能揭示语言的本质，将动作提升到一个水平，在这个水平上，所有的翻译都是不必要的，动作

几乎可以凭直觉作用于大脑。

在否认他的剧本是为了重造一个梦境之后，阿尔托认为电影并"没有脱离生活，而是重新发现事物的原始秩序"，并以巴斯特·基顿（Buster Keaton）和查理·卓别林（Charlie Chaplin）的早期电影为例加以说明。[54]

阿尔托被杜拉克明显拒绝，而他与阿塔纳西奥的关系更加摇摆不定。他曾极力推荐阿塔纳西奥出演《贝壳与僧侣》中的女性角色，他被逐出剧组的经历加剧了他对爱情的不安全感；在他看来，他已经被他的创造性工作和他生活中的女人疏远了。阿尔托未必真的爱阿塔纳西奥——愿意，或者能够做出她要求他做出的牺牲；至少，他的毒瘾是一个不可逾越的障碍。话虽如此，阿塔纳西奥可能是他狂热生活中稳定性的一个来源。在写于 1927 年 9 月的一封信里，阿尔托说到一本书——可能是纳撒尼尔·霍桑（Nathaniel Hawthorne）的《红字》（*The Scarlet Letter*）——在这本书里，"有人活着，有人死了，有人通过阅读恢复了活力"。接着，他把自己的全部感情都献给阿塔纳西奥（"我们的同居生活，我们对彼此的冲动，还有我们的冲突，这一切都是爱的完美体现，正如我想象的那样"），然后时而满怀希望（"但我很感激你在某种程度上变得和我一样孤独，我可以独自填补这份孤独，就像你可以独自填补我的孤独一样"），时而郁郁寡欢，如果没有夸大其词的话：

> 我向你保证，自从我们分手后，我经常想到死亡，或者活命（这是一回事），我想到，就无限和绝对而言，我将是孤独的，没有你作为我的灵魂，没有你的存在作为平衡与补偿，这个想法，对我来说，是完全令人心碎的。你想让我如何面对死

亡呢？[55]

这封信是阿尔托给阿塔纳西奥最后的"心的呼唤"（cris de coeur）；到1928年4月，除了与她保持工作关系外，阿尔托几乎放弃了一切：

> 我不能不认为你的生活是可恶的，我只能说你不能做我的爱人……任何曾经是我爱人的人，如果她和另一个配不上她的男人生活、睡觉，那她在我的生命中就不复存在了……我素来相信，在神灵或上帝面前，你从来都不是我的女人，因为如果你是这个女人，你就不会离开我或者你会回到我身边。对我来说，我的孤独没有名字，没有界限，当我想到我实际上一直都是孤独的，而且五年以来，一个为我而生的人、一个熟悉我的人并没有使我的生活变得完美，我的恐惧加倍了……你让我意识到，我活在你的灵魂里，这是个幻觉。女人是一种下等的存在，她从一开始就搞砸了自己的命运。

奇怪的是，阿尔托在信的结尾写道："我不顾一切地吻你，而且是发自内心地吻你。"[56]尽管他声称对自己与阿塔纳西奥的关系感到绝望，但在20世纪20年代后半期，阿尔托似乎至少另外有过两段情感经历。1926年，他与布勒东的第一任妻子西蒙妮的妹妹简妮·卡恩（Janine Kahn）开始了一段不成功的恋情。卡恩出生在一个富裕的阿尔萨斯犹太家庭，通过她的姐姐，她出现在超现实主义者的圈子里。从1926年7月下旬到1927年1月1日，她收到了大约二十封阿尔托的信。表面上他写信给卡恩是为了谈论通灵者安吉利娜·萨科夫人（Madame Angelina Sacco）——对一些超现实主义者（包括布勒东）来说，她是能预知未来的人，也是阿尔托咨询过的许多通灵者中的第一个——但很快阿尔托的信件变得浪漫起来，他在信中表达了对卡恩的渴望，并声称萨科夫人暗示他们注定不会结婚，因为"你觉得我很神秘，最重要的是，你想了解我的灵魂"。[57]有时，阿尔托给卡恩的信中充满了强烈的激情，他声称他想借助萨科夫人的洞察力验证"科学"：

> 在我看来，我的一些梦太令人痛苦、太奇特（除了鸦片），以至我不能得出有力的结论。想象一下我在梦中看见了什么……你躺在我床上，全身通红，在完成一个可怕的结合过程。这就是我的梦的实质，就像在我灵魂的深处。但在身体上，客观地说，我仍然只能用强烈的激情把你紧紧地搂在怀里。[58]

除了表达他的单相思，阿尔托给卡恩的信充斥着错过约会的借口。他还请求她给他写信（或原谅他），并要求她从一个医生朋友那里为他买鸦片酊（在第一次告诉她他梦见她是一个狂野的皇后之后！）。[59]在这一连串的信件终止后不到两年，卡恩就嫁给了小说家兼诗人雷蒙·格诺（Raymond Queneau）。

也是在 1926 年，阿尔托结识了亚历山德拉·佩克（Alexandra Pecker）。佩克是俄国移民的女儿，她曾就读于法律系，是选美皇后和"牧羊女剧场"（Folies-Bergère）的演员，曾在《流浪的犹太人》中扮演一个小角色，是阿尔托扮演的角色爱慕的对象。[60]第二年，在拍摄《贞德受难记》期间，阿尔托和佩克互通信件，并经常见面（时常在蒙帕纳斯大道九十九号的"精英"咖啡馆）。佩克回忆说，阿尔托无忧无虑，调皮捣蛋，但有时会突然发作。他们的关系也跟职业有关，因为佩克在雅里剧团的《梦的戏剧》中扮演了两个角色。据佩克说，阿尔托"对演员很有礼貌"，而且"要求高，但很有说服力，能够让演员更好地发挥他们的才华。他的举动鼓舞人心"。[61]佩克可能期望从这段关系中得到更多更长久的承诺，这超出了阿尔托愿意——或可能（考虑到他当时的繁忙日程）——给予的。[62]让她十分懊恼的是，他们之间并没有发展出任何浪漫的关系；然而，她仍然是他的朋友，直到他走到生命的尽头。

　　雅里剧团和《贝壳与僧侣》的丑闻提升了阿尔托的知名度，但同时也给他贴上了古怪和不可预测的标签。他的演艺生涯包括在法国对无声电影做出最大贡献的两部影片中扮演重要角色，但阿尔托从未真正考虑过，银幕表演除了能带来收入之外还有什么意义。阿尔托不太想努力塑造一种形象，更不用说设计自己的"品牌"了；相反，他在很大程度上陷入了文化政治（cultural politics）和政治文化（politics of culture）的争论之中。在电影和它的非语言表达中，阿尔托看到了回归更原始和更纯粹的交流形式的潜力；但随着 20 世纪 30 年代的临近，他重新将戏剧作为革命性变化的中心。

第五章

残　酷

　　到 20 世纪 20 年代末，经济困难阻碍了阿尔托宏伟计划的实现，而他对鸦片——尤其是鸦片酊——的依赖则越来越明显。尽管一些富有的赞助人对阿尔托很感兴趣，但阿尔托对阿尔弗雷德·雅里剧团失去了兴趣，他把更多的精力投入电影剧本。他仍然对电影在文化上的救赎潜力充满信心，但对电影的未来越来越悲观，因为他意识到，与其他大多数文化形式一样，电影已经成了一种由其自身广受欢迎的成功所造就的怪物：制作成本越来越高，相关人员在制订拍摄计划时感受到了赢亏考量的压力，电影的艺术本质也被商品化了。声音在电影中的引入进一步威胁到电影表达的独特性；视觉媒介屈服于文本。尽管如此，阿尔托仍然继续参与电影表演，即使只是作为一种经济支持的手段。然而，他在 1931 年的殖民地博览会上遇到巴厘岛的一个戏剧团体，随后再次受到启发并写了一系列散文，重新定义了戏剧作为一种革命通道的概念。

　　1929 年 2 月到 4 月下旬在尼斯拍摄雷蒙·伯纳德（Raymond Bernard）的《塔拉卡诺娃》（*Tarakanova*）期间，阿尔托写了一系列关于电影的信给阿兰迪夫妇。1929 年 3 月，阿尔托写信给伊冯·阿兰迪说，一个演员、一个导演或一部剧本的创造性价值只不过是一种可以出售的商品，尽管他自己的作品"质量"很好，但他不得不忍受羞辱，"因为我不是电影明星，在商业上，谁也不能指望靠我的名字卖掉一部电影"。[1] 四个多月后，在《电影界》的一次采访中，阿尔托抱怨说，"电影是一个糟糕的行业"，有"太多的财务问题"，它们阻碍了创造性表达。然而，他不愿意就自己的理想做出妥协："电影之所以是一个我肯定会放弃的行业，是因为我发现一个角色在限制、削弱、切断我的思想和感觉。"[2]

几乎从一开始，电影就具有商业吸引力，电影的制作迎合了公众的需求。在阿尔托看来，商业化牺牲了电影的艺术完整性、更高的理念和情感使命；不过，他很谨慎地区分纯粹的商业电影——这些电影通过迫使艺术家"违背自己的本性而削弱和贬低艺术家，结果就是违背了他们的精神目标"——和那些一开始就不以商业利益为导向的电影。[3]

阿尔托提出与阿兰迪夫妇成立一家制片公司的想法，他坚持说，公司必须忠于艺术的完整性。在阿兰迪的鼓励下，阿尔托写了一些剧本，有些是广告类型的（针对标致摩托车和航空旅行）[4]，其他——如改编自罗伯特·路易斯·史蒂文森（Robert Louis Stevenson）的小说《巴伦特雷的少爷》（*The Master of Ballantrae*）和莎洛姆·安斯基（Shalom Ansky）的剧本《恶灵》（*The Dybbuk*）的作品——用于戏剧演出。如果阿尔托的设想是为了促进消费或讲述故事，这对他没有什么影响；重要的是，电影媒介——通过编辑和图像处理——要充分利用其视觉潜力。因此，尽管广告促进了消费，但表现无意识（即使是物质欲望）的发展前景是最终目标。[5]

尽管阿尔托对在电影中引入声音的做法很犹豫，但他对《巴伦特雷的少爷》和《恶灵》的处理确实融入了声音元素：

我已经决定在我所有的剧本中引入一些音效，甚至一些对白，因为已经有了有声电影的趋势，在一两年后，没有人会看无声电影。这是令人痛苦的，但事实就是如此，一个人必须能够生存，同时又不被吞没。但是，像我们这样保持了纯粹而真诚的电影意识的人，需要在用语言滋养野兽的同时，展示非无声电影（non-silent cinema）的荒诞性和无用性，并保持另一种电影的身份，我们可能是这种电影仅有的受托人……大家都将看有声电影。为了引导群众，有必要随波逐流。[6]

在蒙马特的 28 号电影工作室（Studio 28）谈及"有声电影"时，阿尔托要么找到了声音的可取之处，要么接受了它的必然性。他把影像称为"一种翻译，一种对现实的转换"，而声音的混响强度"比影像要大得多，影像只是声音的一种错觉"。[7]在《巴伦特雷的少爷》的附注中，阿尔托允许有海浪的声音，沙漠和风的寂静，以及情感爆发的声音轨迹；在这种情况下，配音的语音语调比演说更重要。《恶灵》这部意第绪语片子讲述了一个俄国哈西德派（Hassidic）社区里恶魔附身的故事，扮演恶灵和阴谋者的角色可以"用哭泣和适当的声音"说话。他进一步断言这部电影"将为犹太人带来荣耀"[8]。

在这些作品中，阿尔托强烈渴望展现自己的创作视野，同时他也极度需要钱。在 1929 年 7 月下旬写给伊冯·阿兰迪的信中，阿尔托提到了她与电影制作人就他的《巴伦特雷的少爷》剧本进行的会面，并告诫她，"别忘了，这首先是我们的事，而我此时此刻特别需要钱"[9]。尽管阿兰迪夫妇推动了阿尔托的工作——甚至把其中的一个短剧本，即以战争为背景的吸血鬼故事《三十二》（Thirty-two）交给一个美国朋友，希望得到大西洋彼岸的支持——但什么也没有发生。除了对制作梦幻电影感兴趣外，阿兰迪夫妇还担心阿尔托的财务状况（始终经济拮据）；他的收入完全来自他在电影和戏剧中扮演的微不足道的角色。

阿尔托对鸦片类药物的依赖也在增加。在 1927 年 11 月 30 日写给勒内·阿兰迪的一封痛苦的信中，阿尔托写道：

> 尽管我的人生似乎处于一个辉煌的阶段……我的精神世界里有一种基本的恶习，阻止我享受命运给予我的东西。我不再是我自己，我真正的自我在沉睡，这是事实……这些由真理赋予价值的图像，不再具有价值；它们只是肖像，是以前思想的反映，或其他人的思考，而不是当前的个人想法。相信我。这不是影像质量的问题，也不是思想的数量的问题。这是一个关于真理和现实的令人振奋的有生命力的问题……我感觉我的灵魂死了。我为每一次精神上的喘息而痛苦，我为它们的缺失而痛苦，为我的思想不可避免地进入、被埋没和引入歧途的官能而痛苦。

最后，他告诉阿兰迪，在戛纳——可能在温泉浴场——待上三周对他有好处，因为"正如您所想象的那样，我又回到了过去的状态"。[10] 没有证据表明他去了戒毒诊所。

1929 年 2 月 24 日，阿尔托在尼斯写了一篇文章，抱怨他身体的病痛及生活中遭受的折磨和痛苦。一个月后，他又写了一篇文章，提及"剧烈的疼痛，一分钟又一分钟，从胳膊到腿。脊柱突出，头疼欲裂"。在阿尔托看来，这显然是戒毒引起的问题。"我已经好几个星期没有服用任何药物了。真是浪费时间。"[11] 然而，不到两个星期后，他在给阿兰迪夫人的附言中写到自己感觉好多了："打了几针后有了非常明显的改善。在二十四小时的时间里，我最痛苦的遭遇已经过去，生活也变得更加可以忍受了。"[12]

结束《塔拉卡诺娃》的拍摄并回到巴黎（还是疼痛）后，阿尔托立马再次尝试戒毒。但在 8 月底，他向勒内·阿兰迪抱怨，说他的"脑子里有一种压迫感，所有的神经都紧绷着，痛得我完全失去了知觉"。他最后说，因为得不到任何药物，他计划去戒毒诊所。通常情况下，勒内·阿兰迪去买药，然后交给阿尔托；不过，由于急于在当地药店买到鸦片酊，阿尔托要求开处方。"如果您为此担心，就让我见鬼去吧。"[13]

阿尔托还写了一首诗，歌颂鸦片类麻醉剂增强自我意识的特性。当他还是超现实主义团体的成员时，他写了八首散文诗，并于 1929 年由德诺尔-斯蒂尔出版社（Éditions Denoël et Steele）出版，名为《艺术与死亡》。[14]在第一首诗中，阿尔托描述了"完全属于精神现实"的童年经历；随着"表象世界进一步发展、扩展，进入不可识别的领域，进入未知的领域"，它们从意识退却，"只是通过麻醉剂所带来的一种绝对异常的清醒的恩典而重新出现"，"解放和升华思想"。[15]

1929 年 11 月，阿尔托写信给让·波朗，寻求 1928 年 1 月双方关系恶化后的和解。阿尔托说，如果他过早写信，他的悔悟就不会显得真诚；尽管在过去的两年里他已经赢得了名声，也吸引了不少人，但阿尔托从来没有"这么沮丧和无助过。您无法想象我已经堕落到什么程度，我想是时候离开这平庸的浪漫主义了"[16]。为了消除波朗对他别有用心（比如为了再次在《新法兰西评论》上发表作品）的疑虑，阿尔托向波朗保证："这既不是对一位作家说的，也不是对一份重要的评论杂志的主编说的，而是对一位老朋友说的；这是对一个男人说的。"[17]和解实现了；尽管阿尔托重申他除了友谊没有别的愿望，但波朗很快就会再次在《新法兰西评论》上刊登他的作品。

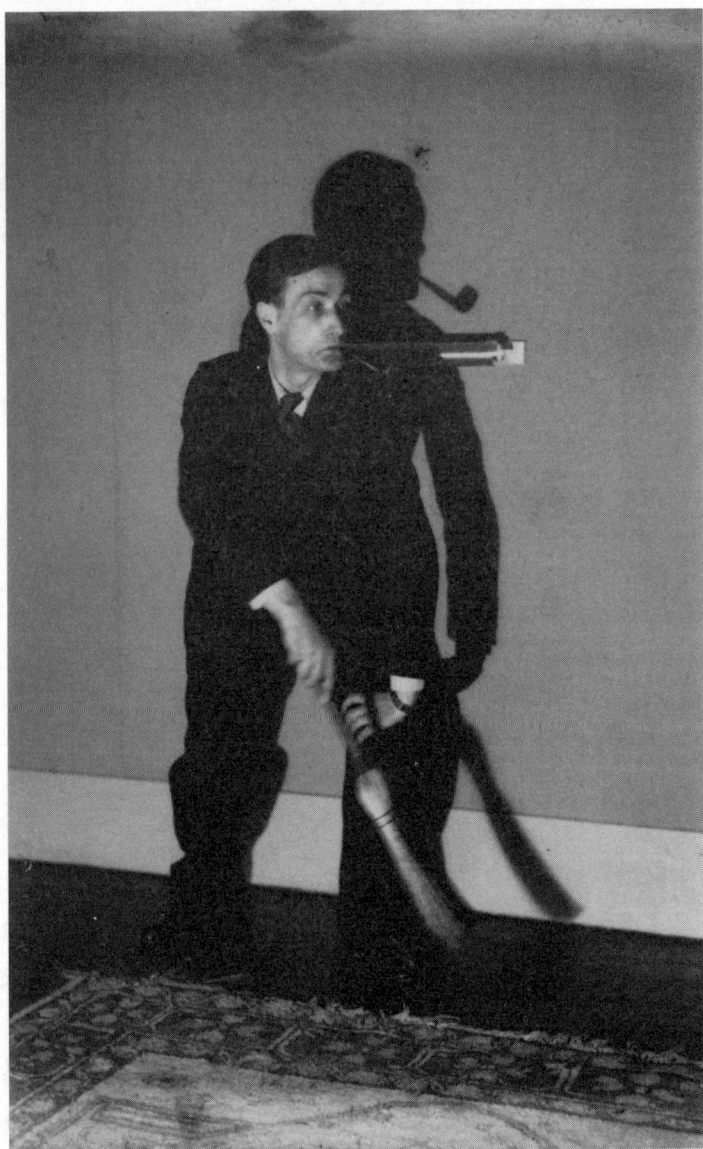

阿尔托和罗杰·维特拉克为阿尔弗雷德·雅里剧团制作的演出说明上的图片，1929—1930 年。

　　然而，在艺术上，关系并没有像阿尔托所希望或期待的那样破裂。至少从表面上看，他仍然忠于雅里剧团；1929 年，他与罗杰·维特拉克一起计划下一季的演出，并宣布下一季将上演两部作品——《乌布王》和维特拉克的最新作品。为此制作的演出说明涵盖了阿尔托对戏剧的重新构想和对电影的失望：

　　　　我们想要突破戏剧这一独特的类型，把从未在本质上实现过的关于**完整的戏剧**的旧观念重新呈现出来。当然，如果没有这些，戏剧就会与音乐、哑剧或舞蹈混淆，尤其是与文学混淆。

　　　　在有声电影的伪装下，在一种已经混杂的艺术中，图像被文字取代，这将精英与大众区分开来；只有**全面展示**这种形式才能提高人们的兴趣。[18]

　　很快，在一系列问题上，阿尔托和维特拉克之间产生了分歧：各自承担的责任不同、艺术上存在差异以及维特拉克无法完成他的剧本《特拉法加政变》（*Le Coup de Trafalgar*）。也许最重要的是，阿尔托感觉到维特拉克仍然赞成超现实主义的观点，即戏剧应该由意识形态驱动：

　　　　如果您为了捍卫某些思想，政治的或其他的思想，而想要做一场戏剧，我是不会跟随您的。至于戏剧，我只对本质上是戏剧性的东西感兴趣；在我看来，利用戏剧来传播任何革命的思想（除了在精神领域），都是最卑鄙、最令人反感的机会主义。[19]

阿尔托仍然对上演维特拉克的戏剧感兴趣，他接着写道，调和他们的观点冲突是可能的。他们又出了一本演出说明（用于 1930 年的演出季），但它的语气显然更加绝望，小册子列出剧团成立以来遇到的所有障碍（资金不足、演员缺乏、审查制度、警察造成的阻力、煽动者和其他先锋派人士的"蓄意破坏"、各种批评），随后说明了其目标（追求艺术自由、揭露"法国人的现状"），最后对公众发出呼吁。[20]无论是 1929 年还是 1930 年，雅里剧团的旺季都不会出现。

伊冯·阿兰迪建议在贝尔维尔剧院（Théâtre de Belleville）上演戏剧，阿尔托设想这个剧院——位于第十一区和第二十区交界处，是个工人阶级聚集区——既能提供符合大众口味的通俗情节剧，又能像他在小册子中描述的那样提供艺术景观；阿尔托预计，其结果将是各社会阶层在剧院里产生交集，在社会"名流"中产生"一种前所未有的势利感的冲击"，并确认"民众与非知识分子都是人"。[21]然而，这也没有实现。1930 年 10 月和 11 月在柏林第二次逗留期间，阿尔托找到著名的德国导演马克斯·莱因哈特，希望他能执导《特拉法加政变》；他甚至试图让勒内·阿兰迪去设法融资，尽管阿尔托曾向维特拉克抱怨过，"您这出戏我一点也不懂；更重要的是，我再也认不出来了"[22]。雅里剧团的整个经历让人精疲力竭，正如阿尔托写给波朗的信中所说，"阿尔弗雷德·雅里剧团是注定要失败的，我不想让它赶走我最后的朋友"[23]。佩克指出，"毫无疑问，（阿尔托）最喜欢的朋友是罗杰·维特拉克"[24]；1934 年，当《特拉法加政变》在巴黎上演时，阿尔托猛烈抨击了它的演出，但称赞维特拉克的作品脱离了典型先锋派戏剧的"平庸和琐碎"。[25]

尽管对电影的发展大失所望，阿尔托仍然在影片中饰演角色。在《塔拉卡诺娃》中扮演了一个波希米亚人之后，他在 1930 年摄于柏林的两部电影中出演了小角色。阿尔托于 7 月 4 日抵达柏林，并

阿尔托在雷蒙·伯纳德的《塔拉卡诺娃》（1930）中饰演茨冈人（波希米亚人）。

出现在另一部由马塞尔·莱尔比埃导演的电影——德国版的《夜班妇女》(*La Femme d'une nuit*) 中。多年以后，莱尔比埃反思为什么阿尔托在电影中只演配角："他有一种持续不断的倾向，要把他内心深处的双重感觉表现出来……演员有必要向公众提供一个统一的角色诠释，而阿尔托仍然没有找到办法将他本质上的两个角色联系在一起。"[26]当阿尔托还在柏林的时候，阿兰迪让他与德国精神分析学家汉斯·萨克斯 (Hans Sachs) 取得联系，后者是弗洛伊德的同事，他将阿尔托介绍给了德国导演 G. W. 帕布斯特 (G. W. Pabst)。[27]在返回巴黎短暂停留后，阿尔托于 10 月回到柏林，在接下来的两个月里，他出演了帕布斯特的法语版《三便士歌剧》(*The Threepenny Opera*)。在观看并批评《三便士歌剧》后不久，阿尔托写信给波朗，试图说服波朗以《新法兰西评论》的名义创办一份影评杂志，并预测它在"商业上是有利可图的"，并说他的经验给了他洞察力：

> 很长一段时间里，主要是为了食物，我放弃了这个烂到骨子里的职业。对我和所有人来说，要说电影的世界比任何可以想象到的东西都要堕落，这将是件好事，令人耳目一新。[28]

1930 年 11 月，阿尔托从柏林返回巴黎，这无疑加大了他的困难。电影表演给他带来的收入是如此之少，令他在经济上入不敷出，在艺术上才思枯竭。其他各种集体的文化努力都以失败和破裂的友谊告终，而他与阿塔纳西奥的关系也在接二连三的通信中破裂，在那些信件中他们时而和解，时而互相指责。

在寓居柏林的这段时间里，阿尔托（想要赚钱，自己找住处，搬离罗伯特·德诺尔的沙发）听从德诺尔的建议，开始改编马修·格雷戈里·刘易斯 18 世纪晚期的哥特小说《修道士》。[29]刘易斯的这

安托南和电影《黎明的枪声》（*Coup de feu à l'aube*）的演员在乌法（UFA）电影制片厂，柏林，1932 年。

部小说充满了对虐待、赤裸裸的性、巫术、撒旦崇拜和幻象事件的描写，在 1796 年出版后的几年里一直被认为是不道德的。《修道士》引起了阿尔托的共鸣。

在为这本书写的前言中，阿尔托描述了这个故事是如何回应他的神秘感的：

> 我不知道我唤起的精神状态是理智主义、唯心主义还是神秘主义的，或者您想要的任何东西。我知道我相信永生，我相信它的全部意义。我很遗憾生活在一个巫师和女巫都躲藏起来的世界，而且真正的巫师太少了。像《修道士》这样的小说给我的对生命深度的感受，比所有对无意识的心理、哲学（或精

神分析）的调查要多得多……[30]

阿尔托试图让波朗至少刊登一些章节，但没有成功；在此书由德诺尔-斯蒂尔出版社出版后，阿尔托写信给波朗为《修道士》辩护，反对它的批评者并赞扬它是"来自上苍和看不见的深渊的虚幻而真实的诗歌"[31]。在阿尔托看来，《修道士》是超自然而神秘的，是对西方逻辑和理性的拒绝。

1931 年，巴黎东部郊外的文森森林（Bois de Vincennes）留出了一块长六公里（3.75 英里）、宽三公里（2 英里）的空地，给观展者体验"世界之旅一日游"（Le Tour du monde en un jour）。殖民地博览会作为帝国主义东方化的一个展示，为观展者提供了超越法国势力范围的全球性体验；事实上，这次展览是对西方帝国主义的一种致敬，以所有欧洲帝国主义列强（除了英国，因为对甘地的非暴力不合作运动很敏感）为代表，此外还有美国和丹麦（分别展示了冰屋和格陵兰岛因纽特人）。最重要的是，与以往的殖民地博览会（包括马赛于 1906 年和 1922 年举办的两届博览会）不同，这次展览既没有有意识地对比殖民者和被殖民者，也没有促进非西方世界与西方文化的同化，而是强调了法国帝国主义的新的"交往"理想，即在法兰西帝国的背景下保护本土文化。但博览会仍然颂扬西方侵占"他者"并对被殖民者的文化进行异域化的权威，还称赞被殖民者在西方强权的庇护下从原始走向文明的相应的适应能力。[32]

殖民地博览会吸引了近八百万观展者，许多人多次参观。[33]超现实主义者呼吁抵制博览会，谴责它是一个关于帝国主义剥削的庆典；他们自己举办的反殖民博览会——"殖民地的真相"（La Verité sur les colonies）——强调殖民主义的残暴，并聚焦于殖民地博览会所宣扬的"沙文主义和商业价值"。[34]

帝国主义带来的经济利益当然是博览会的一个元素，但它的另一个存在理由是通过建筑、艺术和文化的展示来吸引观展者，间接地把观展者带到他们可能永远不会经历的遥远国度。没有哪个展馆或展览空间比荷兰东印度馆更吸引人了。它不仅是世界上最精致的建筑之一（配得上仅次于英国和法国的第三大殖民国），还始料未及地吸引了媒体的关注：博览会正式开幕后不到一个月，展馆就毁于大火。尽管重建的展馆规模比原展馆略小，但火灾引起的关注使其成为博览会上最受欢迎的展馆。话又说回来，荷兰东印度馆的广受欢迎不能简单地归咎于不幸；它也有博览会上最引人入胜的表演之一——巴厘岛舞蹈团表演的巴厘岛舞蹈大杂烩，包括传统的 17 世纪舞蹈和 20 世纪 20 年代编排的现代舞。[35] 对演出的评论激增，火灾后更加热情洋溢；报纸评论道："无论新闻热情如何高涨，事实清楚地表明，这次博览会绝不仅仅是一次异国情调的盛会。"[36]

8 月 1 日，阿尔托观看了巴厘岛舞蹈团的演出。第二天，阿尔托写信给路易·茹韦（Louis Jouvet），后者是香榭丽舍喜剧院的经理和导演，以前在科波的老鸽巢剧院供职：

> 如果戏剧试图在舞台上，在深度及视角方面，在姿势的形象语言（hieroglyphics）——作为不带偏见的、绝对的新的心灵建构——中，表现无意识的某些奇怪的东西，那么所有这些都在巴厘岛剧团（Balinese Theatre）精彩的演出中得到了实现、满足、表达和超越……[37]

虽然茹韦更传统、更保守的戏剧观不符合阿尔托的革命愿景，但1931 年 4 月茹韦暂时聘阿尔托为助手。尽管这为阿尔托提供了收入和人脉，但也加深了他对法国文化的绝望，以及他对于无法影响法国文化的无力感。然而，在目睹了巴厘岛戏剧之后，阿尔托意识到他对戏剧未来的设想已经成形，而与茹韦这样一位有影响力的导演的合作可能会改变法国戏剧的方向。在给茹韦写信三天后，阿尔托又给波朗写信，强调巴厘岛戏剧揭示了"一种真正的戏剧语言，它的力量如此之大，以至它似乎消除了产生这种语言的心理暗示，使所有文字的转换都变得不可能和毫无用处"。阿尔托对这些表演者的身体素质感到惊讶，认为"他们高尚和大胆的意图"可以将巴厘岛人与欧洲人的戏剧观念区分开来。[38]就在阿尔托观看巴厘岛戏剧表演两个月后，《新法兰西评论》刊登了他的文章《殖民地博览会的巴厘岛戏剧》（"Le Théâtre Balinais à l'exposition coloniale"）。

阿尔托文章的基调是由开头几句话决定的：

> 巴厘岛戏剧的壮观场面，从舞蹈、歌曲、哑剧——据我们所知，很少从戏剧——中汲取灵感，按照一种已被证实的古老功效，将戏剧恢复到它最初的目的，戏剧呈现为在幻觉和恐惧下产生的所有因素的结合。[39]

通过这篇文章，阿尔托识别出巴厘岛戏剧中引人入胜且让人精神振奋、耳目一新的元素——它的非言辞的肢体语言，它使用知性的而非感性的能指（signifiers），以及它的真实而非人为的目的。最重要的是，巴厘岛戏剧是一种精神上的、能增强意识的无限体验，而西方戏剧只是一种幼稚的娱乐，没有持久的影响力。更确切地说，阿尔托惊叹于那些演员"通过复杂的手势、姿态和突如其来的叫喊，通过充分利用舞台空间的角色位移和转向，使一种新的形体语言得到解放，它不再以文字，而是以符号为基础"[40]。

　　为了理解表演，人们似乎发明了一种新的语言：穿着戏装的演员们构成了真正的生动活泼的象形文字。这些三维的象形文字，以它们自己的方式，用一些姿势和神秘符号加以烘托，这些姿势和符号对应着一些未知的、想象的和模糊的现实，而我们西方人已经完全摒弃了这种现实。[41]

最重要的是，在阿尔托看来，"在巴厘岛戏剧里，人们感知到一种先于语言的状态，它可以选择自己的语言：音乐、手势、动作、言辞"[42]。与受文本驱动的西方戏剧不同，这是原始性的戏剧，回到思想被文字限制之前，那时，思想和观念由象形文字象征性地表达，"无意识的迷宫"指引着思想，并表示纯粹的智慧，而不是感情。[43]

　　阿尔托正确地理解了巴厘岛戏剧的实质和意义，还是他走进荷属东印度馆是为了挑战西方的戏剧实践？苏珊·桑塔格（Susan Sontag）质疑道，如果阿尔托观看的不是巴厘岛舞蹈团，而是达荷美（Dahomey）的部落舞蹈或巴塔哥尼亚（Patagonia）的萨满仪式，会不会有什么不同？重要的是，他所看到的必定是"非西方的、非当代的"[44]。事实上，对阿尔托影响最大——他对此充满了感情——的是"杨格舞"（janger），一种兼有舞蹈和台词的戏剧，由一群巴厘岛舞者在 20 世纪 20 年代早期表演，这种舞蹈缺乏"最神圣和神秘的仪式"。[45]在阿尔托看来，尽管导演和编舞都很严格，但杨格舞并不缺乏激情，它揭示了"纯粹戏剧的理念，其概念和成就只有在舞台上得到实现时才有价值，才有生命力"[46]。

　　阿尔托并不是唯一热衷于非西方文化的人，他关于巴厘岛戏剧的文本也不是他第一次挑战西方霸权。超现实主义充斥着东方主义的主题和影响；1924 年，布勒东称东方为缪斯女神："东方，胜利的东方，你们这些只有象征价值的人，随你们的便吧。愤怒的东方和珍珠般的东方！东方，可爱的猛禽和纯真之鸟，我从王国和阴影的深处恳求你！请赐我灵感！"[47]而阿尔托作为超现实主义团体的一员，在《致达赖喇嘛》和《给佛学院的信》中，祈求东方的启蒙运动把西方从现实的束缚中解放出来。[48]

与巴厘岛戏剧相遇的经历可能是阿尔托的一个转折点；很难说它是否与他随之而来的创作能量的爆发全然相关，但即使它在阿尔托身上没有起到治疗作用（毕竟他没有放弃鸦片），也确实给了他灵感并唤起了他的活力。通过勒内·阿兰迪，他结识了乔治·苏利耶·德·莫朗（George Soulie de Morant），后者是前驻中国外交官、汉学家和针灸倡导者。阿尔托接受了一系列针灸治疗，虽然身体状况明显好转，但治疗没有丝毫改善他脆弱的精神和情感状态。在给苏利耶·德·莫朗的几封长信中，阿尔托重复了他的许多老话题——他对自己无法形成连贯的思想感到绝望，他的内在意识和外在表现之间并不协调。[49]然而，长期以来，他一直将自己的处境看作个人问题，现在他开始将自己所受的折磨普遍化，并将其归咎于西方文化的弊病。[50]

尽管阿尔托继续在影片中饰演角色，但他相信这一媒介已经走到了尽头，他写信给茹韦说，"电影现在是，将来也会是过去的艺术。电影从业者没有不感到羞愧的"[51]。阿尔托放弃将电影作为救赎西方文化的工具，但他仍然因巴厘岛艺术家的表演而欣喜若狂，并再次转向戏剧。从 1932 年开始，他利用各种对他有利的条件，经历了创作能量的爆发，创作了一些他职业生涯中最著名、最令人难忘的作品。然而，为他的项目找到必要的资金仍然是困难的；对阿尔托来说，这证实了西方文化的空虚、资产阶级政权与资本主义三者之间的关系。在他先前与茹韦的合作失败后，阿尔托提出了一个不同的观点：

您以为我们所处的资本主义和资产阶级的秩序还能撑得住。对我来说，我觉得它快裂开了；的确，只有事态的发展情况才能解决我们之间的分歧……第一，因为它已经无法应对目前的灾难；第二，因为这是**不道德的**，是完全建立在利润和金钱之上的。[52]

考虑到茹韦对资产阶级的赞助的依赖，这番话依然不会有什么影响；没有证据表明茹韦对阿尔托的观点做出了回应。

巴厘岛戏剧暴露了欧洲戏剧的自满和局限，即传统的故事情节受语言的驱动并与文本紧密结合。阿尔托认为戏剧和电影是破坏稳定的力量，它们打破观众的视角，动摇他们的世界观；它们必须是令人震惊的、神秘的、可怕的或神奇的经历。这并不是说西方文化中没有这样的例子。在 1932 年 1 月的《新法兰西评论》杂志上，阿尔托写到马克斯兄弟（Marx Brothers）的电影《动物饼干》(*Animal Crackers*）和《恶作剧》(*Monkey Business*），惊叹于"通过屏幕释放了一种特殊的魔力，这种魔力是文字和影像之间的传统关系通常不会表现出来的"，可以把这些电影比作"某些成功的超现实主义诗歌（如果有过这种诗的话）"。在马克斯兄弟的幽默和疯狂背后，阿尔托发现了一些伤感的东西："某种令人不安和悲惨的东西，一种隐秘的宿命（既非幸，也非不幸，只是难以表达），就像绝美的身体患了一种可怕的疾病。"他还看到了无政府状态和全面反叛的赞美诗——"在一种思想自由的实践中，每个角色的潜意识，受到习俗和惯例的压制，同时为自己，也为我们的潜意识复仇"[53]。阿尔托提及马克斯兄弟，可能是因为他试图向茹韦提议一种完全不协调的舞台构想，以帮助后者导演阿尔弗雷德·萨瓦（Alfred Savoir）的《乡村糕点师》（*La Pâtissière du village*）：

> 您怎么看？为最后的梦境，使用大约二十个五米（16 英尺）
> 高的人体模型，其中六个将用最令人难忘的特征来表现剧中最
> 独特的角色，这些人体模型突然出现，伴随着轻快的军队进行
> 曲的节奏，夹杂着东方的欢声笑语，在火焰和烟花的喷发之间，
> 庄严地摇摆着。每个人物都可以有个象征，比如，其中一人的
> 肩上扛着凯旋门。[54]

到 1932 年，阿尔托已经准备好超越雅里剧团的实验性阶段，他
通过一系列的宣言和革命性的写作来挑战当前的戏剧实践，这些作
品就像所有现代宣言——如马克思、恩格斯的《共产党宣言》——
的先驱一样，为现有社会提供了另一种选择。考虑到阿尔托在宣言
中表达的诉求——比如他对文本的诋毁——他选择"宣言"这种文
学交流手段作为对戏剧的抨击，确实具有讽刺意味。由于资源有限，
阿尔托无法创办自己的剧团来将想法付诸实践；他被宣言困住了。
此外，他可能已经默认了宣言影响潜在支持者的权威性和实现其宣
言目标的不可能性。[55]

虽然从最严格的意义上说，这并不是一个宣言（但可以说是一
个出发点），但《场面调度与形而上学》（"The Mise en Scène and
Metaphysics"）是由阿尔托 1931 年 12 月 10 日在索邦大学的一次演
讲发展而来的。这次演讲——及之后的文稿——源于阿尔托的一次
卢浮宫参观，在欣赏了卢卡斯·范·莱顿（Lucas van Leyden）的作
品《罗德和他的女儿们》（*Lot and His Daughters*）之后，他思考了
这幅画作与巴厘岛戏剧共有的一些元素。如果说范·莱顿的作品让
人们"耳目一新"，那么在阿尔托看来，巴厘岛戏剧因其对感官的全

面冲击，似乎是这幅画的戏剧孪生兄弟。[56]他由此开始思考戏剧的未来：

> 我认为，舞台是一个必须加以填补的具体空间，必须让它用自己具体的语言来表达。
>
> 我认为，这种具体的语言，是为感官而存在、独立于话语之外的，它必须首先满足感官的需要；有感官之诗，就像有语言之诗；我所提到的这些具体的肢体语言，只有在它们所表达的思想逃避了有声语言的情况下，才是真正戏剧性的。[57]

支撑这篇文章的是阿尔托将西方的心理戏剧和东方的形而上学戏剧进行的对比，这种对比将舞台语言从言说扩展到"手势、符号、姿势和声音"，最终发展成一种主要的感官语言。[58]

1932 年 2 月在《新法兰西评论》上发表《场面调度与形而上学》之后，阿尔托草拟了一份宣言，即《残酷戏剧》（"Theatre of Cruelty"）。[59]在两份宣言和一系列信件（大部分是写给波朗的）中，阿尔托定义了他所理解的"残酷"，将其置于情景中，并解释了为什么它对戏剧至关重要：

> 这种残酷既与虐待无关，也与血腥无关，至少不仅如此。
>
> 我没有系统地营造恐怖。"残酷"这个词必须从更广泛的意义上理解，而不是以一种具体而贪婪的习惯方式来理解。
>
> 从理论上讲，残酷意味着严格、专注、铁面无私的决心，也意味着一个不可逆转的、绝对的决定。
>
> ……从本质上讲，残酷并不等同于流血、殉道的肉体、被钉死的敌人……首先，残酷是清醒的，是一种坚定的方向，是

对必然性的屈服。没有意识，没有专注的意识，就没有残酷。是意识赋予所有生命活动以血气和残酷的色彩，因为人们明白，生命就意味着人的死亡。[60]

对阿尔托来说，如果戏剧要传达一种更深层次的本体论意义，而不是沉溺其中，或试图赋予日常琐事毫无根据的意义，它就必须传达诺斯替思想（gnosticidea），即所有的创造都源于残酷。从本质上讲，接受——或体验——残酷就是回归本源，并在这个过程中，摒弃腐朽文化中的虚假和造作。在这种情况下，残酷扰乱了观众的预期，动摇了他们已有的知识。"公正地说，戏剧仍然是这些巨大的类比性干扰（analogical disturbances）最有效和最活跃的渠道，这些干扰在某种程度上阻止了思想向抽象转化。"[61]

阿尔托关于残酷戏剧的"第一宣言"只有一次提到"残酷"的主题；在详细列举了他理想中的戏剧的各种因素后，阿尔托写道："就本质而言，在所有的场景中，如果没有残酷因素，就不可能有戏剧。在我们目前堕落的状态中，形而上学将通过肉体重新进入心灵。"[62]"第一宣言"很大程度上是对戏剧的重新定义，使之成为由大量言辞、声音、灯光、动作、音乐和服装组成的"真正的象形文字"，其中没有一种元素可以凌驾于另一种元素之上；"为了将其从心理的致命麻痹中解脱出来，每种元素对于言说、动作和表情的形而上学的创造"都是不可缺少的。[63]就舞台语言而言，阿尔托指出："没有必要抑制口语，但给予言辞几乎和其在梦中一样的重要性。"因此，在阿尔托的戏剧中，言辞是有音调的，其重要性并不比其他任何声音大，剧作家的言辞也不过是"所有戏剧创作的起点"。真正的权威在于"独一无二的创造者"，编剧和导演的组合对场面调度负起全部责任，不是为了确保剧本被搬上舞台，而是为了确保演出精彩。最后，阿尔托对舞台与观众之间的实体空间进行模糊处理，将观众置于人物行动之中，确保"观众与景观、演员与观众之间的直接交流得以重新建立"[64]。阿尔托的剧场空间与形而上学戏剧的结合存在明显的悖论，毕竟，形而上学戏剧意味着超越物质的剧场。[65]虽然阿尔托的目标是为他的观众创造一种形而上学的体验，把戏剧从它自己的物质世界传送到它的集体潜意识的领域，但他从未在一个明确的物理空间与戏剧类型中完全调和他对形而上学的追求。

在"第一宣言"的结尾，阿尔托讨论了将作为残酷戏剧上演的九部作品，但未论及剧本。第一部是莎士比亚时代的戏剧，可能是《法弗舍姆的阿尔丁》（*Arden of Faversham*）。[66]他列出的其他作品包括"根据档案重构的蓝胡子故事，它对色情和残酷有新的认识"；萨德侯爵（Marquis de Sade）的一部作品，其中的色情被寓言化；犹太教神秘主义的卡巴拉学派最重要的经文《佐哈尔》(Zohar) 的摘录。[67]

当日记作者阿奈斯·宁在 1933 年 3 月第一次见到阿尔托时，她注意到他是一个"瘦削的、幽灵般的人物，经常出没于咖啡馆，但从未看到他在吧台前喝酒或坐在人群中大笑……他的眼睛因疲倦而发蓝，因痛苦而发黑……眼窝深陷，迷离而神秘"。阿兰迪夫妇把宁介绍给阿尔托，她注意到他内心所受的折磨和对戏剧的渴望是一致的：

> 戏剧，对他来说，是一个喊出痛苦、愤怒、仇恨的地方，是一个让暴力在我们身上重演的地方。最暴烈的生命可以从恐怖和死亡中迸发出来。
>
> 他谈到了古代的血祭仪式。感染的力量。我们如何失去了感染的魔力。古代宗教知道如何举行仪式，使信仰和狂喜具有感染性。仪式的力量消失了。他想把这种力量赋予戏剧。今天，

没有人能和别人分享这种感觉。安托南·阿尔托希望戏剧能做到这一点，成为唤醒我们所有人的核心仪式。他想大声喊叫，好让人们重新燃起激情，欣喜若狂。无须说话。没有分析。狂喜状态的感染。没有客观的舞台，只是观众心中的一种仪式。

宁被阿尔托惊到了，她想知道是他正确，还是人类已经变得如此麻木，以致任何仪式都无法使其恢复原状。[68]一个月后，即 4 月 6 日，宁出席了阿尔托在索邦大学（在米什莱阶梯教室）发表的关于"戏剧与瘟疫"（The Theatre and the Plague）的演讲。阿尔托的前提是瘟疫期间产生的崇高的艺术作品源于人类对永生的追求，因为人类害怕死亡的来临。

（阿尔托的思想刚与他的听众产生共鸣，他就）开始表现出死于瘟疫的样子……他忘记了他的演讲、他的戏剧和他的想法。他痛苦。他尖叫。他神志不清。他在制造自己的死亡，自己的受难。

听众起初对他的表现感到困惑，随之大笑起来；然后发出嘘声；然后离场，砰的一声关门，以强调他们的不满。最后，只剩下"一小群朋友"。阿尔托走到宁面前，吻了吻她的手，陪她去了穹顶咖啡馆（La Coupole）。在那里，他告诉她，他想把听众从疲惫中唤醒，但"他们没有意识到他们已经死了"[69]。阿尔托意识到，虽然他表达的思想深刻且具有批判性，但他的表演"时而失败，时而滑稽至极"。[70]在向波朗描述这件事时，他显得有些保守："这次演讲并没有取得预期的成功……总的印象是，一部分人感到愤慨，大多数人感到不安和焦虑，我相信这是一种持久的印象。"[71]

宁猜想阿尔托对她产生了爱慕之情，但她对与他发生肉体关系不感兴趣。阿尔托晚上去拜访宁，第二天，她对两人的关系走向感到困惑，于是他们在穹顶咖啡馆见面；他们亲吻，但是当宁感觉到他的手放在她的胳膊上时，她"看到了他脸上瞬间的喜悦，（我）对这个病魔缠身、饱受折磨、病态且极度敏感的疯子深表同情"。宁的拒绝策略——她是一个分裂的人，无法同时拥有人类的爱和想象力的爱——显然是为了顾及阿尔托的敏感，这果然有效。如宁所说：

> 从他的眼神，我当时就知道他是这样的人，我爱他的疯狂。我看着他的嘴，嘴唇被鸦片酊染黑了，我不想吻他的嘴。被阿尔托亲吻，就会走向死亡，走向疯狂；我知道他想要通过一个女人的爱来获得重生，转世重生，来得到温暖，但是他生活的不真实会让恋人之间的爱变得不可能。[72]

当时，阿尔托正在写罗马皇帝赫利奥加巴卢斯（Heliogabalus）的故事。赫利奥加巴卢斯来自叙利亚，十四岁成为皇帝，在经历了四年的无政府状态和暴政后被杀。在 19 世纪的最后二十年里，被称为"颓废"（Decadence）的艺术和文学运动重新发现了他，将他奉为反英雄（anti-hero）。据宁说，阿尔托认为自己是赫利奥加巴卢斯的精神替身，并宣称：

> "我是赫利奥加巴卢斯，疯狂的罗马皇帝"，因为他变成了他所写的一切……"革命即将来临。世界必定毁灭。世界是腐朽的，充满了丑陋。我告诉你们，里面全是木乃伊。罗马颓废。死亡。我想要一部像电击疗法一样的戏剧，使人激动，使人震惊。"[73]

和赫利奥加巴卢斯一样，阿尔托渴望"将世界带入混乱和虚无，与它重新融入宇宙的统一相对应"；和赫利奥加巴卢斯一样，家族根源在士麦那的阿尔托，要将东方单一的神秘主义渗入西方的意识中。[74]

很大程度上，阿尔托写赫利奥加巴卢斯的故事的灵感来自他对戏剧与瘟疫之间关系的密切关注。在索邦大学那场令人难忘的演讲两个月后，阿尔托又写了一篇宣言——《戏剧与瘟疫》（"The Theatre and the Plague"）。《戏剧与瘟疫》于 1934 年 10 月 1 日在《新法兰西评论》上发表，它所做的正是索邦大学的演讲做不到的：根据流行病对人口的影响，修正阿尔托关于戏剧目的的理论。在详细讨论了瘟疫的历史发生、症状和一般病理学之后，阿尔托说：

> 瘟疫采用潜伏的形象，即一种潜在的混乱，并突然把形象推向最极端的形态；戏剧也采取这些形态，并将它们推向极限：戏剧就像瘟疫一样，它重塑了存在与非存在之间的关系，重塑了可能的虚拟世界与物化的自然存在之间的关系。[75]

在阿尔托的概念中，瘟疫是救赎的预兆，却是痛苦和绝望的救赎。它释放了幸存者身上的黑暗力量，他们以一种通常情况下不会采取的方式来度过一生；要不是有瘟疫，他们的思考就不会深入他们的良心：

> 如果说本质上戏剧就像瘟疫一样，这并不是因为它具有传染性，而是因为它就像瘟疫一样，是一种启示，一种提升，是一种潜在的深度残酷的外化（exteriorization），通过这种外化，头脑中所有反常的可能性都集中在某个人或某个民族身上。[76]

在索邦大学的演讲中，他将瘟疫与伟大的创作冲动联系起来，而在这篇宣言中，瘟疫代表着一个极度黑暗的时期，以冲突、混乱、性自由和回归原初为特征。用阿尔托的比喻来说，如果说瘟疫的目的是"挤出人的社会和道德脓肿"，那么戏剧的目的也是如此。因此，为了实现它的功能，戏剧必定是黑暗的，"就像所有伟大的神话一样……难以想象，在一种没有屠杀、酷刑、流血，以及所有华丽的寓言的氛围中，能够向人们叙述创世时最初出现的群交和杀戮的本质"。[77]在阿尔托看来，赫利奥加巴卢斯的故事充满了非理性、残酷和无政府主义的主题，以及明显具有紧迫性的问题，比如阉割（阿尔托先前在他对爱洛伊丝和阿贝拉尔的复述中提到过这个主题）、乱伦和淫乱。[78]

阿尔托将这些想法付诸实践的初步尝试是《钦契》，根据雪莱的戏剧和司汤达的小说改编而成；然而在给茹韦的信中，阿尔托坚称他的作品不是改编，而是原创。[79]由于对乱伦、弑亲和不端行为的描写，雪莱的这部戏剧直到1922年才在伦敦上演（显而易见，这些令人不安的主题正是此剧吸引阿尔托的原因）。阿尔托在1935年5月6日接受《喜剧》杂志的采访时断言：

> 我的主人公生活在残酷的领域，必须在善恶之外进行评判。他们是乱伦者、通奸者、反叛者、暴乱分子、渎神者。这种残酷贯穿了整部作品，不仅仅是钦契家族血腥故事的结果。这是一种道德上的残酷，而不是纯粹的肉体上的残酷，完全出于演员的本能和力量，深入生命的根本，以致他离场时已经筋疲力尽。残酷也影响观众，不会让他们一成不变地离开剧场，而是疲惫不堪、全神贯注，也许还有所改变！[80]

在为《钦契》组建"团队"的过程中，阿尔托一定程度上受到了他的财务支持者德诺尔及伊娅·阿布迪（Iya Abdy）的制约。伊娅·阿布迪是一位身材出众的离异女性，是俄国移民的女儿。她父母在俄国革命期间逃到芬兰，于 20 世纪 20 年代在巴黎落脚。为《钦契》设计布景和服装的巴尔蒂斯（Balthus）画的阿布迪肖像引起了阿尔托的注意："巴尔蒂斯把伊娅·阿布迪画得像早期绘画中的一个天使。"[81]德诺尔及伊娅·阿布迪对主角人选都有自己固执的想法：德诺尔心仪的是他的妻子，而阿布迪则希望是她自己。德诺尔后来可能后悔了，因为他怀疑阿尔托和他妻子有染。[82]还会有更专业、更有成就的演员参与进来——至少在最初阶段——包括罗杰·布林（Roger Blin，阿尔托早在 1928 年就认识他）和让-路易·巴罗（Jean-Louis Barrault），两人都与阿尔托保持着密切的联系，并将在法国的舞台和银幕上开创辉煌的事业。

排练充满了冲突。由于对夏尔·杜兰的戏剧工作室的承诺，以及与阿尔托因选定阿布迪为女主角而产生的冲突，巴罗对《钦契》的参与大大减少。几年后，巴罗表示，阿布迪的傲慢以及她因投资而获得的操纵这部剧作的权力，都让他感到沮丧，或许更糟糕的是，媒体对一位社交名媛在一部先锋派作品中担任主角的狂热报道会分散观众的注意力；对巴罗来说，这部剧作"成了上流社会的玩票，我无法接受"。[83]但恰恰相反，阿尔托发现舞台经验不足的阿布迪非常适合她所扮演的角色——贝雅特里丝（Beatrice），一家之长弗朗切斯科·钦契（由阿尔托饰演）命运多舛的女儿。巴罗退出剧组（但他仍然帮助阿尔托排练）的原因是预算偏低（例如，演员和工作人员偶尔才能得到报酬）及阿尔托导演状态的不稳定——时而绝望，时而兴高采烈，给出的指令让人难以理解，也让其他演员感到困惑。[84]

阿尔托（前左）在福利斯-瓦格拉姆剧院（Théâtre des Folies-Wagram）舞台上出演《钦契》。

最终演出评价很差。《钦契》于 1935 年 5 月 6 日首演，共演出了十七场。尽管对首演的评论褒贬不一，但随后的评论对剧作进行了猛烈抨击。音乐、表演和节奏都受到了严厉的批评；只有巴尔蒂斯的布景和服装受到普遍的赞扬。在某种程度上，这些批评超出了阿尔托的意料：福利斯-瓦格拉姆剧院是一个音乐厅，它的音响效果不利于戏剧演出，包括阿尔托在内的许多演员几乎听不到声音。除此之外，首演之前阿尔托发表的一些宣言虽然引起了评论家的兴趣，但也使他产生了不切实际的期望；要么他不是这些宣言所暗示的革新者，要么他是这样一个革新者，而他的观众没有对他的作品做好准备。皮埃尔·奥蒂特（Pierre Audiat）在《巴黎晚报》（*Paris-soir*）上称阿尔托是一位"令人震惊的演员"，但他接着说："然而，他用荒谬的暴力、迷惘的眼神和假装痛苦的愤怒，把我们带离善恶，带到一个渴望鲜血的沙漠。"[85] 阿尔托的表演也让小说家科莱特和戏剧导演鲁格内-坡等人觉得困惑，他们觉得他的表演有些夸张，但同时又有一种奇怪的吸引力。[86] 从观众的反应和专家的评论来看，《钦契》是一部糟糕的作品，但是，以阿尔托的理论陈述和他的既有作品之间的不协调来衡量他，是在不疏远潜在观众的情况下对他转变意识的能力提出不合理的要求，而且是在预算非常有限的情况下。刚开始的几场演出中激动的人群很快就散去了。5 月 15 日，阿尔托写信给波朗说，他已经花光了所有的版税收入，如果不能尽快得到更多的资助，《钦契》将不得不停演。此外，阿尔托觉得被剧组"出卖"了。[87]

阿尔托的生活及创作的悖论浓缩在宣言的经历和《钦契》的演出中：阿尔托并没有以代表他的戏剧范式的原创作品来创造一种新的戏剧动态，他只是改编了一部 19 世纪的戏剧；阿尔托并没有"以类似

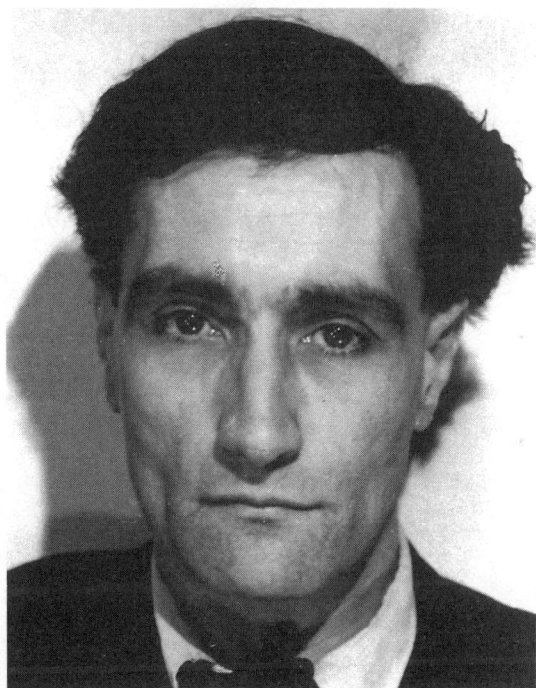

阿尔托，约 1930 年。

瓦格纳（Wagner）的拜罗伊特*的方式来实现他对新戏剧的设想，而是满足于发表宣言"。[88]然而，同样可以认为，阿尔托对《钦契》的改编是一种尝试，尽管并不成功，但它试图利用一部有百年历史的戏剧来瓦解观众，然后让他们重新振作起来。更重要的是，《钦契》的经历使探索有所进展：阿尔托与巴厘岛戏剧的接触来自殖民地博览会的镜头的折射；他所向往的戏剧实践必然要建立在西方文化规范的基础上，而他主张的革命性的戏剧复兴理想与西方的参照架构格格不入。在《钦契》之后，阿尔托很快意识到他必须承受并经历一场文化变革，将自己与熟悉的文化参照物隔离开来。只有这样，他才能改革社会。

---

* 拜罗伊特（Bayreuth），德国东南部城市，德国著名作曲家瓦格纳 1872 年来此定居，死后葬于此。每年 7—8 月在此举行瓦格纳音乐节，上演瓦格纳的歌剧作品。——译注

第六章

旅　行

　　《钦契》的经历将阿尔托推到了一个十字路口。不管他是否为法国戏剧创作了一部重要作品，公众对如此标新立异的创作并没有准备好；此外，事实证明很难找到资金支持。然而，通过《钦契》，阿尔托与让-路易·巴罗有了联系，后者当时是一名崭露头角的戏剧演员。与阿尔托一样，巴罗也是夏尔·杜兰的学生，也曾与雅克·科波合作过，但巴罗始终认为阿尔托帮助他磨炼了自己的技艺。《钦契》在法国舞台上受挫之后，阿尔托更加积极主动地追求一种真正的非西方文化体验：他的墨西哥之旅，既是精神上的，也是政治上的。

　　巴罗第一次遇到阿尔托是在双叟咖啡馆（Les Deux Magots）或利普餐厅（Brasserie Lipp）的超现实主义圈子，他最初被阿尔托镇住了，他"从远处"观察阿尔托。[1] 巴罗和阿尔托形成了一种互利的工作关系——巴罗拓展了自己的戏剧视野，超越了他从杜兰那里学到的身体技能，阿尔托则找到了演员和导演，可以实现他的愿景，并开创了与公众产生共鸣的表演。这位年轻演员掌握了戏剧表演技巧，同时也充分吸收"东方的智慧……肉体的光辉远不是我们的皮囊所能遮蔽的"。[2] 阿尔托扩展了巴罗的艺术视野，使他接触到东方和古代的教义，包括"坦陀罗瑜伽（Tantrist Yoga）、哈他瑜伽（Hatha Yoga）、西藏的《度亡经》（*Book of the Dead*）、法布·道利维*的著作、《奥义书》（Upanishads）、《薄伽梵歌》（*Bhagavad-Gita*）、《密勒日巴》（*Milarepa*）和毕达哥拉斯的《黄金诗篇》（*Golden Verses*）"。[3]

在巴罗离开《钦契》剧组后，阿尔托拒绝了巴罗关于未来合作的建议，但他澄清，在经历了超现实主义和《钦契》之后，他无法与任何人合作："我不想自吹自擂，哪怕一眨眼的工夫，那都是不属于我的……我不再相信人的纯真。无论我多么尊重您，我也不相信您是绝对可靠的，我也不想再让自己冒任何风险。"接着，阿尔托鼓励巴罗"用他自己的方式来理解某些思想，来指导他自己的工作"[4]。

有趣的是，在写那封信的一个多星期前，阿尔托看了巴罗根据威廉·福克纳（William Faulkner）的小说《我弥留之际》（*As I Lay Dying*）改编的《在母亲身旁》（*Autour d'une mère*），这部作品以牺牲文本为代价，着重身体表达、动作的纯粹性和沉默的瞬间。[5]巴罗说：阿尔托处于"一种兴奋的状态……他的热情和我一样高，而我的热情还没有消退，我们像着了魔似的在克里希大道（Boulevard Clichy）上踱来踱去"[6]。在 1935 年 7 月的《新法兰西评论》上，阿尔托赞扬了巴罗的作品，称它是一个"事件"："有必要认识到，作为一个事件，这样一种气氛的转变，使愤怒的观众突然被淹没了，完全解除了武装。"也许最高的赞赏是阿尔托将巴罗的作品与巴厘岛戏剧永恒的精神相比较，称其创造了一个戏剧空间，这个空间"神奇地存在于自身之中，鸟笼般的声音从里面释放出来，在音响、动作

---

* 法布·道利维（Antoine Fabre d'Olivet, 1767—1825），法国作家，《圣经》研究专家。——译注

和人声之间找到了新的关系"。简而言之，对阿尔托来说，巴罗（在《钦契》失败之处）成功地——在某种程度上感动了观众（虽然不一定是批评家）——将阿尔托的宣言中所表达的思想变成了现实。[7]

巴罗根据日常会面描绘的阿尔托肖像既有趣又阴郁，带有对社会精英的反感。例如，巴罗讲述了他和阿尔托应邀共进晚餐的故事。那个中产家庭的女主人是他们认识的一个年轻漂亮的女演员的母亲，这位母亲急于"对我们的戏剧界表现出开明的态度"。巴罗说：

> 阿尔托把她的好意（这是别人做不到的）当真了。席间，他脱去衣服，让我学他的样子，做了个瑜伽示范，然后他光着上身站在优雅的女主人面前，她或许认为对这种"美妙的表演"最高的敬意莫过于表现出好奇，不禁大声问：法国喜剧院怎么还没有发现您呢？阿尔托随即用他的餐匙轻轻敲了几下那位女士的头，用他那奇怪的金属般的嗓音对她喊道："夫人，您真让我心烦！"

在为剧本《征服墨西哥》（*The Conquest of Mexico*）的潜在支持者组织的一次晚宴上，阿尔托也许意识到那些有钱的客人只是出于好奇想近距离看看他，便要求大家安静，并大声说："我允许你们这些人让我觉得恶心的唯一原因，是给你们一个机会，拿出一点你们从穷人那里勒索来的钱给剧院和公众。"[8] 阿尔托并没有收到这笔资金。

巴罗也目睹了阿尔托个人承受的折磨，尤其是他与毒品的矛盾关系，毒品对阿尔托来说是不可缺少的，但也是令他憎恶的。他指出，阿尔托并没有把吸毒作为进入潜意识或发掘自己天才的途径；像巴罗认识的许多艺术家一样，他的吸毒、他的"疾病"都源于绝望——"因为对生活的恐惧使他们窒息，因为他们想要压抑自己：

一种极端的慰藉"。然而,"在毒品的作用下,他失去了活力"。巴罗回忆说,阿尔托曾告诉过他一些关于自己与毒品之间的令人"难以抗拒"的事情:"为了消除别人对我的评头论足,我得益于此:我与自己之间的距离。"正如巴罗所见,毒品是阿尔托实现将戏剧的感伤内化这一目标的渠道:"舞台上的悲剧对我来说还不够;我要把它带进我的生活。"[9]

1935年,阿尔托又做了一次尝试,通过脱瘾治疗(démorphène therapy)使自己戒除鸦片类药物。该疗法由巴黎亨利-鲁塞尔医院(Henri-Rousselle Hospital)的罗杰·杜普依(Roger Dupouy)医生倡导,通过一系列痛苦的注射(使用一种由蓖麻油、橄榄油、樟脑和维生素组成的乳状液)进行治疗。作为一种治疗鸦片成瘾的方法,它并无疗效;接受脱瘾治疗数年后,患者的视力、语言功能和睡眠都受到了损害。7月17日,阿尔托写信给杜普依,要求进行一个疗程的脱瘾注射,并承认"在过去的几年里,我的生活只不过是一个漫长而失败的戒毒过程"。当时,阿尔托声称每三天使用四十克(1.5盎司)药物。[10]这是阿尔托在亨利-鲁塞尔医院第二次尝试戒毒。他的第一次尝试(1932年12月)因他拒绝接受治疗而以失败告终。尽管阿尔托在诊所的问卷中承认大约每六十小时服用一次鸦片剂,但他似乎不明白自己为什么需要它。一方面,鸦片酊使他无法工作,使他的思想变得无趣和虚无,使他变得性冷淡和感情冷漠,使他做噩梦,梦见奇怪的生物变成人形后慢慢地杀死他。另一方面,鸦片类药物可以"像水溶解糖一样消除疼痛";虽然阿尔托承认鸦片酊给人的感觉并不真实,但他相信这比"心灵的某种虚无"更可取。[11]

阿尔托在1935年想戒酒的愿望很大程度上是由他在9月和10月拍摄的两部电影中扮演的角色所激发的,这两部影片就是《卢克雷丝·波吉亚》(*Lucrèce Borgia*)和莫里斯·图纳尔(Maurice Tourneur)

的《科尼格马克》(Koenigsmark)，前者是阿贝尔·冈斯被更多人遗忘的电影之一。他也受到计划在 8 月 24 日发表关于墨西哥文明的系列演讲，以及伊冯·阿兰迪去世的影响。他自己承认，自 1919 年以来，他没有连续十五天不服用鸦片剂；然而，1935 年 9 月 11 日，也就是入院五天后，阿尔托就自行出院了，他言不由衷地声称自己"对药物不再那么着迷了。我不再相信它们对我的存在是不可或缺的了"[12]。

阿尔托似乎默认，他的生活越来越失去控制——既不能改变西方文化，又不能彻底戒除毒品，而后者变得不可或缺，也使人衰弱。在他申请进入亨利-鲁塞尔医院的同时，阿尔托写信给让·波朗，告诉他有关出国旅行的计划：

> 很长一段时间以来，我听说以墨西哥为基础，有一种运动，支持回到前科尔特斯文明 (pre-Cortez civilization) ……我可能错了，但前科尔特斯文明的根源是形而上学的……我不认为这个前科尔特斯运动意识到了它所寻求的魔力，但是当我把我的计划和想法告诉里韦 (Rivet) 教授的学生罗伯特·里卡德 (Robert Ricard) 时，他对我说："事实上，这些人并不知道他们在寻找什么。您可以帮助他们纠正自己的想法。"

在这封长信中，阿尔托提出要在墨西哥寻找一种"'魔幻自然主义'(magic naturalism)，这种自然主义存在于墨西哥庙宇的雕像及它们的形态和象形文字中"。阿尔托认为自己有足够的积极性和知识，但由于法国仍在大萧条中挣扎，可用的公共资金很少。据阿尔托说，《巴黎晚报》愿意提前向他提供一笔资金，前提是他能从法国政府那里得到一项重要的任务（外交官）；波朗可以通过自己在外交部的朋友助他一臂之力。[13]

阿尔托对墨西哥的兴趣可以追溯到他的童年时代，他曾在《旅行杂志——陆地海洋的冒险》（*Journal des voyages et des aventures de terre et de mer*）上看到前哥伦布时代拉丁美洲的异国风情[14]，根据他妹妹玛丽-安吉说，他特别痴迷于书上的恐怖故事。[15]在他关于残酷戏剧的第二次宣言中，阿尔托加入了一个剧本，即《征服墨西哥》，这是个充满说教的四幕剧，关于科尔特斯（Cortez）与莫克特祖马（Moctezuma）的相遇及欧洲殖民者对阿兹特克（Aztec）文化的破坏；这是"残酷戏剧"的第一部作品。在阿尔托的剧中，中美洲是"道德和谐"的堡垒，由基于占星术而"建立在无可争辩的精神原则之上的阿兹特克王权的官僚等级制度"主导。"从社会问题的角度来看，它展示了一个知道如何养活每个人的和谐社会，且这个社会的革命已经完成了很长一段时间。"与前哥伦布时代田园诗般的墨西哥文明形成鲜明对比，阿尔托的戏剧将以"一种残酷、无情、血腥的方式，再现欧洲长期以来的自负"，同时"提出当前的殖民问题及一个大陆是否有权奴役另一个大陆的问题"。[16]

当阿尔托谋求一项任命遇到障碍时，他认为这与怀疑他是革命者有关。[17]1935 年 8 月的某一天，他写信给当时的外交部长皮埃尔·赖伐尔（Pierre Laval）——此人后来成为维希政府总理——声称他的墨西哥之行是出于人类学目的：了解古代墨西哥文明中仪式和魔法的秘密。[18]

在接下来的一个月里，仍在接受戒毒治疗的阿尔托接到了任命；墨西哥驻巴黎公使馆委托阿尔托举办一系列讲座，并为他安排住宿。这次旅行的费用——阿尔托得到了百分之五十的折扣——不是巴罗付的，就是他自己的一群朋友筹集的。1936 年 1 月 6 日，在坐船离开安特卫普的四天前，阿尔托写信给波朗说："尽管如此，我还是带着足够的钱出发了，为了改变我的生活，我决定冒一次险。"[19]阿尔托还表示，他迫切希望波朗立即出版他关于戏剧的一系列文章和宣言，以免模仿者窃取他的观点；他还要求波朗把在墨西哥的所有款项预付给他。还在海上的时候，1月25日，阿尔托在信中告诉了波朗书名——《戏剧及其复象》(Le Théâtre et son double)：

> 因为如果戏剧为生活而复制，那么生活也为真正的戏剧而复制，这与王尔德的艺术思想毫无关系。这一书名将回应所有戏剧的复象，经过这么多年，我相信已经找到了：形而上学、瘟疫、残酷、构成神话的能量储蓄池，人不再是神话的体现，而戏剧则是神话的化身。通过复象，我听到了伟大魔法师的声音，从形式上看，戏剧不过是魔法师的一种外形 (figuration)，期待戏剧成为魔法师的一种变形 (transfiguration)。[20]

1936年1月30日，离开安特卫普二十天后，船只停靠在古巴的哈瓦那。几乎就在同时，阿尔托给巴尔蒂斯、巴罗和波朗写信，要求他们给他钱，并抒情地表达了他"对我正在寻找的东西的感情"，"这是一场具有神奇性质的冒险"。[21]他还写信给玛丽·迪比克 (Marie Dubuc)，这是一个非常有洞察力的人，阿尔托非常信任她，告诉她："我已经利用在船上的二十天的时间来扔掉毒品，为了工作和重新发现自己，我将摆脱您预测的剂量。"[22]然而，显而易见的是，阿尔托对戒除鸦片的乐观态度并不现实。

2月7日，在墨西哥的韦拉克鲁斯 (Veracruz)，阿尔托写信给勒内·阿兰迪，信中提及"一个非洲黑人国家的宗教仪式"，还有一个人告诉阿尔托"在生活中要学会倾听，这样我心中的形象就会以某种方式呈现出来……我没有权利夸口，但您要知道，从今往后，在经历了无以名状的折磨之后，事情终究会过去的"[23]。可能就是这个人给了阿尔托一把十二厘米（约 4.75 英寸）长的佩剑，阿尔托把它作为护身符，在他的墨西哥之旅中，这把剑从未离身。

很大程度上由于他获得的任命，阿尔托受到了在墨西哥的法国群体的正式欢迎，其中包括法国大使。阿尔托所接触的知识界和艺术界对原始的土著文化兴趣有限；在经历了近二十年的革命和反革命之后，墨西哥仍然处于政治、社会和文化动荡的阵痛之中。虽然许多艺术家致力于将本土艺术融入墨西哥的集体认同（*mexicanidad*），但他们也因担心过多的本土文化会给人一种落后的印象而感到困惑。阿尔托在墨西哥的主要联系人之一是在危地马拉出生并在法国接受教育的诗人、散文家路易斯·卡尔多萨·伊·阿拉贡（Luis Cardoza y Aragón），对他来说，"真正的墨西哥是一个毫无意义的形而上学的、狭隘的概念"[24]。然而，阿尔托希望加以揭示的，正是这种"真实的"或本土的墨西哥经验。墨西哥城让阿尔托深感失望。在他看来，欧洲现代派艺术运动对墨西哥城的影响是墨西哥堕落的象征：

> 如果 1910 年的革命有意义的话，这不仅是因为它把受压迫阶级从资本主义的控制——顺便说一下，这种控制仍然存在——中解放出来，还因为它产生了被遗忘的种族无意识，但有多少现代墨西哥人明白需要解放他们的无意识呢？[25]

他遇到的墨西哥艺术家和知识分子都迷恋法国超现实主义。很大程度上由于他一度与超现实主义有联系，同时也通过罗伯特·德斯诺斯的熟人，阿尔托进入了墨西哥城的重要文化圈。圈子里除了卡尔多萨·伊·阿拉贡，还有一些享誉国际的艺术家，比如迭戈·

里维拉（Diego Rivera）、玛丽亚·伊奎多（María Izquierdo）和费德里科·坎图·加尔扎（Federico Cantú Garza）。阿尔托对里维拉的艺术并不感兴趣，他发现里维拉的艺术"远不如原始墨西哥艺术那样充满强烈的阳光"[26]。从事艺术才四年的伊奎多就不同了。她"提供了一个真正的印第安灵感的证据。也就是说，在当代墨西哥绘画的混杂表达中，玛丽亚·伊奎多那些诚实、自然、原始、令人不安的绘画对我来说是一种启示"。即使她的作品仍然带有欧洲绘画技巧以及"欧洲工业文明"的痕迹，但她"与印第安灵魂的真正力量是相通的"[27]伊奎多的艺术总是带有玄学色彩；她与阿尔托的长时间相处启发了她将本土元素融入自己的绘画中，它们"开始表现一种不断增加的暴力以及神秘的占星术和太阳仪式的意象"，同时也表达了革命后的原始女权主义主题[28] 1937 年初，阿尔托把大约三十幅伊奎多的水彩画带到巴黎蒙帕纳斯去展览；伊奎多希望利用这次展览来提高她在欧洲的知名度，同时筹集资金让阿尔托去戒毒康复中心治疗[29]

据卡尔多萨·伊·阿拉贡说，阿尔托在墨西哥城过得很悲惨：

> 他前往墨西哥重新组装他的生活拼图，但没有成功。他所寻找的，他在任何现实中都不会找到。不可能找到。他寻找的东西并不存在。它们只能存在于他的想象中[30]

物质上，他的生活也很悲惨。卡尔多萨·伊·阿拉贡回忆说，"他被自己的尊严和才华迷住了"，然而，"他营养不良。他衣服破旧。我记得那是一个瘦削的男人，上了年纪，四十年的生活使他疲惫不堪。他多次搬家。他租房住。他每天坐在咖啡馆里写作"[31]有一段时间，他住在妓院里，他的私人空间常被醉醺醺、衣衫不整、吵吵嚷嚷的顾客打扰。

阿尔托所期望的和他在墨西哥城所遇到的并不一致，加上他的孤独、他的疏离态度和熟悉的支持者群体的缺乏，这一切使他重拾旧习。到达后不久，阿尔托就在城里四处搜寻，利用他的资源——包括卡尔多萨·伊·阿拉贡和他的圈子——来获取鸦片。阿尔托的游荡把他带到了城市的贫民区；至少有一次，他闯入一个"肮脏的鸦片馆"，身边都是吸毒过量的瘾君子；另一次，他用祖父的手表换了小苏打（baking soda）。关于后一次事件，阿尔托向卡尔多萨·伊·阿拉贡透露："在任何地方，黑社会和吸毒者都有其道德准则。这种事情只发生在墨西哥。"[32]他古怪的行为——在物色鸦片时突然失踪，在餐馆里大发脾气——使他所结识的艺术家们感到不安；阿尔托用西班牙语交流的能力很大程度上局限于冗长的戏剧性独白。据坎图回忆，阿尔托有一次在夜间去查普尔特佩克公园（Chapultepec Park），警察拦住他，在他身上发现了海洛因。直到坎图告诉警方阿尔托是个作家，他的名字曾出现在政府报纸《国民报》（*El Nacional*）上，他才获准离开。[33]

2月底，阿尔托在墨西哥城国立大学（National University of Mexico City）发表了相当于三部曲的系列演讲，每次演讲都力求以其先前提出的主题为基础。2月26日，阿尔托在以"超现实主义与革命"（Surrealism and Revolution）为题的演讲中，赞扬了超现实主义早期的发展，并将受马克思主义启发的超现实主义的革命概念与他的反唯物主义的革命进行了对比。[34]2月27日，阿尔托在他的第二场演讲"人类与命运抗争"（Man against Destiny）中继续这一主题，称"历史唯物主义和辩证唯物主义……是欧洲人良心的产物。在历史的真实运动与马克思主义之间，存在一种并不符合事实的人类辩证法"。然而，阿尔托并没有完全责备马克思，他声称通常所说的马克思主义是一种"歪曲马克思思想的错误意识形态"。随后，他发表了一些通常令人困惑，有时甚至相互矛盾的观点，大致是对科学和理性的攻击。最后，他发出呼吁，希望引起听众的共鸣："我希望有人能把神秘的魔法从这片土地上释放出来，这片土地不像那个自私自利的世界，后者只管践踏神秘的魔法，却看不到它的影子。"2 月 29 日，阿尔托在第三场演讲"戏剧与诸神"（Theatre and the Gods）开始时，向超现实主义的墨西哥信徒（他们无疑希望看到一个真正的法国超现实主义者）发出了一个明确的信息：

> 我并不是带着超现实主义的使命来这里的；我想说的是，超现实主义在法国已经过时了，很多在法国已经过时的东西在法国之外仍在被模仿，就好像它们代表了这个国家的潮流。
>
> 超现实主义是一种消极的态度……

在阿尔托看来，欧洲处于"先进文明的状态"是"非常令人担忧的"："法国青年的精神就是反抗这种先进文明的状态。"这一定程度上呼应了近两个世纪前卢梭表达的观点，阿尔托谴责西方的科学思想和经验主义传统，认为它们导致了灾难性的后果；他指责书面文字"限定精神，并以偶像崇拜的形式使其固化"。阿尔托认为生命取决于形而上学的知识或魔法，而不是书面文字，他谈到了"真正的戏剧"的神秘特质，即一个不受文本约束的空间，在这里，手势、动作和声响让戏剧解放了生活。[35]

阿尔托发表在《国民报》上的文章表达了对革命的堂吉诃德式的立场、对超现实主义的排斥以及戏剧特权的观念，这些观念很难被墨西哥艺术家们接受，因为他们认为革命的参考是马克思主义，而不是前哥伦布时代的思想，他们崇拜法国超现实主义并认为阿尔托体现了它，他们的文化重心是造型艺术，而不是戏剧和文学。大约一个月后，面对革命作家和艺术家联盟（Liga de Escritores y Artistas Revolucionarios），阿尔托批评墨西哥革命漫无目的和缺乏凝聚力："青年们一致认为，墨西哥的生活必须是社会主义的，但在如何充分和迅速地实现墨西哥社会主义的途径上，他们产生了分歧。"阿尔托谈到了欧洲对墨西哥革命的乐观态度：

> 一场本土灵魂的革命，一场重新征服存在于科尔特斯之前的本土灵魂的革命……但在我看来，墨西哥革命青年并不十分关心本土的灵魂。这就是悲剧发生的原因。

对阿尔托来说，马克思主义所倡导的物质条件的平等化需要一种相应的共享意识，需要逃离"可怕的……意识的资本主义，因为灵魂是所有人的财产"。[36]

虽然像里维拉这样的墨西哥艺术家和作家在他们的作品中融入了本土的主题，但很少有人设想墨西哥在其历史的这个关键时刻，回到原始、未开化、简朴的前哥伦布时代。他们渴望通过改善当地的物质条件，而不是美化前欧洲文化，给饱受压迫的原住民带来一场革命。相比之下，阿尔托希望从墨西哥文化中剔除欧洲元素——不管是基督教的还是马克思主义的，尽管他没有直接说出来，但他不认为一场基于回归本土文化的革命是一种倒退。作为对本源的回归，阿尔托的革命愿景意味着墨西哥革命后重新发现本土文化。而革命作家和艺术家联盟则认为革命是一种突破，是过去与未来的一种割裂，本土文化除了作为国家历史演变的一个因素之外，没有任何作用。

阿尔托在给波朗的信中详细描述了他对墨西哥原住民的看法，

认为他们是历史上受剥削的民族：

> 有一些学校的老师，在这里被称为**乡绅**（The Rurals），他们在印第安人面前宣扬卡尔·马克思的福音。

> 但是，面对卡尔·马克思的福音，那些被认为没有文化的印第安人仍然保持着蒙特祖玛的思维模式，而蒙特祖玛曾遭遇科尔特斯简单化的布道者。四个世纪以来，同样的永恒的白人的错误并没有停止自我延续。

> 政府向印第安人提供土地，但同时也向他们提供选举箱，印第安人抗议说，他们既不要选举箱，也不要土地，只要自由……基督徒的狂热是印第安人拒绝选举箱和土地的原因，他们都是农民，在牧师的推动下，他们反抗政府的使节。但也因为异教徒的狂热，他们拿起枪来捍卫他们的佩奥特神（Jiculi），他们的太阳神（Raïenaï），他们的月亮神（Mecha）。[37]

墨西哥城艺术界的革命理想及其对他的想法的反应让阿尔托感到沮丧，他打算去发现墨西哥的“原始”精神。阿尔托对参观特奥蒂瓦坎（Teotihuacan）这样的考古旅游景点不感兴趣，他想体验一种“活的文化”。[38] 4 月 2 日，他写信给勒内·托马斯（René Thomas）说，作为墨西哥各地政府资助的儿童宣传计划的一部分，他不久将前往墨西哥内陆。三个月后，在给巴罗的信中，阿尔托说到一份由墨西哥著名知识分子签署的给墨西哥总统的请愿书，要求“提供在古老的印第安人部落附近执行一项任务的便利。这对重新发现和恢复古代太阳崇拜文化的遗迹很有必要”[39]。像往常一样，阿尔托请求巴罗帮他争取一些经济上的支持。

可能是墨西哥的艺术家和作家获得的墨西哥政府的一项资助，

使阿尔托得以前往北部奇瓦瓦州（Chihuahua）的塔拉乌马拉山区（Sierra Tarahumara）。从墨西哥城到奇瓦瓦城的火车旅程长达一千两百五十公里（777 英里），然后再坐火车到克里尔（Creel），之后阿尔托不得不骑马深入铜峡谷（Copper Canyon），最终到达塔拉乌马拉山区。塔拉乌马拉人占据着后来成为奇瓦瓦州的一大片土地，他们被科尔特斯和西班牙征服者从墨西哥北部的大部分地区驱逐到墨西哥西南部最陡峭的马德雷山脉，一年中大部分时间都在高地上度过，但在冬天的几个月里会下到峡谷。居住在这片贫瘠土地上的塔拉乌马拉人，需要在玄学信仰和唯物主义的公有的社会生活模式之间进行协调。塔拉乌马拉人自愿隔离在塔拉乌马拉山区的荒凉地带，他们与欧洲人有着长达四个世纪的接触，但基本上保持着原来的状态。尽管天主教会尽其所能，但它从未在塔拉乌马拉人那里取得多大的成功；塔拉乌马拉人只有在他们自己的信仰和符号体系能够容纳基督教时，才会接受它。19 世纪末，一位耶稣会士轻蔑地观察到塔拉乌马拉人"通过讽刺圣餐来自娱自乐，他们把一种能产生幻觉的黄色蘑菇分给会众，用令人陶醉的果肉代替酒"。[40]塔拉乌马拉人脱离外界干扰，这有助于对他们古老文明的仪式和信仰的保留，尽管其中掺杂着强加给他们的天主教因素；在他们的本土实践中，有一种仪式是使用有致幻效果的佩奥特*花蕾。虽然佩奥特仪式可能会诱使阿尔托去寻找塔拉乌马拉人，但他的选择更可能是由他的理解决定的，即他们受欧洲的影响要比邻近的维乔人（Huichol）部落少，后者被认为把佩奥特仪式传给了塔拉乌马拉人。[41]

目前还没有发现阿尔托去奇瓦瓦的确切记录，但他可能在 8 月底的某个时候离开了墨西哥城。10 月 7 日前他回到奇瓦瓦，写信问

---

* 佩奥特（peyote），一种仙人掌。——译注

波朗《戏剧及其复象》是否已经出版。除了阿尔托自己的作品之外，没有其他关于他在此期间的活动的记录，他的作品有些是在他此次访问后的一两年内完成的，但大多数是差不多十年后在他被送进精神病院并接受电击治疗期间完成的。事实上，并没有确凿的证据表明他真的到了塔拉乌马拉；这一地区交通不便，加之阿尔托自己的身体和语言上的局限，以及塔拉乌马拉人对革命政府世俗的种族隔离政策的反抗，人们不免怀疑阿尔托的叙述可能实际上是他出于满足愿望的心理，根据阅读和丰富的想象力编造出来的：

> 奇怪的是，人们在档案中找不到这一使命的踪迹，美术学院的院长似乎也不记得阿尔托这个名字。如果安托南·阿尔托真的去了塔拉乌马拉，他必定是单独去的，或者更确切地说，没有官方的帮助。这不是不可能，但无论如何很困难。在那个时候，奇瓦瓦到克里尔的火车当然运行得很好，但是要到达峡谷底部的诺洛加奇（Norogachi），就会遇到障碍。阿尔托健康欠佳，因吸毒而身体虚弱；此外，他不会说西班牙语，更不会说塔拉乌马拉语。当时，像塔拉乌马拉的大多数村庄一样，诺洛加奇也在耶稣会的保护之下，很难想象身为异教徒的阿尔托能与印第安人沟通，或者至少协助佩奥特仪式。[42]

然而，有几个目击者描述了 1936 年出现在诺洛加奇的一个法国人。学校教师费利佩·阿尔门达里（Felipe Armendariz）回忆说，1936年，作为扫盲运动的一部分，政府把他派到墨西哥北部的塔拉乌马拉附近：

> 和他们住在一起的有位法国诗人……是个瘦削的男人，带

着一种奇怪的表情，神态坚毅。印第安人对他非常尊敬，用轿子抬着他过了山。我偶尔在通宵守夜时帮助他用法语朗诵诗歌。他们什么也听不懂，但听得入迷，因为他作为演员的天赋非比寻常，他的面部表情非常生动。可以这么说，他大声朗读课文，还发出咿咿呀呀的声音。[43]

尽管缺乏直接证据，但有间接证据表明，阿尔托至少在塔拉乌马拉待了一个月。

1936 年 10 月初，阿尔托回到墨西哥城后不久，就开始写《符号之山》（"The Mountain of Signs"），之后，他写了大约十篇随笔，记录他到塔拉乌马拉的旅行以及他与塔拉乌马拉人在一起的经历；他的大部分文章都集中在佩奥特仪式上。由于无法获得更多的海洛因，又期待借助佩奥特获得一种全新的提升自我意识的体验，阿尔托把最后一份海洛因扔进了小溪。[44]然而，对他的身体来说，主动戒毒——这是他十八年来的第一次——太难了；他将其描述为"这种难以忍受的二十八天的凶禁，这堆乱七八糟的器官，我……就像一个巨大的冰原，即将瓦解"，"就像一个从自身挣脱出来的躯体……从此失去了它的基本反应能力"。[45]

根据阿尔托的记载——而且，很多是在旅行发生十几年后写的——他花了六天时间从奇瓦瓦下降到塔拉乌马拉人的土地。阿尔托注意到地质学和人类学特征几乎天衣无缝的拼接：

> 可以肯定，在地球上有些地方，大自然出于某种巧妙的任性（caprice），塑造了人类的形态。但这里的情况不同，因为大自然想要表达的正是整个种族的地理分布……当自然以一种奇怪的任性方式，突然显现一个在岩石上被折磨的躯体，人们首

先会想，这不过是一种毫无意义的任性。但日复一日地骑在马背上，同样敏锐的魔法会重复出现，大自然固执地表现出同样的意图……知道最早的人类使用一种符号语言，这一重新发现有效地放大了岩石上的符号语言，诚然，我们不再可能认为这是一种任性，并认为这种任性毫无意义。[46]

不管这些观察是一个自我实现的预言还是一个惊人的发现，阿尔托进入塔拉乌马拉人的世界时沉浸在一种对神秘体验的期待之中。而塔拉乌马拉人不会让人失望。

撒开神秘主义不谈，阿尔托把塔拉乌马拉人描绘成纯粹的、不容置疑的平等主义的实践者：

> 共产主义在他们中间以一种自发团结的感情而存在。
>
> 令人难以置信的是，塔拉乌马拉的印第安人生活得就好像他们已经死了一样……他们不明白什么是实在的，他们对文明的蔑视来自魔法力量。

阿尔托继续描述道，当塔拉乌马拉人去城里乞讨时，他们并没有感到有必要感谢赐予者：

> 对一无所有的人有所给予似乎并不是他们的义务，而是白人世界所背叛的一种物质上的互惠法则。他们的态度似乎是说："你们遵守法则，就是善待自己；因此我不必感谢你们。"[47]

得益于墨西哥政府的建议，阿尔托获准寄宿在当地的印第安人学校。塔拉乌马拉人对外来者的抵制使阿尔托最初只能与校长（他还负责塔拉乌马拉地区的秩序）联系；至少在逗留了几个星期之后，阿尔托才与塔拉乌马拉人有了接触。他的介入被认为促使了墨西哥当局撤销之前实施的禁止佩奥特仪式的禁令。十一年后，阿尔托声称，他曾敦促校长允许举行仪式，指出如若不然可能会爆发抗议，并向校长保证，仪式的目的不是让人酒醉，而是"西古里"（*ciguri*）的实现，这是一个塔拉乌马拉概念，既指佩奥特仙人掌，也指喝了仙人掌制成的饮料后体验到的上帝。为了体验"西古里"，塔拉乌马拉人限制而不是滥用他们举行仪式时所需摄入的剂量。校长相信阿尔托的说法，又不愿让塔拉乌马拉人流血，他的态度软化了，仪式第二天就举行了。[48]根据阿尔托的叙述，他的调解使得他在塔拉乌马拉人中的声誉高涨。

　　与所描述的事件几乎同时出现的阿尔托的作品和他在第二次世界大战时困于罗德兹期间所写的作品之间存在差异，这导致对他所叙述的"西古里"事件有了一些质疑。在《国民报》发表的一篇文章中，阿尔托写道，塔拉乌马拉人"不相信上帝，上帝这个词在他们的语言中并不存在"；相反，他们选择自然作为他们的偶像。[49]然而，1945 年在罗德兹接受治疗期间——这是他热忱的（如果不算古怪的）天主教时期——阿尔托声称一位塔拉乌马拉巫师告诉他"西古里"是基督的同义词：

> 在西古里的中心，在这燃烧的心脏中，有一个我认不出的耶稣基督的形象。
>
> 与耶稣基督-佩奥特同在，我听到了人体内脾、肝、肺、心四个角落的轰鸣，神圣的无限。[50]

在 1947 年的一篇后记中，阿尔托写道，他在罗德兹的作品中"写的是一个皈依者的愚蠢的精神状态，他被牧师的咒语所控制，他一时的软弱便让他处于一种受奴役的状态"[51]。

塔拉乌马拉人对于让一个白人参加佩奥特仪式非常谨慎：

> 据我所知，佩奥特不适合白人。必定不惜一切代价阻止我通过这种仪式获得治疗，而这种仪式是根据神灵的本质起作用的。对这些红种人来说，白人就是被神灵抛弃的人。如果我从这个仪式中获益，这对他们来说就是很大的损失。[52]

阿尔托说服了一位塔拉乌马拉的牧师，说他最大的愿望是"接近真相"，但他不相信没有"西古里"也能做到，于是他被邀请参加这个仪式。不像主要用来驱除疼痛的鸦片类药物，也不像他年轻时的天主教仪式，"佩奥特让自我回归本源"，它为阿尔托提供了前所未有的清晰度，消除现实的乏味，并打开一扇窗户，进入超越物质世界的存在：

> 由无意识投射出的所有欲望性幻想不再折磨人的真正精神，因为佩奥特就是人，不是与生俱来（born），而是先天自然（INNATE），有了它，整个沉寂已久的个人的良知被唤醒并获得了支撑。[53]

佩奥特揭示了阿尔托以前无法获得的无限的知识，这让阿尔托对困扰他的性别问题更加坚信。"佩奥特的根是雌雄同体的（hermaphrodite）。我们知道，它同时承载着雄性和雌性的外观。"[54]佩奥特（仙人掌）的形状并非偶然；按照塔拉乌马拉人的习惯，自然是雄性和雌性的混合体——当然，是一种二元力量（dualistic forces）——但与自然的秩序共生互利。这种阳性-阴性的结合主要是在精神领域；对于塔拉乌马拉人来说，文明并不局限于"纯粹的物质享受和物质商品"[55]。而且，阿尔托绝望地认为，在物质主义的西方，他所看到的图像只有作为广告海报和时装模特的灵感才有价值。[56]

在《符号之山》一文中，阿尔托描述了他从奇瓦瓦到铜峡谷旅行时的顿悟。他利用卡巴拉学说将所有现象还原为神秘的数字命理学（numerology），对自己所发现的墨西哥北部的自然特征与塔拉乌马拉人的舞蹈和习俗之间的数字模式的一致性感到惊奇。阿尔托回到巴黎后写信给波朗，描述了柏拉图的《克里提亚斯篇》（*Critias*）中出现的符号与他在铜峡谷观察到的符号之间的数学对称性，以及犹太的大卫之星（Star of David）与塔拉乌马拉符号之间的平行关系。[57]如果没有其他解释，这表明了人类跨越时间的统一，基于神秘性而非认知性知识及不同地理位置的人们在精神上的相互联系。或许，阿尔托是在寻找一种超常的理念，一种跨越阶级、国族、种族或民族之间鸿沟的理念，正是这些鸿沟造成了如此多的冲突和压迫，而它们又如此远离人类的起源。以古代知识为基础的关联（connectedness）也将物质现实与意识联系起来。1943年在罗德兹接受治疗期间，阿尔托写道，佩奥特让他明白，"肝脏似乎是无意识的有机过滤器"，这是古代中国人的共同信仰；但是为了使肝脏正常工作，它需要得到营养。阿尔托总是饥肠辘辘，电击慢慢要了他的命，他回忆起他在精神上更加平衡时的生活：

> 我们离佩奥特的治愈能力还有很长的路要走。依我所见，佩奥特使良知稳定下来，防止它偏离正道，避免它释放自己而给人以错误的印象。墨西哥的牧师向我展示肝脏中"西古里"

或佩奥特产生这种合成物（synthetic concretion）的确切位置，这种合成物在良心上持久地保持情感和对真理的渴望，并给予良心力量，让它在自动拒绝其他事物的过程中解放自己。[58]

尽管阿尔托在塔拉乌马拉人的土地上取得了精神上的平衡，10月初返回墨西哥城时，他的精神状态还是让他的墨西哥朋友和法国大使馆的工作人员担心。10月24日，法国驻墨西哥大使请求墨西哥内政部长免除阿尔托二十比索的出境费，以协助阿尔托回国。10月31日，阿尔托开始了为期六周的返法之旅，他于11月14日*抵达巴黎，"手里拿着手提箱，直接前往蒙帕纳斯的多姆咖啡馆"[59]。

---

* 原文为"11月14日"，疑似有误，应为"12月14日"。——译注

第七章

262 602

毫无疑问，阿尔托在墨西哥的经历既证实了他的预期，也改变了他；他回到巴黎后挫折感和疏离感反倒加剧了，这出乎意料。然而，更难以确定的是这种疏离感的来源。阿尔托在法国待了不到一年；他带着在哈瓦那得到的佩剑（他当作护身符）前往爱尔兰，期待着作为神奇和神秘信息的传递者受到欢迎。事与愿违，他的生活以一种更令人眩晕的速度瓦解，他的疏离感变成了精神错乱。阿尔托被遣返回国，之后在五个不同的精神病院度过了八年多的治疗生活。

1935 年 10 月，阿尔托第一次提到塞西尔·施拉姆（Cécile Schramme），一个离开了中产家庭（她父亲是布鲁塞尔电车系统的负责人）的比利时人。在施拉姆去世后出版的一本简短的回忆录中，她把他们的关系描述为深情而有趣，她笔下的阿尔托很可爱，时而摩登（虽然常常身无分文），时而幼稚。[1] 他是个墨守成规的人，每天在多姆咖啡馆吃两次饭，偶尔也会去瓦文街（rue Vavin）的维京人（Viking）主题餐厅——亨利·米勒（Henry Miller）和阿奈斯·宁曾在此相遇——用餐，他狼吞虎咽地吃东西，汁水滴在衣服上，还沉迷于甜食。他喜欢让出租车在广阔的巴黎疾驶，这也许相当于他自己疾步如飞。

在施拉姆的田园诗般天真的回忆中，阿尔托给人的印象是喜欢漂亮女人的陪伴，关心她们的物质生活；然而，用他自己的话来说，他是瞧不起女人的。阿尔托给施拉姆的信让人想起他给热内加·阿塔纳西奥的信，他把对性的恐惧和不合理的期望与他和女人之间令人痛苦的关系结合起来。即使在最温柔的时候，这些信有时也带有轻蔑的意味，当然并不总是这样。1937 年 1 月，他写道："我的爱比我的愤怒更强烈——这种爱不是盲目的，而是基于（最重要的是）一种对自我的强烈感觉，这种爱比所有对你的批评更强烈。"[2] 然而，2 月 3 日，当施拉姆去探望她的家人时，阿尔托写信给她，称她为"天使，像所有的天使，找到了我，但听不出我的声音"，并恳求她速回巴黎，以便他在尝试另一次戒毒前能见到她。[3] 2 月 19 日，他给她写了一张便条："我爱你，因为你向我展示了人类的幸福。"六天后，他写了一个梦，梦见他们和他们的孩子一起在多姆咖啡馆吃饭。[4] 在法国医学和外科中心（French Centre for Medicine and Surgery）尝试戒毒失败后，他住进了位于索镇（Sceaux）的诊所。阿尔托身心疲惫，忍受着戒毒的痛苦，他写信给施拉姆，赞赏她的清醒和智慧，但指责她有"许多女人共有的动物本能，这种本能并不比其他女人更糟，只是更隐蔽而已"。阿尔托非常笼统地训斥施拉姆，指责她善于伪装，欺骗了他，有负他的信任；然而，有几句话揭示了阿尔托对性的极度恐惧，是他言语攻击的潜台词：

　　除非你总是说实话，否则我帮不了你。除非你别试图隐藏你天性中邪恶的一面，性和肉欲，还有情绪和感觉……我相信你对绝对的爱的理解，相信你对实现这种爱的渴望，而不相信你那软弱的、野兽般的举止。[5]

不难看出为什么阿尔托没能建立起长久的恋爱关系。他给阿塔纳西奥和施拉姆的信，既有严厉的语气，也有悔恨的语气，两者相互冲突，它们令人困惑，因为它们会从轻蔑的谴责轻而易举地变成对深切渴望的表达。阿尔托英俊的容貌、深奥的思想和对社会习俗的摒弃可能会吸引女人；然而，他对鸦片的依赖、他对性的独特看法、他的苛求和控制的行为以及他的好妒抵消了这些长处。可悲的是，施拉姆坚持要他进戒毒所，自己却在阿尔托戒毒期间成了一个鸦片成瘾者；1950 年，在阿尔托去世两年后，三十九岁的她也离开了人世，吸毒多年使她的身体遭到蹂躏和损害。[6]

1937 年，阿尔托从索镇的诊所出来，戒掉了毒瘾；两年后，在维尔-埃弗拉尔（Ville-Évrard）精神病院，他觉得戒除鸦片导致的清醒状态实际上已使他几近疯狂。[7] 令人难以置信的是，他打算和施拉姆结婚。5 月的某个时候，他抵达布鲁塞尔，与未来的岳父母见面，并在"艺术之家"（Maison d'art）做了一个讲座，题目为"论巴黎的瓦解"（Sur la Décomposition de Paris）。与会者对演讲的描述各不相同。比利时超现实主义诗人马塞尔・勒孔特（Marcel Lecomte）回忆说，在一开始，阿尔托就宣布他要改变话题，并信守诺言，开始谈论塔拉乌马拉。在某一刻，阿尔托闭上眼睛，脸部抽搐，喊叫起来："我把这事告诉你们，也许是自杀。"根据阿尔托的说法，他宣称："由于我弄丢了笔记，我就谈论自慰对耶稣会牧师的影响。"[8]

阿尔托把话题转到自慰上是想自娱自乐，并使资产阶级的施拉姆家族感到难堪；他如愿获得了成功。甚至在他的"艺术之家"演讲之前，他的举止和言辞就使施拉姆先生询问女儿："你确定这个年轻人一切正常吗？"施拉姆先生带着他的未来女婿参观布鲁塞尔的电车车站后更加惊愕，因为阿尔托问他："但是您曾经在沙漠中丢失过这些车吗？"

阿尔托演讲后不久便离开了布鲁塞尔，他返回巴黎，住在施拉姆的公寓。即使在布鲁塞尔发生了那些事之后，阿尔托仍然相信有结婚的可能，他请求波朗做他即将举行的婚礼的证婚人。[9]四天后，5月25日，阿尔托写信给他的通灵者朋友玛丽·迪比克，谈到在戒毒的第三十三天，他害怕有"神秘而可怕的东西从我身上冒出来"，而"那个晚上，（施拉姆的）可怕的兽性使我的心彻底沉沦。残忍和固执的伪装下的兽性"。然而，通过占星术的解读得知施拉姆爱他之后，阿尔托愿意把他们之间的冲突放在一边。[10]几天后，他写信给波朗说："所有这些婚姻计划都泡汤了。理应如此！"[11]

在古巴塔罗牌专家曼努埃尔·卡诺·德·卡斯特罗（Manuel Cano de Castro）的指导下，阿尔托涉猎了占星术。他对神秘的占卜——无论是塔罗牌、数字命理学还是占星术——的热情和他的解读技巧给卡斯特罗留下了深刻的印象；然而，另一股潮流把阿尔托推入一个混乱的旋涡，越推越深，他认为这个旋涡具有启示性。

同年6月，受其精神幻象的启发，阿尔托出版了一本小册子，名为《存在的新启示》（Les Nouvelles révélations de l'être），这是一幅阿尔托关于世界末日和厌女症的自画像，而他的生活也很快失去了控制。他内心深处的恐惧成了他的哲学的基础，他的理想主义虽然有堂吉诃德式的特征，却逐渐变得一团糟。这本小册子表面上受到他对塔拉乌马拉人的诠释的启发，但令人困惑的是，它读起来就像诺查丹玛斯*和尼采的奇怪混合物。依靠他对占星术

* 诺查丹玛斯（Nostradamus，1503—1566），法国籍犹太裔预言家。——译注

的解读，阿尔托运用数字命理学预言了一场大火造成的"地狱般的毁灭"，为此，人类必须以牺牲现实的表象为代价来保护现实。"这就是说，燃烧是一种神奇的行为，为了不使我们自己处于完全燃烧的危险中，必须认同燃烧，提前和立即燃烧，不止燃烧一样东西，而是各种东西。"阿尔托预见了一场"由疯子领导的革命，这个疯子同时也是一个智者，他认为自己既是智者又是疯子"，他对正义的看法是"地狱般的正义"及"不再是伸张正义，而是将其夺走的问题"。阿尔托受尼采的厌女症启发，预言并似乎享受权威主义（authoritarianism）：

> 右派将把世界夷为平地。左派将再次屈服于右派的霸权之下。不是这里，也不是别处，而是每一个地方。因为女性至上的世界循环已经结束：左翼、共和、民主。

与尼采将女性贬低为软弱无能的思想相呼应，《存在的新启示》充满了令阿尔托着迷的有关肉欲残害和性欲冲动对人的奴役的观念；而怀孕必须是洁净的。塔罗牌揭示了"自然界绝对的男性已经开始在天空活动。他为了男性的正义而复活"。这种"自然的反抗"将摆脱女性对它的改变："这就是说，性将回归原位。回到它本不应该离开的地方。两性将在一段时间内分离。人类的爱将变得不可能。"[12]

最近的一项研究将阿尔托反理性的长文《被启示者》（"Le Révélé"）归为法西斯主义，从而得出结论，认为将阿尔托视为一个先锋派激进分子的传统描述是不符合历史的。[13]据罗杰·布林说，阿尔托写这本小册子的时候，他可能是"某个特定阶段的君主主义者"，因而肯定马克西姆·魏刚将军*——极端民族主义及早期法西斯组织"法兰西运动"（Action Française）的成员——"根据印加模式来推行王权共产主义"的前景。除此之外，他还在蒙马特和蒙帕纳斯阴暗的酒吧里闲逛，为了弄到毒品，和暴徒及法西斯分子厮混。[14] 1943年12月，他把一本《存在的新启示》献给了阿道夫·希特勒，据说1932年5月他们在柏林罗曼尼希斯咖啡馆（Romanisches Café）有过一次会面，"因为我祈求上帝赐给您恩典，让您记住他在这天所制造的一切奇迹，让您的心灵得到满足（复苏）"[15]。然而，1937年7月30日，即《存在的新启示》出版两天后，阿尔托以其特有的生硬措辞写信给安德烈·布勒东说：

> 如果我在小册子上说左派（leftist）在政治上注定失败，这并不是说右派（Right）会占上风，因为我心中的右派是人的**权利**（Right），而不是愚蠢的反应。在为自然的权利扫除了左派（left）之后，**右派必须和左派一起被扫除**，因为事实上通常是**右手**（Right Hand）命令左手。[16]

《存在的新启示》和此信揭示了阿尔托从墨西哥回来后混乱的思想；他沉浸在神秘主义和心灵艺术中，这使他脱离现实，尽管有时也能让他清醒过来。

8月14日，阿尔托乘船抵达爱尔兰的科夫（Cobh）；他去爱尔兰的决定是他去墨西哥的使命的延伸：找到一种失落的、以魔法为基础的文化。两次航行中他都携带了他在《存在的新启示》中提到的

---

* 马克西姆·魏刚将军（General Maxime Weygand, 1867—1965），法国陆军上将，"二战"期间曾任法军总司令，维希政府国防部长。——译注

作为护身符的物品：一个古巴巫师送给他的一把佩剑；在他回到法国后，画家勒内·托马斯给他的一根手杖，这根手杖最初由比利时超现实主义画家克里斯蒂安·托尼（Kristians Tonny）在跳蚤市场购得。阿尔托认为这根手杖"来自一个萨瓦（Savoyard）巫师的女儿，这个巫师在圣帕特里克（Saint Patrick）的预言中被提及……这根手杖有两亿根纤维，上面有神奇的符号"；阿尔托得到了它，并把它还给爱尔兰人。在阿尔托以数字命理学为主的宇宙学中，手杖的十三节具有特殊的意义，特别是第九节，因为它与闪电有关，因此阿尔托预言将有灾难性的火灾。在他解读塔罗牌的朋友卡斯特罗的陪同下，阿尔托带着手杖找到一个铁匠，让铁匠在手杖的底部加了一个铁头，以便更好地发挥它的神奇力量（只要阿尔托的手杖碰到人行道，它就会发出火花）；阿尔托坚持他们自己动手，一边念着咒语，一边看着卡斯特罗敲打铁头。他拒绝让旁人碰他的手杖，把它看作阴茎的替代物："就好像您摸了我的生殖器……就像一个女人未经我同意就和我做爱一样。"[17]

不像他去墨西哥之前做了大量准备工作，阿尔托的爱尔兰之旅是基于理论知识，以及他对约翰·米林顿·辛格（John Millington Synge）以阿兰群岛（Aran Islands）为基础，带有人类学色彩的诗歌、戏剧和其他文学作品的熟悉。墨西哥城的艺术界欢迎他的到来；相比之下，阿尔托要么在爱尔兰失去了联系，要么没有跟爱尔兰领事馆安排的盖尔（Gaelic）文化学者取得联系。[18]阿尔托在墨西哥的几个月里写了很多东西，但在爱尔兰的六个星期里发生的事情，从他寄给朋友的信中几乎看不出来；他的旅程——到科夫，到戈尔韦（Galway），到阿兰群岛的伊尼什莫尔（Inishmore），回到戈尔韦，到都柏林——可以通过未支付的账单和他对法国大使馆不成功的贷款请求拼凑起来，但他的信件缺乏实证材料。20 世纪 50 年代中期，罗伯特·马奎尔（Robert Maguire）在准备其未发表的博士论文时，追溯了阿尔托在爱尔兰的踪迹，并与他接触过的一些人见了面；尽管记忆经常是不可靠的，而且随着时间推移会逐渐褪色，但不管多么朦胧，这些材料是人们得以了解阿尔托在爱尔兰的旅行及生活的仅有资料来源。阿尔托从基尔罗南（Kilronan）写信给他的家人，说他来爱尔兰是为了"寻找德鲁伊人（Druids）最后的真正后裔，这些人拥有德鲁伊哲学的秘密，知道人是从死亡之神'狄斯·佩特'（Dis Pater，凯尔特人的地狱之神）而来，人类必定被水与火毁灭"[19]。三周后，他写信给安妮·贝斯纳德（Anie Besnard）和托马斯说：

> 我所拿的杖，就是耶稣基督的杖，你们知道我没有疯，当我告诉你们，耶稣基督每天都和我说话，告诉我将要发生的一切，安排我去做我要做的事，你们就会相信我。因此，我来到爱尔兰是为了遵从作为上帝圣子化身的耶稣基督的确切命令。[20]

当阿尔托去爱尔兰寻找异教的历史——他想要在墨西哥找到的东西的西方文化版本——很可能爱尔兰阿兰群岛上大量的凯尔特十字架反倒启发了他，要让爱尔兰恢复基督教的民间根基；他手持"圣帕特里克的手杖"，在岛上跋涉，像是一位肩负使命的神（或国王）。[21]

很大程度上，阿尔托的书信是精神预言和政治夸张的奇异混合物。除了两封给波朗的信（在那两封信里，阿尔托要求拿到钱）外，在给布勒东及其女儿杰奎琳（Jacqueline）、安·曼森（Anne Manson）和安妮·贝斯纳德的信中，他痛斥那些为物质世界而活的人（尤其，在不同的信件中特别提到了犹太银行家和西班牙无政府主义者），在他即将离开的时候，他那股无限的怨恨近乎病态。9月15—16日，他写信给安·曼森，敦促她"把他出卖"给他们在双叟咖啡馆的朋友：

他们需要知道我不会一个人回来，而是带着一支军队。如果他们认为我疯了，是个自大狂或疯子，那对他们来说就更糟了。他们若相信我所夸口的，那他们就是低能儿。

告诉他们，多年来，我恨他们，恨他们的政治、社会、道德、非道德和不道德的思想。告诉他们，我把他们当成下等人和蠢货。

告诉他们我在共和、民主、社会主义、共产主义、唯心主义、唯物主义、辩证法或非辩证法上拉屎，因为我也在辩证法上拉屎，我将进一步做出证明。

我在人民阵线（Popular Front）和国民议会政府（Government of the Popular Assembly）上拉屎，我在共产国际（International）上拉屎，第一国际、第二国际、第三国际，但我也在祖国的概念上拉屎，我在法国和法国人身上拉屎，除了那些我亲自通知过的以及和我通信的人。

法国人，不管是右派还是左派，都是白痴和资本家，在我打发您去的那个臭烘烘的咖啡馆里，他们的争吵和他们的利益把我弄得精疲力竭，使我恼火，我见过的只有那些被奢侈蒙蔽了双眼的资本家，他们把存在的黑暗抛在了身后。[22]

9月初，阿尔托提醒布勒东注意即将发生的"严重事件"，在这些事件中布勒东将"发挥积极作用"；阿尔托的注意力集中在莉斯·德哈梅（Lise Deharme）身上，她是超现实主义者的缪斯，也是布勒东的单相思对象。1934年，阿尔托写信给波朗说，德哈梅答应给他钱来支持残酷戏剧，但给的钱"少得可怜"。[22]阿尔托警告布勒东要提防一个女人（被认为是莉斯·德哈梅）：

> 您知道，她是当前高级资本主义的一部分，她将在下一次
> 剧变中把自己塑造成戴洛瓦涅·德·梅丽古尔*。她将煽动一场
> 可怕的暴乱，与所有左翼势力联合起来，并与高级犹太教徒，
> 也许还与天主教资本主义奇怪地联合起来。

他预言她要么逃走，要么被"公开残杀"。[24]在另一封写给布勒东的信
中，阿尔托还写下一条针对德哈梅的诅咒（许多咒语中的一条），其
中结合了反犹主义、极端的性暴力和他新发现的弥赛亚主义。在一
张命理图表上面写着："我会在你/肮脏的犹太阴部/塞进一个烧红的
铁十字架/然后把它放在你的尸体上/向你证明/仍然有神明！"[25]

　　由于没有钱，又不能用英语交流，阿尔托在都柏林的最后两周
过得很艰难；他对宗教的极端狂热受到他的精神错乱和他在修道院
的停留的滋养。9月的最后一周，阿尔托停止了与朋友和家人的联
系。11月，波朗写信给法国驻都柏林领事馆，报警说阿尔托非但没
有资金，而且根据（9月）收到的最后几封信，他"过于兴奋"。11
月20日，领事回信给波朗说，9月，爱尔兰警方想要把阿尔托遣返
回法国；他于9月20日在科夫登上了美国"华盛顿号"客轮。[26]

　　虽然这位领事把阿尔托离开的日期弄错了九天，但阿尔托确实
已被驱逐出境，并于次日抵达法国城市勒阿弗尔（Le Havre）。关于
阿尔托被驱逐出境的具体情况，有各种各样的说法：一些僧侣可能
在他移动圣帕特里克的墓碑（为了取回一份文件）时发现了他；或

---

*　戴洛瓦涅·德·梅丽古尔（Théroigne de Méricourt，1762—1817），法国大革命期间著名的
女权主义者。——译注

者他可能因为手杖丢失而在街上跟人打架；或者，在阿尔托1945年的描述中，爱尔兰政府根据情报部门的提议，要求将他驱逐出境，因为他"太具有革命性了"。[27] 根据爱尔兰警方的说法，9月20日，阿尔托在一所耶稣会学院引发了一场骚乱，有人报了警。第二天，在会见法国领事馆代表时，阿尔托充满敌意，不予合作，否认自己是法国人（他声称自己是希腊人，他的护照被替换了）。爱尔兰司法部得知此事后，建议将他驱逐出境。被拘留在都柏林芒特乔伊监狱（Mountjoy Prison）期间，阿尔托再次会见了法国大使的代表。这一次，他构建了一个更复杂的替代身份，声称自己是"安托尼奥·阿劳德·阿拉纳普洛斯（Antonéo Arlaud Arlanapulos），1904年9月29日出生于士麦那"，乘坐一艘自制的小船来到爱尔兰。9月29日，在两名警察的护送下，阿尔托登上"华盛顿号"前往勒阿弗尔。据船上的警探说，阿尔托患有妄想症，声称自己是"法国保皇党成员，担心回到法国后会被送上断头台"；阿尔托的妹妹玛丽-安吉声称，与其返回法国，他宁愿跳海自尽。[28]

在等待遣返的过程中，阿尔托已经产生了幻觉；在短暂的航程中，他的生活进一步失控。阿尔托穿着紧身衣重返法国；他因精神失常再次被押到警察局，并被送往勒阿弗尔综合医院的精神病科。1945年，在给亚瑟·阿达莫夫（Arthur Adamov）的一封信中，阿尔托声称，他与两名进入他船舱的机械师——表面上来清除故障，实际上是"让他消失"——发生了争执，结果被拘留。[29]

1838年6月30日的法律规定，当患者的家属或警察提出要求，患者必须被强制收容在精神卫生机构。[30] 10月14日，一份官方医疗证明表明，阿尔托患有幻想症和被迫害妄想症："对他自己和他人都是危险的，并且（我）声明，立即将该患者送往疯人院是当务之急。"因此，10月16日，阿尔托被转到鲁昂的索特维尔（Sottevillelès-Rouen）的卡特-玛雷什（Quatre-Mares）精神病院，并被编为第262 602号病例，这是他在法国精神卫生系统的诊治中一直使用的病例号。在索特维尔，第一个给他做检查的医生记录了阿尔托的"精神状态"和他对那些"对他的东正教信仰有敌意的人"的偏执狂态度。[31]

阿尔托在爱尔兰短暂停留的后果在他的余生中一直存在，并助长了他的精神错乱和幻想。[32]阿尔托一被送到收容机构，他的情况就恶化了；他的朋友和家人直到12月的某个时候才接到他返回法国的通知，因而他未获得亲友的帮助，这种帮助本可能使他免于被条件近乎原始的法国精神病院强制收容。

作为收容和检查而不是救助和康复的场所，法国的精神病院对被收容者进行严格的制度规训，以使他们完成从公民到病人的身份转变；他们的生活一直被监视，单调乏味，就像几年以后阿尔托回忆的那样，"每天晚上都得面对囚犯们的响屁、打嗝声、呼噜和噩梦"，难以入睡。[33]关于阿尔托在卡特-玛雷什接受治疗的具体情况，并无相关记录："二战"期间，这家精神病院的主要建筑被毁，只留下他的准入记录，对他下落不明的医疗档案的内容人们只能猜测。

阿尔托的母亲欧弗拉吉不知道她儿子被收容，开始想方设法寻找他。通过询问，加上直觉的引导，她来到了卡特-玛雷什，却发现她儿子认不出她了。为了让他离巴黎更近一些，4月1日，欧弗拉吉安排把阿尔托转移到巴黎第十四区亨利-鲁塞尔医院的圣安妮精神病中心（Sainte-Anne Psychiatric Centre）。

阿尔托在卡特-玛雷什戴上了新的面具。在写给爱尔兰驻巴黎全权公使的信中，阿尔托坚持他的另一个自我，即希腊人阿劳德·安托尼奥（Arland Antonéo），又称阿拉纳普洛斯，他的证件被法国警方篡改了。这一新的身份与他重新皈依基督教（尽管是一种特殊的形式）的情况相吻合，他放弃了年轻时对天主教的排斥，进而获得重生，需要一个新的人格（至少在他看来是这样）。

圣安妮是一所教学性医院，是一个诊疗中心，为那些多半要在精神病院接受长期治疗的病人服务。它同时是一个在治疗精神分裂症患者方面具有开创性的机构，采用了一种新发明的诱发痉挛的方法：惊厥疗法。惊厥疗法需要注射接近毒性剂量的戊四氮（强心剂疗法）或胰岛素（萨克尔疗法）——这两种疗法都曾在圣安妮被使用过——使病人进入昏迷状态；之后，病人摄入糖分才会从昏迷中苏醒过来。在昏迷期间，患者会出汗、抽搐、口吐白沫、身体扭曲。这种经历是如此痛苦，以至病人有时会把糖藏在床下，在被注射胰岛素之前暗中服用。[34] 加斯顿·费迪埃（Gaston Ferdière）医生在1937年是圣安妮医院的住院实习生，他描述了强心剂疗法的治疗过程："戊四氮的药性似乎扩散到全身，然后在大脑中爆炸。这看起来很可怕，我们担心会发生事故。但没有。"[35] 为了避免这两种疗法的患者所遭受的身体痛苦，20世纪40年代初医院采用了一种新的疗法：电休克疗法（即电击疗法）。费迪埃那时是罗德兹精神病院的精神病科主任，他负责新疗法的投入使用；阿尔托将是他最著名的病人。

和他在卡特-玛雷什的经历一样，关于阿尔托在圣安妮的十一个月里的经历和治疗，只有零星的信息；我们所知道的大部分信息来自他几年后，也就是他脱离医院治疗之后写的信。阿尔托描写了在圣安妮遭受打骂的经历和医院把氢氰酸当作止泻药来毒害他的各种企图；据阿尔托说，其结果是长达一个月的昏迷、心肺衰竭和血痢，以及牙齿神经痛、导致他失去剩余牙齿的蛀牙、鼻窦炎、哮喘、风湿病和脖子僵硬。他在给妹妹玛丽-安吉的信中写道，更好的治疗方法是服用高剂量的海洛因，"如果海洛因质量好，就不会导致毒瘾"[36]。尽管他的家人和朋友都尽力去看他，但他拒绝了所有的来访者。布林在圣安妮的院子里，看见阿尔托"留着胡子（但在以前，他的胡子总是刮得干干净净的），斜靠在一棵树上。在他周围，其他人正在踢足球"[37]。

另一位与阿尔托相遇的年轻精神病学家是雅克·拉康（Jacques Lacan），他关于无意识、主体性和语义之间关系的革命性精神分析理论将精神病学置于后结构主义（post-structuralism）之中。据布林说，拉康曾向他吐露，"阿尔托良好的身体状况会让他活到八十多岁，但他绝望的精神状态无疑会阻止他进行任何创作"[38]。几年后，阿尔托写到拉康时说："您关切一个精神错乱者的良心，但与此同时，您却用您恶心的性扼杀了它。"[39]

1943年，阿尔托被从圣安妮转移到维尔-埃弗拉尔的精神病院。被转移几个月后，阿尔托写道，他抗议将他转移的行为，因为他造成的麻烦，三名警卫用脚踢他、掐他，使他动弹不得（而院长则命令警卫"勒死他"）："如果我没有死于窒息，那是因为我喉咙的肌肉无意识地收缩了。"[40]

阿尔托在维尔-埃弗拉尔的精神病院住了将近四年——从1939年2月27日到1943年2月10日。维尔-埃弗拉尔医院始建于1868年，距巴黎约十公里（6英里），由私人疗养院和公共收容所两部分组成。之前的病人包括雕塑家卡米尔·克洛岱尔（Camille Claudel），她父亲（保护她多年）去世后，她母亲（从未来看过她）把她送到这里。[41]由于疗养院没有足够的资源，阿尔托最终被关进了精神病院。他的生活将由维尔-埃弗拉尔医院的时钟的单调节奏来安排，它提示着起床、吃饭和就寝时间，以及在庭院里漫无目地散步的几个小时，在这段时间里，被收容者内心的痛苦逐渐缓和，他们进入自我实现的状态。

无论是将收容合法化，还是建立一套持续监控的制度，维尔-埃

227. Neuilly-sur-Marne - Ville-Evrard (S.-ot-O.)
Entrée principale et la Grande-Avenue

E. Faciolle, phot. édit., Le Perreux

明信片：维尔-埃弗拉尔的庭园。

弗拉尔医院都是为了控制病人。从病人到来的那一刻起，他就被剥夺了个性。在他脱下衣服、洗完澡、拿到规定的生活用品（衬衫、夹克、裤子、鞋子、袜子和手帕）后，他的个人物品被放在一张木凳上，被清点并被没收，最后只剩下一个有编号的小包。在两侧警卫的看管下，新来的病人穿过一个室外庭院，进入室内空间，然后进入宿舍。在途中，他经历了一次彻底的感官刺激，他的嗅觉"被一种难以形容的气味所袭击，那是霉味、尿味、乙醚味、消毒剂味、滋生暴力和压抑的恶臭味"，与此同时，已住病人的自言自语、尖叫和哭喊为这一情景增加了配乐。

不管警卫和护士是用他的姓称呼他，还是用大家熟悉的非正式代词"你"称呼他，或者更令人丢脸的情形，在众目睽睽之下强制性地给他脱衣淋浴，维尔-埃弗拉尔医院剥夺了阿尔托尚存的尊严和隐私权。然而，没有任何迹象表明，当他的过去失去意义或他逐渐陷入精神错乱并日趋严重时，他对自己的新生活既说不上麻木，也非漠不关心。当有个护士在每月为被收容者放映的电影中看到了阿尔托而表示惊讶时，没有参加放映的阿尔托回答说："那是陈年旧事了。"[42]

话虽如此，阿尔托丰富的想象力，可能还有他入院前的名声，使他与大多数其他被收容者不同，并引起了维尔-埃弗拉尔医护人员的注意。从外表上看，维尔-埃弗拉尔医院的内科医生莱昂·福克斯（Léon Fouks）与阿尔托建立了密切的私人关系；然而，在致福克斯的信中，阿尔托措辞严厉，这也许反映了他的不稳定性，也许反映了他对福克斯毫不掩饰的情绪。（例如，他指控福克斯与其他医生合谋杀害他，他在一封信中写道："混蛋福克斯。你就是狗屎。狗屎，狗屎福克斯。"[43]）在福克斯的鼓励下，阿尔托写了一篇"自传"。阿尔托还是称自己为安托尼奥·阿劳德或希腊语中的阿拉纳普洛斯，他出生在士麦那；阿尔托精心编写的传记结合了他的希腊传统、他自己的过去和大量的虚构成分（比如波斯、埃及和闪米特文明的学士学位，以及与一名土耳其女子的婚姻，婚后两三年她便去世了）。

阿尔托对另类身份的建构是事实与虚构的混合物，这或许是他脱离现实的初步表现。然而，这也完全有可能是他故意混淆视听，在面对一个预先确定他精神错乱的心理健康系统的过程中，他一直盘算着如何保持对自己的一点控制能力。[44]此外，阿尔托的受迫害情结是非常真实的；他想象着自己从墨西哥回来后，被一个邪恶集团——"发动者"（Les Initiés）——的阴谋诡计所害，这个邪恶集团通过他们的替身或"稻草人"代理者向他施咒。有时，他们的替身甚至直接影响到阿尔托的事务（例如，他提到的有安德烈·布勒东和杰奎琳·布勒东夫妇、波朗、萨尔瓦多·达利、施拉姆、巴尔蒂斯和拉康）；在其他情况下，他们控制着全球事件（希特勒、安东尼·艾登、约瑟夫·斯大林）。作为他们选择的武器，"发动者"在确定的地点——如拉斯帕尔大街（Boulevard Raspail）和蒙帕纳斯大街的交叉路口、马扎里纳街（rue Mazarine）、圣日耳曼-德-普雷街（Saint-Germain-des-Prés）、植物园（Jardin des Plantes）、荣军院（Invalides）的空地——进行性交。只有阿尔托有足够的手段来对付"发动者"，但为了找到圣帕特里克的手杖，并用它来击败"发动者"，他需要一种特殊的海洛因，即"海洛因B"来从毁灭意识的替身——"海洛因或左轮手枪"——中"重新发现世界的统一"。[45]阿尔托对"发动者"的警告中融合了新旧错觉；如果性是他们的工具，阿尔托会用海洛因来对付它。自从1934年以来，阿尔托就没有给热内加·阿塔纳西奥写过信，1940年，他给她写了几封信，要求她提供海洛因，并恳求她"永远保持纯洁和贞洁"。只有安·曼森试图把海洛因送给在维尔-埃弗拉尔的阿尔托；阿尔托显然不知道她来访的原因，拒绝见她。[46]

1939年9月德国入侵波兰后，阿尔托目睹了包括福克斯在内的大部分医护人员的服役，不禁感觉到即将发生巨大变化，他告诉护士："对我来说，这不是战争，这是末日。"1940年6月，维尔-埃弗拉尔的被收容者看到马恩河畔纳伊里（Neuilly-sur-Marne）的居民及法国士兵正逃离该地区，后面是迅速推进的德国军队。被收容者中出现了一种恐慌的状态；许多人知道纳粹在波兰屠杀精神病人。1939年7月1日，阿尔托写信给维尔-埃弗拉尔医院的内科医生巴拉（Barrat）说："对我来说，您不过是女人裤裆里的一坨屎。"[47]然而，十一个多月后，纳粹攻入法国，维尔-埃弗拉尔显得比以往任何时候都更加孤立、更加荒芜、更有被遗弃的感觉，阿尔托害怕地问巴拉："我们会被杀吗？"对阿尔托和维尔-埃弗拉尔的许多病人来说，现实战胜了谵妄，焦虑催生了理智。[48]

尽管纳粹只对维尔-埃弗拉尔进行了粗略的搜查，没有杀害任何病人，但纳粹对精神病患者的政策显然使法国占领区（包括马恩河畔纳伊里）的精神病院的生活更加艰难。在维希政府控制的法国区域（不包括维尔-埃弗拉尔和纳粹占领区内的收容所），食不果腹和普遍缺乏照顾造成了大约四万人在收容所死亡。[49]饥饿是一种持续的灾难，食物匮乏的病人吃草根或动物饲料；营养不良使他们易受痢疾、肺结核和脚气病等疾病的侵害。1943年（阿尔托离开后不久），当保罗·萨布林（Paul Sabourin）成为维尔-埃弗拉尔的院长时，他发现那里的情况与他姐姐描述的拉文斯布鲁克（Ravensbrück）集中营的情况类似，她从那里回来时"处于完全的生理痛苦之中"[50]：

> 在维尔-埃弗拉尔，当纳粹集中营解放后，被驱逐的幸存者返回时，我们看到了被广泛谈论的病症。体重下降惊人，不知是由潜伏性肺结核又被激活，还是由抵抗力被破坏后体能快速消耗而引发的感染所致，严重的水肿使体内充满了水，而排水又导致了令人难以置信的腹泻。早上查房时，病房里有死尸的味道。[51]

1896年，维尔-埃弗拉尔的首席医生就指出，身体衰竭使病人无法被治愈，这几乎排除了他们重新进入社会的任何可能性。1939年，当阿尔托进入维尔-埃弗拉尔医院时，他填写过一份问卷，他说，他在收容期间的目标是"工作，让我的双手而不是大脑忙碌起来，让我的大脑忙于日常事务"[52]。尽管一些病人被允许在维尔-埃弗拉尔以外的地方工作，但阿尔托基本上不怎么运动。他不善社交，大部分时间都在给老朋友写信，恳求他们给他送些食物或药品来，或者设法让他出去；当然，还有无数关于"发动者"邪恶计划的信件，有些是写给那些他认为是"发动者"的！阿尔托的错乱的通信是他绝望的标志，因为他要寻找一些与外界的联系，找一些方法来打破孤立和缺乏有意义的人际接触的困境。[53]在战争开始之前，朋友和母亲会经常来探望阿尔托，据布林这个常客说，他在维尔-埃弗拉尔的第一年曾拒绝承认欧弗拉吉。战争很快就改变了这一切。除了布林或其他以前的伙伴偶尔出现外，欧弗拉吉每周来两次——每个星期四和星期日——这是他与维尔-埃弗拉尔以外的世界仅有的联系；然而，通常只是母亲和儿子坐在院子里的一条长凳上，基本上一言不发，阿尔托不停地抽烟，他们的视野被维尔-埃弗拉尔医院的围墙和铁丝网挡住了。

1941年底，他采用了新的身份安托南·纳尔帕斯（Antonin Nalpas），用了他母亲的姓，他在罗德兹精神病院写信解释道：

> 1939年8月安托南·阿尔托在维尔-埃弗拉尔因痛苦和悲伤而去世他的身体在一个白夜里离开了维尔-埃弗拉尔就像陀思妥耶夫斯基所说的那种白夜它占据了几个闰日的空间但不包括在这个世界的日历里——尽管今天是真实的。[54]

难道阿尔托故意把自己的死亡和一个月后战争的爆发联系起来吗？他是否像陀思妥耶夫斯基《白夜》（"White Nights"）中那个无名叙述者那样，在沉思他的世界所呈现的未实现的爱、孤独和陌生的色调？或者，如果对陀思妥耶夫斯基来说，"白夜"——圣彼得堡夏季漫长的日照时间——象征着黑暗存在中的"一种狂喜状态"，那阿尔托会把它看作绝望，看作对他想象中的重生的狂喜吗？[55]考虑到缺乏情感和营养的支撑，他用母亲的姓是选择退回到由母亲爱抚和哺育的婴儿期吗？[55]

最重要的是，阿尔托渴望食物。在给母亲（一反常态地直呼她的名字）的信中，他声称"巴黎缺乏食物的说法是绝对假的"，他提出了过分的要求，除了其他物品，还要橄榄、华夫饼、奶酪、五香面包、糖果、蘑菇、巧克力、黄油、果酱、坚果、水果（干鲜果品）和蔬菜等；阿尔托饥饿的状况与战时法国的现实发生了冲突。当阿尔托刚来到维尔-埃弗拉尔时，他的体重是 65.5 公斤（144 磅）；到 1940 年 9 月——就在法国沦陷后——他的体重降到了 60 公斤（132 磅）；1940 年 12 月 7 日，这一数字降至 55 公斤（121 磅）。考虑到欧弗拉吉的年龄和战时的情况，她的满足儿子的要求的坚定不移的承诺——排队领取他的口粮，在黑市上花光她仅有的一点钱，然后前往维尔-埃弗拉尔——几乎是不可能兑现的；但十有八九，正是这些帮助使阿尔托在维尔-埃弗拉尔活了下来，而同时有那么多的病人死去。[57]

欧弗拉吉的总体目标是让她儿子恢复理智并重新融入社会；在绝望中，她甚至从卢尔德（Lourdes）带了一瓶圣水洒在儿子身上。然而，如果说有什么不同的话，那就是阿尔托的病情似乎正在恶化。1942 年的某个时候，欧弗拉吉得知电击疗法可能会改善她儿子的病情，而巧的是，这种疗法的主要实践者之一朗德皮埃尔医生（Dr Rondepierre）就在维尔-埃弗拉尔（然而，没有证据表明阿尔托在维尔-埃弗拉尔接受过电击疗法）。对欧弗拉吉来说，唯一的其他选择——康复疗养院——则远远超出她的经济能力。为了找到解决办法，欧弗拉吉联系了罗伯特·德斯诺斯和保罗·艾吕雅（Paul Éluard），他们两人和阿尔托都是超现实主义运动的成员；战争期间，他们两人都积极抵抗纳粹占领和维希傀儡政府。加斯顿·费迪埃医生是位于阿韦龙省（Aveyron）的罗德兹精神病院的首席精神病医生，他是一位诗人，也是超现实主义者的伙伴（但是在阿尔托离开后）。[58]尽管当其他人向他询问是否接受阿尔托时，他保持沉默，但在

阿尔托在罗德兹精神病院，约
1943—1946 年。

1942 年 11 月底或 12 月初，德斯诺斯与他联系后，费迪埃欣然同意
在罗德兹对阿尔托进行治疗。[59]

　　12 月 11 日，在维尔-埃弗拉尔的一名医生签署了他的转院证明
之后，将阿尔托转移到罗德兹的工作开始了。然而，从逻辑上来说，
仍然存在一个问题：维尔-埃弗拉尔在纳粹占领区，而罗德兹属于纳
粹傀儡政府，即所谓的"自由法国"辖区。根据安排，阿尔托被转
到设在谢尔（Cher）——这是占领区和自由区之间地位模棱两可的
一个省份——的谢扎-邦瓦（Chezal-Benoit）医院。费迪埃曾是那里
的医务主任（后来因为他的工会信仰而被维希政府解雇），他与该地
区保持着联系，而德斯诺斯则通过一名有同情心的政府官员，帮助
阿尔托暂时转移到该医院。1943 年 1 月 21 日，德斯诺斯访问了维尔

-埃弗拉尔的阿尔托，并写信给费迪埃告知他对阿尔托的观察结果：

> 我星期四去了维尔-埃弗拉尔；阿尔托原定于第二天，即 22
> 日星期五离开。我发现他完全神志不清了，说话像圣杰罗姆
> （Saint Jerome）一样，而且不想离开，因为那样会把他和为他
> 效力的魔法力量分开。我最后一次见到他是五年前，当时的情
> 景和他现在的兴奋与疯狂一样令人痛苦。我劝他母亲不要顾忌
> 他的说法，最好让他离开，因为我相信他和我们在一起会更好。
> 但他似乎很安然地沉溺在这些幻想中，而且很难治愈……阿尔
> 托无疑会认为我是一个迫害者！[60]

阿尔托于 1 月 22 日抵达谢扎-邦瓦，他穿着和 1937 年抵达勒阿弗尔
时一样的衣服，尽管此时他的体重是 53.5 公斤（118 磅），更加瘦
弱。他只有三件个人物品——一本护照、一把小刀和一把指甲锉，
在过去这些年中，他所有的文件和其他财产都丢失、被盗或被丢弃
了。在谢扎-邦瓦住了将近三个星期后，2 月 10 日晚上 10 时，阿尔
托被转到罗德兹医院。[61]德斯诺斯为阿尔托所做的努力很可能挽救了
阿尔托，而他自己则走上了一条更加残酷的道路：作为一名抵抗运
动的积极分子（为犹太人和其他法西斯主义受害者获取假身份证
件），德斯诺斯于 1944 年 2 月 22 日被捕，并于 1945 年 5 月 8 日在特
莱西恩施塔特（Theresienstadt）集中营死于斑疹伤寒。

　　费迪埃医生在罗德兹的任期在阿尔托到达前近三十个月就开始
了。在费迪埃的领导下，罗德兹发生了很大的变化。失修及破旧的
房子计划拆除。面对罗德兹工作人员中由来已久的漫不经心的氛围，
费迪埃决心加以整顿。只有一名医护人员有学位；其他的只是看护
者，他们中的许多人酗酒、不称职或对被托付的责任漠不关心。

1941 年 7 月，在费迪埃到达之前的一个月里，营养不良已经夺去了六十名病人的生命。在解雇了那些因为不负责任而导致糟糕状况的员工之后，费迪埃在医院的日常运作中扮演了更直接的角色。在费迪埃的指导下，罗德兹还为纳粹或维希政权追捕的人提供庇护，其中包括超现实主义艺术家弗雷德里克·德朗拉德（Frédéric Delanglade）。

费迪埃的主要目标是实施一项重新唤醒阿尔托创造力的治疗计划。多年来，由于缺乏与社会的接触和刺激，阿尔托的存在被压缩到一个华丽的想象世界，在那里，他被医生和警察迫害是一个"国家机密"。[62]不管他彻底与现实失去了联系，还是意识到了自己的转变却无法控制，阿尔托抛弃了自己的名字，编造了另一种身份，并欣喜若狂地、毫不犹豫地重新与基督教狂热分子接触，完成了从被收容前的自我中的撤退。在 1943 年 7 月 12 日的一封信中，阿尔托写道，即使他的肉体（安托南·纳尔帕斯）在世上只存活了三年，"我身体里有绝对而准确的心理记忆，完全而又千真万确，那就是六年的折磨、缺乏理解、遗弃、符咒和禁闭"[63]。

在精神病院这种条件下，阿尔托生活不下去了。以纳尔帕斯的身份复活，他成了自己的讽刺画，被他的另一自我定义为某种他所不是的东西："在安托南·阿尔托的例子中，这既不是文学的问题，也不是戏剧的问题，而是宗教的问题，这是由于他的宗教思想，由于他的宗教和神秘的态度，安托南·阿尔托在他死之前一直受到法国大众的迫害。"[64]现在，阿尔托的身体里有一个新的灵魂，他的名字已经不重要了。通过确认他的父母是约瑟夫和玛利亚，阿尔托期待千禧年的转世；基督已经在他的身体里安居。

战争严重影响了阿尔托的想象，无论是他想象基督在他的身体里复活，还是他将已故妹妹杰曼比作现代的圣女贞德，一个女英雄被神灵召唤来击退法国土地上的外来侵略者。[65]当他越来越沉迷于宏大的宗教信仰时，他长期的性挫折史正好与他的基督教净化相吻合；他变身为纳尔帕斯就像是圣灵感孕：

> 这种宗教不仅要求神父，而且要求所有配得上这个名字的人保持完全的贞洁，并主张完全的性别隔离和坚决消除所有的性行为。所有的性行为和非贞洁行为，无论婚外还是婚内，都是被谴责的，人类的生殖也不能通过肮脏的性交来证明其正当性。[66]

二十五岁的雅克·拉特莫里埃（Jacques Latrémolière）医生是费迪埃的助手。拉特莫里埃是个虔诚的天主教徒，认为阿尔托的宗教狂热不过是他的狂妄自大、不可理喻和自我主义的危险组合，因此缺乏诚意。拉特莫里埃并没有接受阿尔托特有的解释，而是努力纠正他对天主教的理解；例如，他总结说，阿尔托关于性与爱的观点是由他的性无能激发的，他试图"阉割他人（并）把他们引向他自己的维度"。[67]拉特莫里埃还认为，阿尔托可能是一个未公开的同性恋者。然而，他也把阿尔托精神上的抗议看作阿尔托为达到主要目的——获取海洛因——而使用的诡计。在最初写给拉特莫里埃的一封信中，阿尔托认为，如果这位年轻的医生拒绝给他提供海洛因以清除他体内的"精子和排泄物"，这将证明拉特莫里埃仍然被"原罪"所玷污。[68]

在他对阿尔托的评价中，拉特莫里埃在自己的宗教信仰和职业责任之间摇摆不定。阿尔托到达罗德兹一年后，拉特莫里埃的博士论文《一千两百次电击中观察到的意外事故》成功获得通过。他在三年内实施了大约一千次电击，拉特莫里埃的论文将与治疗相关的可怕故事简化为一种有效治疗中的意外；他证实了精神健康专家的真诚信念，即这是一种有效的替代办法，取代以前监禁病人直到他们在严重的心理障碍下崩溃的做法。

1943 年 6 月 20 日早上醒来，阿尔托被告知别吃早餐，因为"下午他要接受治疗"。费迪埃没有事先与阿尔托讨论这个疗法："让他等着电击是残忍的。"[69] 两名护士将阿尔托绑在床上，解开或脱下他的衣服，在他的牙齿之间放置一根胶管（防止他咬碎牙齿或咬断自己的舌头），并将两个电极固定在他头的前部。第一次电击会使他的身体僵硬，然后抽搐，他的牙齿紧咬胶管，他的眼珠子朝后翻转。他会昏迷十五分钟，之后他会神志不清，处于这种状态长达几个小时；他一旦恢复了记忆，就开始感到沮丧。在罗德兹的十九个月里，阿尔托接受了五十八次电击治疗，分六个疗程进行；其中略多于一半的电击发生在第一阶段的前五个月内。

第二个电击疗程导致第九椎骨折。医生们断言，经过两个月的卧床休息和服用止痛药后，阿尔托并没有感到持续的疼痛或不适，但在接受治疗两年后，阿尔托写信给波朗说："我不知道我的脊柱是否受伤，因为我总是感觉背部很疼，每天早上起床时，我都要挣扎几分钟才能从床上抬起身来。"[70] 1943 年 10 月下旬，阿尔托等待第三个电击疗程时，向费迪埃说起那次事故："电击疗法使我非常痛苦，我请求您不要再让我痛苦了。"[71] 尽管阿尔托提出了请求，但在 1943 年 10 月 25 日至 11 月 22 日间，医生又进行了十三次电击治疗。

在接受了二十八次电击治疗的前三个疗程结束后，有六个月的缓冲期。拉特莫里埃在他的论文中写道，尽管阿尔托产生幻觉时，他的"古怪和夸张的反应"有所减弱，但他的精神错乱仍然存在，需要再来一轮电击治疗。阿尔托行为的改变促使拉特莫里埃和费迪埃认为治疗正在产生效果：除了体重增加到 66 公斤（146 磅）外，

到 9 月时他已经放弃了他的纳尔帕斯身份，再次签下了他的名字
"安托南·阿尔托"。1943 年 9 月 17 日，他几个月来第一次给母亲
写信：

> 您受到上帝暗示建议我来罗德兹因为环境完全不同而我发
> 现这种友爱和人间支持的氛围引发了一场健康危机，这无疑动
> 摇了我，但最终使我恢复了自我，现在又使我恢复了对一切事
> 物的健康理解。[72]

阿尔托开始与老朋友交流，如波朗、巴罗、布林、安·曼森、安德
烈·纪德和安妮·贝斯纳德。六年来，他第一次写文章。事实上，
在阿尔托到达罗德兹的五周后，也就是第一次电击治疗之前，费迪
埃让他写一篇文章，评论彼埃尔·德·龙沙（Pierre de Ronsard）的
诗《魔鬼赞美诗》（"The Devil's Hymn"）。三十年后，费迪埃称阿
尔托的词汇具有"超越性"，认为阿尔托是他"丰富术语的受害者"。
费迪埃的目标是鼓励阿尔托重新产生创作冲动。[73]
　　阿尔托在罗德兹创作的作品，大部分语无伦次，漫无边际，是
一些熟悉的话题：宗教、性、毒品和恶魔的迫害。[74]从关于龙沙的文
章开始，阿尔托在他的罗德兹作品中夹杂一些"疯言疯语"
（glossolalia）。通常认为在神奇的宗教运动中，教众会突然说一种空
灵的语言，一种他们从未说过的"疯言疯语"，根据一些基督徒的说
法，这是"受到了圣灵的启发"；在精神病学出现的时代，这种"疯
言疯语"意味着一种"潜意识"，一种隐藏在内心深处的语言。[75]阿尔
托目前处于唯心论状态中，"疯言疯语"是他"所接受的语言"，是
对他神圣地位的确认；然而，作为一个超现实主义者，这是他潜意
识里的一种语言，这种语言脱离了具有霸权地位的社会和文化力量。

阿尔托的精神状态有所改善，在罗德兹的一位懂英语的神父朱利安（Julian）的帮助下，他翻译了几部作品，包括刘易斯·卡罗尔（Lewis Carroll）的《爱丽丝镜中奇遇记》（*Through the Looking Glass*）以及坡、拜伦、雪莱、济慈的作品。在德朗拉德的指导下，阿尔托比以往任何时候都更认真地对待绘画。1939 年，在维尔-埃弗拉尔，他创作了"符咒"（gris-gris），这是一组"饱受哮喘和打嗝折磨"[76]的形象，夹杂着煽动性的胡言乱语："我画的这些人物都受诅咒——因而我精心画好后用火柴把它们烧了"（借鉴塔拉乌马拉人通过火或焚烧来净化的思想）。当他在罗德兹开始绘画时，阿尔托放弃了"符咒"："我改变了自己的看法，我因为是魔法师而被关押、下毒和迫害。"[77]起初，应费迪埃的邀请，为了治疗，阿尔托接受了绘画这种媒介，认为它不仅仅是一种宣泄性练习，而且有助于将他的思想从语言表达的束缚中解放出来。

视觉表达使阿尔托获得了一种新的交流媒介——"一些手势、一个动词、一种语法、一道算术、一整个卡巴拉"——来揭示"魔法"的古老来源和信仰，它们"仍然存在，没有改变"。[78]只有魔法才能有效解决这个"'棘手的分裂'问题，解决事物与言辞、思想与符号之间的断裂，解决文化与生活之间的分离"，解决西方所触及的一切事物的僵化现象。[79]阿尔托并不认为他的画仅仅是画，他的画也是"文献"；然而，如果仅仅基于眼睛所看到的，它们就无法被解释。"我想说的是，我们的眼睛有白斑（角膜上有白色混浊物），因为我们的视觉是畸形的，被某些不正当的占有所压抑、压迫、扭曲和束缚，这些都是由我们的头骨和灵魂的结构造成的……"[80]

对阿尔托来说，他的绘画是他对感官和智性感知的反抗的延伸，而这些感知是由霸权势力预先设定和决定的。1947 年，阿尔托对他绘画中混乱图像的杂糅的意义做出了可能（至少对他来说）是最清

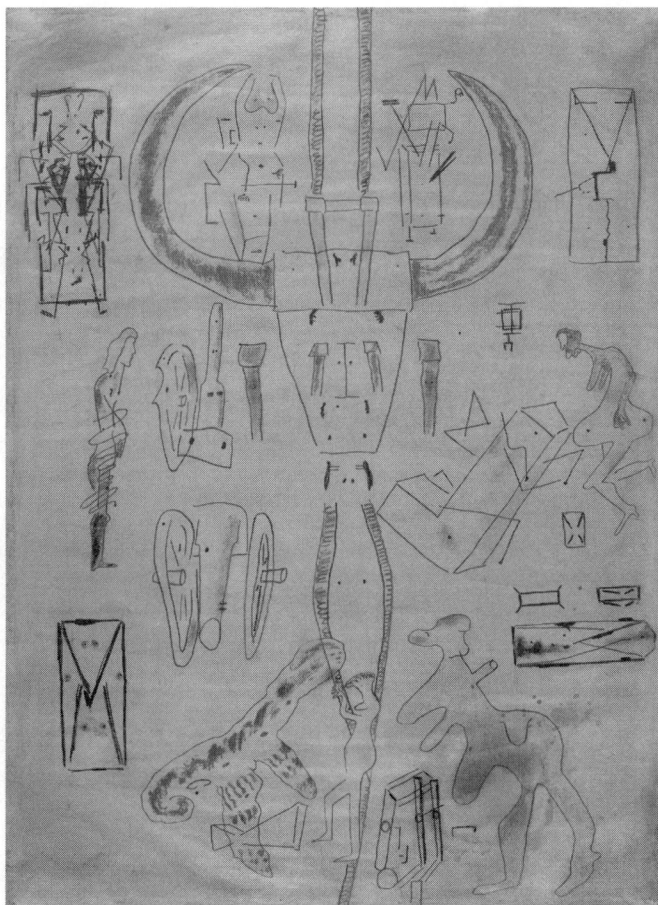

阿尔托的速写，《牛头怪》（*Le Minotaure*）。

晰的表述：

> 所有彩绘形象都是为了驱除诅咒，一种对空间形式、视角、价值、平衡和维度的道德必要性的具体贬斥，通过这种激烈的抗议，表达一种对心理世界的谴责，心理世界像螃蟹一样依附于物质世界，尽管心理世界是由物质世界孵化孕育而成的。[81]

阿尔托的朋友和家人聚集在他身边，给他寄钱和包裹，提供消息和给予鼓励；他变得更加专注和有创造力。但情况并不完全乐观，因为阿尔托仍然在书写恶魔、诅咒、替身和奇怪的臆想（如布勒东是法西斯组织"法兰西行动"的盟友，在勒阿弗尔被警察用枪击毙），而且他对鸦片和可卡因仍有不断的需求。他的幻觉症复发后，在 1944 年 5 月 23 日至 6 月 16 日之间进行了新一轮（第四个疗程）的十二次电击治疗。意识到他们对他具有权威性，阿尔托给费迪埃和拉特莫里埃的信即使不是奉承，也是恭敬的。但他也恳求他们停止治疗，1944 年 7 月 4 日他写信给他母亲说，治疗"使我一个月无法写作，因为我不知道自己身在何处，也不知道自己是谁，而这种痛苦本来是可以避免的"[82]。在倒数第二轮（8 月 25 日至 9 月 15 日）的十次治疗后，阿尔托给拉特莫里埃写了一封长信，抱怨这些治疗非但没有帮助他工作，反而使他更加虚弱："它使我成为一个意识到自己缺席的缺席者，并能在数周内看到自己在追求自己的存在，就像一个死去的人和一个不再是他的活人在一起。"[83]

1945 年 4 月，阿尔托开始远离宗教狂热，在过去的八年里，宗教狂热几乎是他所有作品的核心。9 月 7 日，他写信给曾与超现实主义者有联系的出版商亨利·帕里索（Henri Parisot），后者出版的著名的"黄金时代"（L'Âge d'or）丛书包括阿尔托的《塔拉乌马拉之旅》(*Voyage to the Land of the Tarahumara*)，以及赫尔曼·梅尔维尔（Herman Melville）和弗朗茨·卡夫卡（Franz Kafka）的作品。阿尔托要求帕里索不要理会他曾经写过的一封信：

> 当时我很愚蠢地说我皈依了耶稣基督，尽管我一直憎恶基督，改变信仰的结果只是一个可怕的魔咒，让我忘记我的本性，迫使我在罗德兹这儿，在圣餐的仪式中吞吃了许多圣体，他们想要尽可能长时间地留住我，如果可能的话，永远地留住一个不是我的人。[84]

解除宗教对他的控制，拒绝精神对身体的控制，是阿尔托寻求重新控制他的存在的主要目标：

> 这种所谓的星期日激情，我要把团契、圣餐、上帝和他的基督从窗口扔出去，我决定做我自己——也就是说，安托南·阿尔托是个本质上和灵魂上都怀疑一切的无宗教信仰的人，他憎恨上帝和他的宗教，不管是基督、耶和华还是梵天，也憎恨喇嘛们的自然仪式。[85]

从阿尔托的新观点来看，为了表明对身体的控制，所有的宗教都声称关注精神；宗教是鸦片妖魔化背后的推动力量，他指责英国人主要为了宗教利益而焚烧中国的鸦片田："这是为了防止人们回到所有教派和宗教都埋葬了的古老的前生殖器的存在观。"[86]

随着思维逐渐清晰（尽管在他的罗德兹日记中不乏意识流），阿尔托想要重新发现精神病院之外的世界：

速写，《灵魂的幻象》（*Les Illusions d'âme*）。

您不仅帮助我活下来；我枯萎的时候您让我活下去。

换句话说，来来去去，见识人和事。永远活在自己的想象中是不好的，就像我六年来所做的那样，因为我身边再也没有朋友了。F. 德朗拉德有个好主意，我和他每周去两次罗德兹。在我目前的阶段，最好是重新接触那些在住院期间忘记的事情。[87]

1944 年 2 月 5 日阿尔托向费迪埃提出了这一要求。尽管担心罗德兹属于纳粹傀儡政府，阿尔托会因为其古怪的行为而受到惩罚，费迪埃还是允许他和德朗拉德一起去罗德兹城里拜访丹尼斯-保罗·布洛克（Denys-Paul Bouloc），这是一位年轻诗人，也是抵抗运动的成员。将时间用于在咖啡馆与艺术家同行交谈。七年来，阿尔托的生活第一次呈现出一种正常的气氛。到 1945 年 8 月，他被允许离开精神病院，独自在城里走动。

费迪埃允许阿尔托在埃斯帕里翁（Espalion）逗留八天，由刚到罗德兹的作家、诗人、剧作家安德烈·德·里奇（André de Richaud）陪同。埃斯帕里翁是阿韦龙的一个风景如画的小镇，距罗德兹大约二十公里到三十公里（12—19 英里）。费迪埃担心阿尔托会联系巴黎的朋友以获取毒品；毕竟，在得到同意在罗德兹城里逗留期间，阿尔托搜遍了药店寻找鸦片（费迪埃建议药剂师给他开小剂量镇痛剂）。然而，费迪埃也认为这是阿尔托的一次尝试；如果进展顺利，在埃斯帕里翁的停留时间可以延长到两个月（阿尔托相信，如果他在八天的考验中表现良好，他将被完全放走）。回想起来，让一个酗酒者和一个吸毒者享有这样的自由是一场灾难；两周的表现没有超出人们的预料。醉醺醺的里奇神志不清，一头撞在盥洗架上，而阿尔托则徒劳地跑遍所有药店，寻找鸦片酊，并写信给巴黎的朋友和家人，让他们给他送药物。无论在镇上或旅馆里，阿尔托的古怪行为——声音嘶哑的墨西哥歌曲演唱，夸张的即席戏剧表演，对他在精神病院的治疗的抱怨，以及要求被送到西藏去吸食纯野生鸦片，说只有这样才能治好他的病——引起了费迪埃的不满。三个多星期后，阿尔托被带回罗德兹。[88]

阿尔托的朋友们可能因为多年后才再次见到他而于心不忍，1945 年 9 月，他们在费迪埃那儿为他们的绝望找到了一个出口。他们游说医生让阿尔托出院或换个地方。虽然费迪埃有将阿尔托转到巴黎附近的私人诊所的想法，但他并不认为阿尔托已经准备好离开一个更可控的环境。然而，面对阿尔托朋友们的要求，费迪埃感到他别无选择。他把这件事情往后拖延，坚持让阿尔托住在一家可以进行密切监视的诊所里，而且他有财力支付阿尔托在塞纳河畔伊夫里的一家私人诊所的费用，这家诊所就在巴黎环城公路以南。

阿尔托希望他最近出版的《塔拉乌马拉之旅》和《罗德兹书信》（*Letters from Rodez*）所带来的版税收入使他有能力支付诊所的费用；然而，根据法律，这些收益被直接交给罗德兹医院以支付阿尔托的治疗费用。因此，亨利·托马斯（Henri Thomas）和科莱特·托马斯（Colette Thomas）夫妇、亚瑟·阿达莫夫以及玛莎·罗伯特（Marthe Robert）组织了一场艺术拍卖会，并在萨拉·伯恩哈特剧院（Théâtre Sarah Bernhardt）——现在的城市剧院（Théâtre de la ville）——举办了一场阿尔托作品的朗读会。费迪埃通知阿达莫夫，他将于 5 月 26 日把阿尔托带到巴黎；然而，阿达莫夫并不想让阿尔托在巴黎接受敬意，他写信给费迪埃说，把阿尔托置于"世界人民的审视和普遍的好奇"之下是"令人憎恶和难以想象的"。[89]

尽管如此，5 月 25 日，费迪埃陪同阿尔托和另外两名病人乘夜班火车去巴黎的圣安妮医院。阿尔托戴着贝雷帽，不停地抽烟，他可

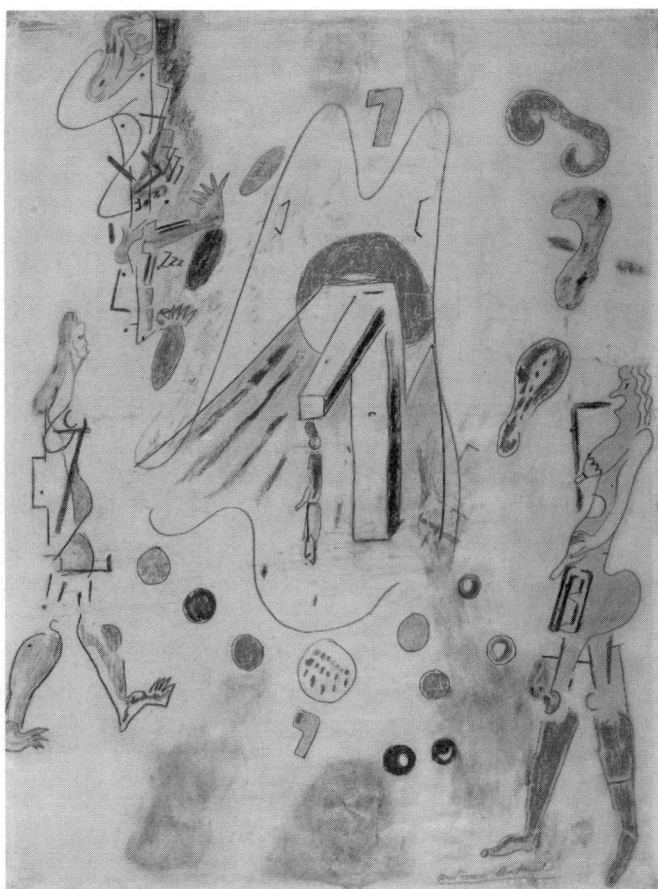

速写，《自缢》（*La Pendue*），1945 年 1 月。

能不知道这次旅行的意义。第二天早晨，当火车到达奥斯特里茨车站时，阿尔托的几个朋友——让·杜布菲（Jean Dubuffet）、玛莎·罗伯特、科莱特和亨利·托马斯夫妇——正在那里等他。费迪埃告别阿尔托，和另外两名病人一起离开了；他和阿尔托从此再也没有见过面。[90]阿尔托的妹妹玛丽–安吉后来声称，那些推动释放阿尔托的人在为他寻求自由时行为不免鲁莽；即使他的情况有所改善，他仍然是个瘾君子。"他们成功地使他获得了自由。从此，诗人迷失了方向。"[91]

阿尔托接受电击治疗是他多年住院治疗中最容易确认，也最有争议的经历。毫无疑问，经过治疗，阿尔托变得更有创造力，思想也更专注；然而，同样真实的是，在一生中，阿尔托的创造力与他的疯狂行为和不切实际的想法之间只有一线之隔。对阿尔托来说，这条线根本不存在；矛盾的是，他的激情、他对神秘和魔法的嗜好、他对社会习俗的反抗，正是对他的创作冲动和他的疯狂的定义。阿尔托的极端主义逐渐把他的生活变成了行为艺术，因为他的行为最终落在了社会和文化构建的理智和疯狂的分界线的错误的一边。阿尔托在一所所精神病院间穿梭，或者仅仅在那种环境中出现，似乎就证明了他需要被约束或正常化，但并不能就此证明他是一个"疯子"。在精神卫生专业人士看来，无论是像费迪埃这样的超现实主义者（认为阿尔托太超现实），还是像拉特莫里埃这样的极端天主教徒（认为阿尔托的信仰太过异端），阿尔托的生活状况已经成了一种病态，在他们看来，有病就需要治疗，而不是介入，不是正常化。

第八章

重　生

　　塞纳河畔的伊夫里就在巴黎环城大道的南面；它的北面是巴黎十三区，东面是塞纳河。伊夫里的这家精神病疗养院建于 1828 年，是一家以人道关怀对待精神疾病的"模范"机构（根据 1911 年的简介）。[1] 从 1946 年 5 月 26 日开始，安托南·阿尔托在伊夫里的疗养院度过了人生的最后六百四十八天。疗养院工作人员、朋友和家人对他的关注，加上他可以往返巴黎的便利，极大地改善了阿尔托的病情，使他创作了两部最深刻、最令人难忘的文学作品。然而，他对麻醉剂和可卡因的不断需求、身体状况的恶化以及对自己死亡的预感，给他的重新融入社会、幸福及创造性工作画上了一个悲伤的句号。

　　尽管阿尔托将他几部作品的版权卖了，但所得的收入不足以满足费迪埃提出的条件，即阿尔托有能力在伊夫里疗养。因此，1946 年 6 月 7 日在萨拉·伯恩哈特剧院，新近组织的"安托南·阿尔托之友委员会"（Committee of Friends of Antonin Artaud）举办了一场向阿尔托致敬的活动，包括巴罗、布林、布勒东、杜兰、茹韦、阿达莫夫和科莱特·托马斯在内的许多人朗读阿尔托的作品，他们在阿尔托一生中以这样或那样的方式与他有过交集。最重要的是，这个夜晚证明了巴黎的活力和文化的复兴；阿尔托和布勒东可以在台上重温超现实主义当年的愤怒，证明过去十年的黑暗面纱已经揭开。然而，阿尔托不会上台。5月16日，阿达莫夫写信给罗德兹的费迪埃，要求推迟将阿尔托转到巴黎，因为他担心阿尔托会认为这是一个令人尴尬的慈善活动；更让阿达莫夫感到不安的是，他意识到，阿尔托在这次活动中的露面将以耻辱告终，他会沦为观众面前的展览品，而这是一种"令人厌恶和难以想象的"状况。[2]但是，费迪埃告诉委员会说，如果阿尔托继续留在罗德兹，法国政府可能会从该活动的收益中提取一笔款项，以支付他的疗养费；因此，据玛莎·罗伯特说，那天晚上，阿尔托独自一人在夏特雷（Châtelet）广场附近闲逛，为了纪念他，他未被允许参加这次活动。[3]

晚上，布勒东宣称阿尔托"既辉煌又黑暗"，与兰波、诺瓦利斯（Novalis）和阿希姆·冯·阿尔尼姆（Achim von Arnim）不相上下；其他朗读者紧随其后，但除了科莱特·托马斯，没有一个人能记住他的作品。[4]根据雅克·普雷维尔（Jacques Prevel）的回忆，托马斯神情恍惚地说："她和阿尔托一起工作。这是阿尔托……这个声音颤抖着，如此奇妙。这是阿尔托的声音，阿尔托的激情，阿尔托的兴奋，阿尔托的愤怒和暴力。"[5]尽管晚会很成功——无论是解读还是反思阿尔托作品的重要性——但收入总共不到五万法郎，还不够支付塞纳河畔的伊夫里两个月的疗养费。[6]

朗读会六天之后，在皮埃尔·勒布（Pierre Loeb）的皮埃尔画廊（Galerie Pierre，位于美术街）举行了一场手稿拍卖会，手稿提供者包括但不限于下列人士：乔治·巴塔耶（Georges Bataille）、西蒙娜·德·波伏娃（Simone de Beauvoir）、艾梅·塞泽尔（Aimé Césaire）、勒内·夏尔（René Char）、乔治·杜阿梅尔（Georges Duhamel）、保罗·艾吕雅，莱昂-保罗·法格（Léon-Paul Fargue）、

1947 年的安托南·阿尔托，去世前不久。

安德烈·纪德、詹姆斯·乔伊斯、米歇尔·莱里斯、弗朗索瓦·莫里亚克、亨利·米肖（Henri Michaux）、让·波朗、让-保罗·萨特、格特鲁德·斯泰因（Gertrude Stein）、亨利·托马斯和特里斯坦·查拉。展出的绘画和雕塑作品同样令人印象深刻，艺术家包括让·阿普（Jean Arp）、巴尔蒂斯、乔治·布拉克（Georges Braque）、马克·夏加尔（Marc Chagall）、让·杜布菲、马塞尔·杜尚（Marcel Duchamp）、阿尔贝托·贾科梅蒂（Alberto Giacometti）、瓦伦丁·雨果（Valentine Hugo）、让·雨果（Jean Hugo）、费尔南德·莱热、多拉·玛尔（Dora Maar）、阿尔贝·马尔凯（Albert Marquet）、安德烈·马松、弗朗西斯·皮卡比亚（Francis Picabia）、巴勃罗·毕加索、雅克·韦隆（Jacques Villon）及奥西普·扎金（Ossip Zadkine）。第二天，勒布把将近七十七万五千法郎交给了拍卖会的组织者之一杜布菲；捐赠物品的销售将持续到下一年。

　　"安托南·阿尔托之友委员会"成立时打算在阿尔托离开罗德兹后管理阿尔托的财务，无论是像致敬和拍卖这样的活动带来的资金，还是他作品和艺术品的版权和版税收入。尽管这些钱在法律上属于阿尔托，但委员会充当了受托人的角色，支付阿尔托在塞纳河畔的伊夫里的疗养费。[7]阿尔托每月收到一万法郎的零花钱（大约是当时的最低月薪）；然而，经过九年的入院治疗，阿尔托几乎没有什么财产，也无法用自己的财力来满足他的需求。在最初几个月里，杜布菲（负责委员会的财务）定期答应阿尔托的补贴要求，有时每月达到三万多法郎。杜布菲担心阿尔托的慷慨被阿尔托所描述的"一群所谓的文学或艺术的穷光蛋"利用。他生命中不断出现的恶魔也耗尽了他的心血。从9月中旬到10月初，他在靠近圣特罗佩（Saint-Tropez）的圣梅克姆（Sainte-Maxime）与玛莎·罗伯特——有一段时间，葆拉·戴维南（Paule Thévenin）及科莱特·托马斯也在——

待了三周，其间，为了驱除心中的恶魔，阿尔托在墙上、窗帘上和床单上乱涂乱画，之后，他的收费单激增。自从他到巴黎后，他的开销共计十五万法郎；在阿尔托回巴黎后的第一年，杜布菲辞去了委员会的财务负责人一职，至此他共支付了三十八万八千法郎。然而，阿尔托还是向波朗抱怨自己受到的对待：

> 就好像我是一个无法照顾自己的浪子或疯子。您认识我快二十五年了；您知道我一直在工作……我总是用自己的方式去挣钱，不会成为任何人的负担。因此，我要求您再次向我提供为我筹集的所有资金。[8]

随着时间的推移，阿尔托对他的版税有了更多的控制权，他的零花钱也越来越不依赖委员会了。不管阿尔托是否有足够的责任心来处理他的财务（人们总是担心他有钱就会去买可卡因或鸦片），他认为委员会对他钱财的控制是他缺乏实权的又一个例子，是费迪埃对他的思想进行控制的延伸。

在身体上、心理上和精神上，阿尔托跨越了多个世界——他的故乡法国南部、他祖先的爱琴海和地中海世界，以及被西方文化污染之前的非西方世界。然而，最重要的是，巴黎是阿尔托宇宙的中心。阿尔托被阻挡在巴黎之外九年，在那段时间里，巴黎几乎没有什么变化。1946年，随着巴黎从法西斯主义的噩梦中重新醒来，阿尔托又回到了这座城市——首都和这位艺术家都摆脱了束缚。两者都有了改变。巴黎文化生活的中心从蒙帕纳斯向北移到了拉丁区；1920年，当阿尔托第一次来到巴黎时，远在塞纳河对岸的蒙马特也获得过这一称号。阿尔托适应了巴黎的变化。他入院前常去的地方是蒙帕纳斯——多姆咖啡馆和穹顶咖啡馆——现在他却喜欢上了利普餐厅、花神咖啡馆（Café de Flore）和双叟咖啡馆。

阿尔托老了不少；由于电击疗法，他的牙齿掉光了，面容憔悴，看上去比他五十多岁的实际年龄要老得多。他从前对自己的外表十分讲究，现在却有点不修边幅：他头发长到了肩上，肮脏的旧衣服上多是窟窿和烟烫的痕迹。然而，就像巴黎一样，尽管被占领后满目疮痍，阿尔托还是不失尊严，有活力，实实在在地活着。葆拉·戴维南写了她与阿尔托的第一次见面：

> 当我敲响安托南·阿尔托的房门，我觉得我即将进入另一个世界。我只需要听一次，就是这个简单的词："请进！"（Enter）这个词被赋予了一种非常特殊的意义。发音非常清晰，两个音节完全准确地分开，给人一种离开原地进入"另一个世界"的感觉。我进去了。我看见一个人在写字，坐得笔直，壁炉上方放着一个笔记本。他转过身来看我。他虽然中等身材，但他转过头去，梳理长发的样子，容光焕发的神情，炯炯有神的蓝眼睛，使他显得很有威严。尽管他很消瘦，十年的困顿在他脸上留下了创伤（他已经没有牙齿了），但他身上仍有一股帝王之气。在此之前，我一直不愿使用"帝王"（regal）这个词，但此刻这是唯一合适的词……[9]

与纯粹的收容所不同，塞纳河畔的伊夫里是一家疗养院；自1912 年起担任该院院长的阿奇尔·德尔马（Achille Delmas）医生对阿尔托的治疗采取了更为宽容的态度。抵达三天后，阿尔托写信给波朗说："我对德尔马医生很满意，因为与其他医生不同，他不是要教我一些关于我自己的东西，也不是要把一些东西——治疗或药物——强加给我，而是要理解我是谁，我在寻找什么。"[10]阿尔托提到的其他医生包括费迪埃和拉特莫里埃。尽管阿尔托给罗德兹的医生的信有着恭敬的态度，但他的笔记本、信件和随笔中，他对自己在罗德兹的治疗表现出强烈的敌意；典型的是 1945 年春季的一则日记："加斯顿·费迪埃太喜欢让我昏迷了，因为他知道在我昏迷的时候他总能从我身上拿走一些东西。"[11]

　　与电击疗法、禁食鸦片和禁闭不同，德尔马给阿尔托提供了一把打开诊所大门的钥匙；像阿尔托这样长期吸毒的人永远无法戒毒，如果得不到毒品，他们就会冒更大的风险去找，德尔马给阿尔托提供每日一定剂量的鸦片酊和水合氯醛糖浆。[12]德尔马开的剂量是不够的。尽管待在精神病院的九年里，阿尔托经历了强制戒毒和生理上脱离毒品，但他在情感和精神上仍有毒瘾；甚至当他在罗德兹重建心理平衡时，他对可卡因、海洛因和鸦片的痴迷也从未减少。阿尔托与毒品的关系很矛盾：当药物用完了，他经常去远在斯特拉斯堡（Strasbourg，在战后时期，那里仍然大量供应麻醉品）的黑市和药店寻找，[13]但正如雅克·普雷维尔所指出的，1947 年 5 月 25 日，阿尔托在他的笔记本上用大写字母写道，"放弃海洛因。我不想被毒死"[14]。而且，正如阿尔托在 20 世纪 30 年代对巴罗所做的那样，他继续劝告他的朋友们不要吸食鸦片。

　　起初，阿尔托在塞纳河畔的伊夫里新建的住院部占用一个有现代设施的房间，里面有中央供暖系统和自来水。当他在疗养院宽阔的空地上散步时，他看到了一块开满鲜花的田地，离他住的地方有一段距离，那儿有一幢 18 世纪的无人居住的房子。被那个地方的孤独之美所吸引，而且它远离疗养院的其他病房，阿尔托向德尔马申请搬去那里。一开始德尔马不愿意让阿尔托搬到一个缺乏现代设施的地方，但他最终同意了。在生命的最后十七个月里，阿尔托的住所是一套两室的公寓，有法式双开门，可以俯瞰花园。每天有人给

阿尔托在塞纳河畔的伊夫里疗养院的房间。

他送来大桶热水和食物，冬天还会送来用来生火的木柴。终于，他有了一个私人空间，一个让他向往了近十年的自由和自主的空间，而这个空间远离其他病人，也使他远离了禁闭的世界。他的思想和观念——无论多么难以捉摸——不再是迫害他的根源。这地方一派田园风光；在阿尔托的想象中，这是宇宙邀请他进入一个特定的群体。1947 年 6 月，阿尔托在"手记 307"（Cahier 307）中写道：

> 这地方充满了……令人难以置信的记忆。钱拉·德·奈瓦尔（Gérard de Nerval）* 在 1788 年革命市政厅前走过的伊夫里公园，被医生让·路易·马拉（Jean Louis Marat）——让-保尔·马拉——作为市政厅保留下来。他（奈瓦尔）在自缢前走到那里。在古老公园的高大树木下，你还能感受到这一点，像

---

* 钱拉·德·奈瓦尔（Gérard de Nerval, 1808—1855），法国诗人。——译注

被石化了一样，月亮下的黄昏庄严而肃穆……[15]

在阿尔托心目中，这种个人涅槃将他与他的文学灵魂伴侣钱拉·德·奈瓦尔，以及他最著名的电影角色之一，即革命家让-保尔·马拉联系在一起。虽然奈瓦尔和马拉都没有在塞纳河畔的伊夫里住过（不过那里有一条马拉街），但对阿尔托来说，这是一片神圣的土地；没有一个文学人物比奈瓦尔更能使他内心产生共鸣。抵达塞纳河畔的伊夫里几天后，阿尔托就写信给布勒东说：

> 就像您昨天跟我说的，钱拉·德·奈瓦尔……在他的作品中暗示了超自然主义者的幻想状态。您把我的经历和他联系起来，并说："这一切都很奈瓦尔。"我的回答是，对我来说，钱拉·德·奈瓦尔从来不是梦想过，而是经历过、真正地经历过他所说的那些状态，对我来说那是现实的一部分……[16]

他的行为捉摸不定，有时深不可测，他被隔离在精神病院，几个朋友死亡（缘于自然、神秘的环境和纳粹的暴力），再加上纳粹占领带来了混乱，这些都导致了他的分裂，阿尔托入院前的朋友中只有少数几个——布林、巴罗和波朗——仍然和他有来往。尽管布勒东参加了那场致敬活动，但两人的关系一直不稳定，这种关系可以追溯到阿尔托被超现实主义者逐出之时。

1946年5月27日，雅克·普雷维尔第一次见到阿尔托，那是阿尔托抵达塞纳河畔的伊夫里的第二天。从那以后，直到1947年8月11日普雷维尔因咳血而筋疲力尽，他一直是阿尔托的好伙伴，有时帮他买鸦片和鸦片酊，为他跑腿，有时陪他坐上几个小时。作为一个诗人，普雷维尔一生赚的钱很少；加缪支付了他最初的住院费

用。普雷维尔在第一次遇见阿尔托的五年后死于肺结核；关于他
与阿尔托的相处的日记以及他受阿尔托激发写出的诗歌为他赢得
了死后的名声。

除了普雷维尔，在生命的最后几年里，阿尔托最长久的同伴是
几个年轻的女人。尽管阿尔托对性有明显的厌恶，但他喜欢有年轻
漂亮的女性做伴。在罗德兹，阿尔托提到了他的"心灵女孩"（filles
de coeur），这个圈子包括他的祖母、伊冯·阿兰迪、安妮·贝斯纳
德、塞西尔·施拉姆和安娜·科宾（Ana Corbin）。[17] 抵达塞纳河畔的
伊夫里后，玛莎·罗伯特和科莱特·托马斯入选"心灵女孩"。玛
莎·罗伯特在 20 世纪 30 年代中期与阿尔托相识，后成为他的密友
之一；科莱特·托马斯通过丈夫亨利结识了阿尔托，亨利是阿尔托
在罗德兹最后几个月的常客。在埃斯帕里翁逗留期间（在他转到塞
纳河畔的伊夫里之前几个月），阿尔托向科莱特解释他个人的挣扎，
他拒绝顺从，他需要组建"一支存在和生活的小部队，例如，像一
群朱安党人（chouans）或一群起义的古代奴隶"[18]，以帮助他"改变
存在，使（他）脱离这种存在"。[19]

1947 年 4 月下旬，阿尔托告诉普雷维尔，他"深爱着科莱特·
托马斯和玛莎·罗伯特"[20]。然而，对阿尔托来说，爱情既不是严格
意义上的柏拉图式的，也不是肉欲的：他与这两个女人建立了一种
浪漫和诱惑性的关系，但完全是无性的；它的模糊性似乎把所有人
都弄糊涂了，除了阿尔托。尤其是科莱特，她在阿尔托的世界中扮
演着一个特殊的角色，一个既温柔又不安的角色。在阿尔托的想象
中，美丽（就像阿尔托曾经那样）、性情多变、曾是心理健康领域的
实习生的科莱特是他的女性补偿；而正如在向阿尔托致敬时所展示
的那样，科莱特有一种独特的能力来引导阿尔托，并反过来激励他。

他希望她独身："你记得那天晚上我告诉你的关于所多玛和蛾摩拉[*]的事。太多的人掌控了你的爱的能力，而本该滋养你、安抚你的爱却腐蚀了你，让你过早衰老。"[21]科莱特则给阿尔托写了情歌："你没有疯；你聪明过人。我不会照顾你，我会爱你。我爱你，安托南·阿尔托。"[22]然而，阿尔托却拒绝了肉欲之爱，而选择了一种永远不会实现的空灵之爱：

> 这是要告诉你，沉溺于纯爱的情欲
> 是他妈的我的心
> 我，安托南·阿尔托
> 在虚无的
> 茅房
> 科莱特·托马斯的真相是
> 我是一个病人
> 亵渎了生命、鲜血和力量
> 每个人从中获益
> 除了他（我）。[23]

　　科莱特和阿尔托之间的关系虽然是禁欲的，但充满激情，这困扰着科莱特的丈夫亨利；阿尔托独占了科莱特的时间、精力和感情。亨利后来说，他妻子和普雷维尔是阿尔托的阴谋的受害者，阿尔托需要通过把脆弱的个体吸进他的宇宙来控制他周围的世界。[24]话虽如此，科莱特在信中却把自己和阿尔托描述成一个陌生世界的旅伴，而现实世界只能把他们的特异性（alterity）当作疯狂。在阿尔托去

---

　　[*] 所多玛和蛾摩拉（Sodom and Gomorrah），《圣经》中提及的罪恶和行将毁灭之城。——译注

世六年后出版的《死去女孩的遗嘱》(*Testament de la fille morte*)中，阿尔托似乎是从文本中发出喊叫："爱，就是恨别人；做爱，就是背叛他们。"[25]

在塞纳河畔的伊夫里，阿尔托继续他在罗德兹编造的离奇故事。当阿尔托在疗养院继续书写他所受的迫害和欺骗时，他的思想和理论更有根据，对《圣经》的怪异痴迷让他不怎么兴奋了。因为知道"没有灵魂，只有身体"，阿尔托变形为一个痛苦的、被牺牲的、被钉死在十字架上的先知。[26]但阿尔托不再认为自己是基督："我就是我，阿尔托，在各各他被钉在十字架上，不是作为基督被钉在十字架上，而是作为一个无神论者，阿尔托生来就是耶稣基督的敌人。生来就是他自己，不像耶稣基督是从上帝而生。"[27]

阿尔托声称他所遭受的所有迫害——真实的或想象的（包括他声称自己于1928年在蒙马特被刺）——都是为了阻止他成为神。"现在我知道他们从哪儿而来，为了阻止我成为神，每天晚上都有十万个吸血鬼之类的来拜访我，因为我的身体很好，所以他们总是小心翼翼地来看我。"[28]然而，困扰阿尔托生活的吸血鬼和恶魔不再是超自然的力量，而是决心损害阿尔托的强大的社会力量：

> 如果阿尔托抱怨的话
> 这是因为他神志不清，对他来说
> 很快，一次小小的电击便治愈了他的精神信仰；
> 但是，安托南·阿尔托仍然不相信灵魂，但他始终相信那些除了夺走他的生命，从来没有做过任何事情来维持他们卑贱生活的人[29]

阿尔托的话虽然极端自大，但也是一个"来自马赛的小资产阶级"

绝望的呼喊；由于他的远见卓识，他备受折磨和迫害，但他也进入了文学英雄的小圈子——波德莱尔、奈瓦尔、坡和洛特雷阿蒙。与其说他把自己比作神，不如说一个始终不宽容的社会在迫害他的时候——在他"漫长的受难中，从一个精神病院到另一个精神病院"[30]——既把他妖魔化，又将他神化，使他的文学作品得以不朽。

在离开罗德兹之后，阿尔托的注意力越来越多地集中在身体上，身体成了自我与外部力量的战场。自从 20 世纪 20 年代初他给爱德华·图鲁兹写信以来，阿尔托一直与来自理性思考的知识保持着深层次的疏离状态。与其说阿尔托是法西斯主义拒绝理性的先兆，不如说他是后启蒙运动时期一批艺术家中的一员，这些艺术家质疑理智对情感的固有优越性；而他对经验真实性的追求拒绝把思想当作感觉的附属品。[31]对阿尔托来说——这与他的大部分观点一致，思想在社会、政治、文化和经济上都更有局限性；当意识介入对感觉的理解时，感觉经验就消失了。

阿尔托在精神病院忍受着身体上的痛苦，也直面这些痛苦，他轻蔑地写道，身体是一种脆弱的容器，它的孔口让它成为外来入侵者的猎物。从他被诊断出患有脑膜炎开始，他的身体在他的一生中一直是许多悲伤的来源，然而他把他所遭受的肉体上的痛苦归罪于他的精神，归罪于后者打开了他的身体并使其受到污染和影响。例如，他的诗歌《傻子阿尔托》（"Artaud le Mômo"）是这么开头的：

> 被天堂的
>
> 精神欲望
>
> 所扭曲的
>
> 被锚定的
>
> 心灵

会想象
所有的诱惑
所有的欲望
所有的抑制[32]

阿尔托后来的散文清晰并连贯地表达了他对自己的人格和身份进行绝对控制的必败之战。阿尔托从未放弃对语言的不信任，他认为语言要么是思想的产物，要么是思想的先驱；不管怎样，语言和良心都不是由个人来支配的。

身体不仅是外部权威的牺牲品；它的内部功能也受内部器官的制约。恢复身体自主性的唯一办法是"重塑（人体）结构"：

我们必须下决心把他剥光，把这个让他极其烦恼的微生物一扫而空

上帝，
还有上帝的
器官

你想绑我就绑吧，
但没有什么比器官更没有价值的了

当你将使他成为一个没有器官的身体，
那你将把他从无意识反应中解放出来，恢复他真正的自由。

然后你就会教他在疯狂的舞厅里

　　按错误方式跳舞，而这个错误方式
　　才是他真实的地方。[33]

　　正如思想遮蔽了心灵的纯粹功能一样，器官也抑制了体内的自由流动。阿尔托因"按错误方式"跳舞而不断受到迫害，他关于"无器官的身体"的概念也许是他回到原始经验的路线图，从所有阻碍和预先决定其思想及身体运作的强力中解放出来。

　　在他生命的最后十七个月里，阿尔托的艺术重心转移到了朋友的视觉艺术上，而他的散文变得更加犀利。尽管电击疗法对阿尔托造成了身体上的伤害，但这种变化可能缘于电击疗法的有效性。此外，阿尔托从精神病院的禁闭、治疗和疯狂中解脱出来，加上他渴望已久的重新融入社会，这些可能刺激了他创造性的再生；阿尔托让自身行为适应他所处的任何环境，现在他因回到巴黎而回归正常。最后，考虑到阿尔托对自己即将死亡的预感，他在进行创作时可能会更迫切地为后人留下一些深刻的东西，而他的朋友们的肖像画成了对所有与他有联系的人的爱的表达，对那些在他生命的最后几个月里与他重归于好的人的永恒纪念。

　　1947 年 1 月 24 日，在巴黎橘园博物馆（Musée de l'Orangerie）举办的"文森特·凡·高"画展开幕之际，《艺术》杂志发表了两篇关于凡·高的文章，一篇关于他的生活，另一篇关于他的疯狂；后者包括最近出版的精神病学研究合集《凡·高的魔鬼》（*Du démon de Van Gogh*）的节选。皮埃尔·勒布把这篇文章给了阿尔托，希望作为艺术家和精神病人的阿尔托能比精神病学家更好地理解和同情凡·高的经历。勒布准确地估计到阿尔托会将这两位艺术家的生活经历联系起来。2 月 2 日，阿尔托在葆拉·戴维南的陪同下首次参观了展览；在这个月里，他与勒布及其妹妹［摄影师丹妮丝·科隆

（Denise Colomb）〕，以及与玛莎·罗伯特和罗杰·布林进行了多次参观，他以极快的速度在展品之间穿梭，但对每件作品都保留着惊人的精确记忆。[34]

勒布说：

> 阿尔托第一次观看之后，那天，他兴高采烈地来到我的办公室。我忽发奇想，对他说："阿尔托，您为什么不写一本关于凡·高的书呢？""好主意，"他回答说，"我马上就写。"然后，他上到二楼，坐在桌子前，迅速而紧张地在一个学生练习本上写起来，几乎没做任何修改，也没有什么"后悔"，写了两个下午，这就是那个名为《凡·高，社会的自杀者》（*Van Gogh，le suicidé de la société*）的精彩文本。[35]

不止"两个下午"，阿尔托整个 2 月份都在写这本书，而勒布开始与出版商 K 洽谈。2 月 28 日，阿尔托签了这本 1947 年出版的书的合同。1948 年 1 月，此书获得圣伯夫文学奖（Sainte-Beuve Literary Prize）。

正如勒布所预料的那样，阿尔托认同凡·高也是个遭折磨的受害者；但在其他方面，他与凡·高有所不同。大多数人认为凡·高能够保持稳定的通信；而阿尔托无法把信写得条理清楚，他的胡言乱语在他的信件中也有所体现。[36]然而，阿尔托与凡·高的故事产生了联系。虽然他关于凡·高的论述主要集中在对其艺术的分析上，但这些论述同时也是一种内心的呼喊以及对理性（医学）和非理性（艺术）之间紧张关系的沉思。

在凡·高与保罗·加歇（Paul Gachet）医生的关系中，阿尔托看到了自己与代表更大的社会和文化力量的心理健康专家纠缠的经历的相似之处："在每一个精神错乱者身上，都有一个被误解的天才，他的思想在他的头脑里闪闪发光，使人惊骇，他只有在精神错乱时才能从生活为他准备的窒息中找到出路。"[37]凡·高的艺术就像"希腊火药及原子弹爆炸"，直指"第二帝国资产阶级的因循守旧"。尽管阿尔托把凡·高置于第二帝国（1852—1870）的文化环境中有点偏离历史，但第二帝国标志着资产阶级的最终崛起和凡·高所反抗的社会规范。"因为这并不是凡·高所攻击的某种习俗的一致性，而是制度本身……甚至在社会层面上，机构正在瓦解，医学看起来就像一具毫无用处的陈尸，这宣告了凡·高的疯狂。"[38]阿尔托书写了他自己的经历，特别提到了"L医生"，他说，"他的工作让人精神错乱，而与此同时，他又用（他）那不光彩的性行为来扼杀它"（虽然拉特莫里埃医生自称"L医生"，但阿尔托实际上指的是雅克·拉康）。[39]阿尔托故意问："什么是真正的疯子？"

> 这是一个宁可发疯（在社会公认的意义上），也不愿丧失一种人类荣誉的崇高观念的人。
>
> 这就是社会如何在它的精神病院扼杀所有它想要摆脱或防范的人，因为他拒绝成为某些肮脏事件的帮凶。
>
> 因为疯子也是社会不待见的人，是社会想要阻止其传播令人无法忍受的真理的人。[40]

凡·高并没有因为疯狂而被送进精神病院，而是在他"获得成功，发现了他是什么人，他是谁"之后，社会才让他"自杀"。[41]凡·高的——也是阿尔托的——过错在于，他以不同于传统的方式来想象自然，达到了一种无法驾驭的天才水平。

正如阿尔托一直坚持的主张，所有天才都是恶灵或魔鬼阴谋的牺牲品。然而，凡·高、奈瓦尔、波德莱尔、坡、洛特雷阿蒙等人的灵魂中所渗透的恶灵，并不是阿尔托先前幻想的超自然力量，而是资产阶级和资产阶级霸权赖以存在的文化体制。[42]在给莫里斯·纳多（Maurice Nadeau）的信中谈到加缪创办的《战斗报》（*Combat*）时，阿尔托解释说，作为典型的资产阶级革命，法国革命挑战了宗教；然而，它所确立的东西却与宗教虔诚难以区分：

> 我已经说过，资产阶级和上帝是一回事；同一个灵魂……这种天生的资产阶级精神是一种宗教仇恨，反对一切诗意。
>
> 如果资产阶级的宗教狂热，以及摧毁了波德莱尔、埃德加·坡和不久前的列宁的悲惨的保守主义继续存在
>
> 它将不会通过弥撒、祝圣、基督、赦免、游行、祷文、咒语、深奥之物或祭典（而是通过放纵的性欲）而存在。[43]

对阿尔托来说，资产阶级对物质满足的追求是对肉体快乐的不懈追求的延伸。资产阶级通过物质和性，在空虚地追求财产、物质的舒适和无聊的刺激中，贬低了审美和精神的满足："凡·高并非死于精神错乱，而是死于物质领域的问题，在这一领域，人类罪恶的灵魂自古以来就与之斗争。肉体对精神的支配，或身体对肉体的支配，或精神对两者的支配。"[44]最后，精神病学，这个资产阶级社会对理性执着的产物——这个"为了自己的理由而引发狂热"的领域——首先贴上了凡·高的标签，然后驱使他自杀。[45]

1947 年 7 月 4 日至 20 日，皮埃尔·勒布举办了阿尔托艺术作品展："肖像与绘画"（Portraits and Drawings）。阿尔托从他在马赛的青少年时代就开始画画，并在达德尔医生的指导下再次开始学习绘画和素描。[46]20 世纪 20 年代，他的一些早期作品侧重于艺术表达：

主体和客体都不重要。重要的是通过颜色和特征来表达，不是表达对象，而是艺术家的某种理想，某种程度的人性。

为什么画家要变形？因为主体本身就是结果，所有的主体都暗示着什么，所有可以说是生活的狂风暴雨，都会痛苦或平静地通过主体。[47]

除了《贝壳与僧侣》和一些舞台剧（如《钦契》）的布景设计草图，从1924年到他进入维尔-埃弗拉尔医院期间，他几乎停止了绘画，那时他画了一些"符咒"。直到在罗德兹时期在德朗拉德的指导下，阿尔托才将他的炭笔和水粉画等同于他的文学作品；他甚至向波朗表示希望出售他的书籍和艺术品，这样他能通过自己的创作谋生。[48]

除了一幅自画像和几幅他过去生活中的人物的画像——如索尼娅·莫塞（Sonia Mossé）的肖像是他得知她死于纳粹毒气室之后画的——阿尔托在离开罗德兹之前很少画肖像画。他回到巴黎后创作的第一批肖像画是忠实的素描，以取悦他的朋友，并拓展他的艺术能力。然而，他的风格很快就改变了，朋友和熟人的面孔变成了"生与死之间疯狂斗争的战场"。[49]正如阿尔托在1947年7月4日至20日皮埃尔美术馆展览的随笔中所写的那样：

> 人的面孔是一种空虚的力量，一片死亡的领域。
> 事实上，人的脸是一种永恒的死亡
> 画家要做的就是
> 精确地恢复它的本来面目……
> 这就是为什么，在我画的肖像中，

阿尔托编辑他的《罗德兹日记》（*Cahiers de Rodez*），由丹妮丝·科隆
（Denise Colomb）拍摄，1946 年或 1947 年。

　　我首先避免忘记鼻子、嘴巴、眼睛、耳朵或头发，但在那
对我说话的面孔上，我曾试图讲述

　　一段古老的人类历史的秘密，在安格尔和霍尔拜因*的心目
中，这段历史算得上是死亡。[50]

1946年11—12月，葆拉·戴维南在一次座谈会中回忆了阿尔托的
技巧：

　　他让我坐在他对面，但并没有强迫我坐着不动。有时，他
完全沉浸在自己的工作中，用铅笔在纸上画来画去，或者突然
停下，用力往纸上戳，或者他再次将拇指压在纸上，让前额、
脸颊和下巴上的阴影部分显得更加细微。他不时抬起头来，用
他那生动的蓝眼睛望着我，他眯起眼睛，以便更好地辨别他想
要表现的细节。他也会哼歌或开玩笑，但并没有降低注意
力……画了好几天。结果是惊人的、精彩的，但也是可怕的。
安托南·阿尔托看看我，又看了看他的画，最后又看了看我，
宣布说："我向您展示了野蛮时代一个古老帝国的面孔。"……
我有这样一种印象，安托南·阿尔托在这幅画中表现出一种非
凡的先见之明，他的画预先揭露了生活将要给我的那张脸。[51]

在阿尔托生命的最后几个月里，戴维南一直是他的伴侣，他认为自
己的视觉艺术与"残酷戏剧"是相关的：艺术的目的既不是描绘也
不是肯定那些令人向往和悦人耳目的东西，而是唤醒观众去认识生

---

　　* 安格尔（Jean Auguste Dominique Ingres，1780—1867），法国画家；霍尔拜因（Hans
Holbein，1497—1543），德国画家。——译注

无题，画于 1948 年。阿尔托最后的画作中有重叠的无名氏的脸，不过，可能是他的"心灵女孩"。

活的摧残、残酷和暴力。[52] 阿尔托的许多自画像都是对痛苦和丑陋的个人沉思，这些痛苦和丑陋是生命之美的侍女：一张有疤痕和瑕疵的脸，被一双既疲倦又警觉的眼睛衬托着；这张脸既反映了生命的痛苦，也反映了内心的活力。在他最后的几幅自画像中，有一幅创作于 1947 年 12 月，阿尔托在上面写的日期是 1948 年 12 月。"就好像，"戴维南写道，"他署名时已经死了。"虽然这是一组混杂的图像，但焦点是画面顶部的自画像。"这就是五千年前从印度群岛来的我"，阿尔托向戴维南解释道，他右肩上的脑袋就是"压在我身上的脑袋"。[53]

1947 年，阿尔托出版了两部重要的作品——《傻子阿尔托》和《长眠于此（附印第安文化）》（*Ci-gît précédé de la culture indienne*），它们阐述了阿尔托最受诟病的两个主题：人体以及亲子关系。在《傻子阿尔托》一书中，阿尔托把身体简化为一块烤肉（barbaque）——实际上的三等肉——突出了它在侵蚀力量面前的脆弱；阿尔托可能考虑到了自己身体的脆弱，他的身体被可控的力量及无法控制的力量所削弱，容易受到阴险的诱惑，对刺激的不懈追求（无论是以营养还是性冲动的形式）使它成为物质满足的奴隶。[54]总的来说，阿尔托只能蔑视身体，尤其是他自己的身体；这是一种"侵入式"的物化，而他并不是这样的人，所以他备受折磨。[55]

这两部作品都回到了创作的主题，集中在阿尔托坚定的主张上：只有他自己才能对他是谁以及他成为谁负责。在《长眠于此》中，"Ci-gît"字面意为"这儿躺着"（Here lies），阿尔托思考他即将到来的死亡，同时也在思考他在人世的不存在（non-existence）。虽然他在《长眠于此》中承认自己生自"疯狂的肉体和疯狂的精子……是一个由存在与虚无创造的人，就像尿尿一样"[56]，不可思议的是，他是什么样的人，他会变成什么样的人，竟然源于像肉体这样可恶和可鄙的东西；实际上，那盛放着阿尔托肉体的皮囊的存在，只不过与他从子宫里出来的时间吻合，但他的生命是由他的意识获得而来的："但我还没有进入/这该死的乱七八糟的生活/在我出生后的五十年里。"[57]只有他对他的思想负责，而他的思想和观念定义了他，他断然否认他的意识中有任何神圣的介入：

> 我憎恨和鄙视每一个只想感受存在的好处，不想努力活着
> 的懦夫
> 我憎恨和鄙视每一个接受已被塑造的，不想被重新塑造的
> 懦夫
> 也就是说，那些在其存在和思想的起源问题上接受上帝作
> 为造物主的观点的人……
> 我不认为我自己的身体不是我造就的，而我憎恨和鄙视每
> 一个只想要生存而不想先重塑自己的懦夫。
> 我憎恨和鄙视每一个没有认识到生命只是为了重塑和重建
> 他的身体和他的整个有机体的懦夫。[58]

1947年1月，葆拉·戴维南在老鸽巢剧院组织了十多年来阿尔托的第一次公开演讲。1922年，阿尔托在这里首次登台演出。正如海报宣传的那样，阿尔托朗读他最近的三首诗，包括《傻子阿尔托的归来》（"Le Retour d'Artaud, le Môme"）。一部分听众是希望通过一个"著名的疯子"得到娱乐的人，但也有来自巴黎艺术界的朋友（包括波朗、纪德、加缪和布勒东）。1月13日，老鸽巢剧院的听众多达三千人：

> 当阿尔托上台时，后排的一个人开始嘲笑他，他平静地说：
> "想要取笑我的人可以在外面等我。他的位置不在这里。"全场
> 一直保持安静。

托马斯·梅德尔（Thomas Maeder）采访了大约二十名听众；对于这

场演讲大家意见不一，有个听众评论道，阿尔托的表现"如此令人震惊，如此缺乏与简单的言语和行为的联系，我们好像在发呆，留下的记忆完全是个人的"[59]。

自画像。也许是阿尔托最后的自画像，他注明的时间是 1948 年 12 月。

在三个小时的时间里，阿尔托紧张地朗诵诗歌，讲述他的经历，从他去墨西哥的旅程开始，到他的电击疗法结束（激烈抨击了费迪埃医生）。据普雷维尔说，阿尔托很惊慌，他的朗读"断断续续、语气急促、令人费解"[60]。由于（很大程度上）无法保持自己的思路，阿尔托胡乱地翻看他的文稿，他被自己的表现彻底击垮。他作品中的每一个词都与他产生独特的、特殊的共鸣，但他感觉到，听众对他的演讲感到茫然；那痛苦的文字表达，那破碎的朗读节奏，是他生命核心的愤怒、激情和痛苦，像火山一般爆发。多年来，他一直生活在自我的世界里，那些多半陌生的象征和暴力的词语虽然对他来说很清楚，却无法用一种其他人可以理解的语言和方式讲述出来。最后，他无话可说，他后来说，他的沉默比言语能传达更多的信息。[61]对看到"他那张消瘦而憔悴的脸……他愤怒的手势……听到他嘶哑的声音，还夹杂着悲惨的啜泣和结巴"的听众而言，阿尔托是个引人注目、令人感动的人物："我们感到自己被带进一个危险地带，被这个黑色的太阳反射出来，并被为精神火焰吞噬的身体的'全面爆炸'震慑。"[62]作家萨拉娜·亚历山大（Sarane Alexandrian）当时还是个十九岁的大学生，她在演讲前看见阿尔托独自一人，不耐烦地温习他的讲稿，"这是一个蕴含着可怕悲剧的人，其存在就是为了扰乱人类的良知。我始终没有觉得自己在和一个精神病人打交道"。亚历山大指出，这场演讲是"一位伟大诗人对宇宙中一切不可知力量的反抗，而那天晚上我几乎彻夜难眠"[63]。阿尔托死后不久，纪德在《战斗报》撰文写道：

> 阿尔托胜利了，他将那些嘲弄和无礼的废话拒之门外；他起主导作用……他从来没有像现在这样令人钦佩。就他作为物质性存在而言，唯有表现力……在这场令人难忘的演讲结束后，全场鸦雀无声。我们能说什么呢？……回到一个舒适作为妥协结果的世界，有一种羞耻感。[64]

然而，阿尔托却有不同的看法。一群"穿着华丽衣服的来自世界各地的男女"听众，怎么可能理解"一个人身上普遍存在的吸血鬼特征呢?"[65]在好几封信中，阿尔托提到他打算揭露社会对他施加的"符咒"，以及长达九年来如何从身体和语言上对他进行虐待，以阻止他揭露"这个庞大的地下组织的阴谋诡计"，这种阴谋"永远违背所有人的良心，对此谁也不说什么，因为这是被禁止的"。[66]然而，他意识到有些听众只是把他的情绪激动误认为是过火的表演。

布勒东认为朗读不过是一场戏剧表演，缺乏实质内容。布勒东责备阿尔托允许他的新"朋友"冷酷无情地展示自己，并让他受到"一群陌生人、好奇者、偷窥狂和虐待狂"的嘲笑和漠视。[67]虽然在阿尔托看来，布勒东真的为这一场面感到悲哀，但布勒东永远不会理解他。在给布勒东的五封长信中，阿尔托承认："把人们聚集在剧院里，甚至告诉他们一些真相的时代已经过去了，对于社会和公众来说，除了炸弹、机枪、路障和所有随之而来的东西，再没有别的语言了。"[68]

在老鸽巢剧院的演讲后的几周内，布勒东邀请他参加"1947年超现实主义国际博览会"（International Exposition of Surrealism 1947），但他拒绝了。阿尔托没有忽略布勒东对老鸽巢剧院演讲的评价，他肯定，不管别人对那个晚上有什么看法，他自己都没有受影响。他暗中将自己的原则立场与超现实主义者的原则立场做了对比，指责他们在"一家资本家的画廊"举办超现实主义展览，宣扬资产阶级的马克思主义：

安德烈·布勒东，您认识我三十年了；我不想为一本给势利小人看的参展目录写什么，那种展览只为势利小人和富有的艺术爱好者举办，在这种画廊里您永远见不到工人或白天工作的人们。[69]

将近两周后，阿尔托向布勒东澄清，他并不是针对布勒东，但"画廊、银行和整个制度体系暂时为您提供便利，等着有一天来勒死您"。阿尔托最后警告布勒东，"如果他把革命带入日常生活"，那些鼓励他"创作革命艺术"的人，就会威胁要杀死他（或者，以阿尔托的方式，将其送进精神病院并进行电击治疗）。[70]这将是阿尔托写给布勒东的最后一封信。

阿尔托告诉布勒东，老鸽巢剧院的演讲将是他最后一次登台表演，他找到了另一种媒介来吸引大众：广播。这将使他的信息传播到那些有能力和时间去看戏剧演出和艺术展览的人之外。1947 年 11 月，法国广播电台文学与戏剧节目总监费尔南德·普伊（Fernand Pouey）与阿尔托接洽，希望他为节目《诗人之声》（*La Voix des poètes*）创作一部作品。除了几篇已经写好的文章外，阿尔托还为广播节目写了一篇新的文章——《与上帝的审判决裂》（"Pour en finir avec le jugement de dieu"）。阿尔托的最后一篇文章是他最有先见之明的，文章是关于美国工业资本主义-军国主义和自然颠覆的警世故事。对阿尔托来说，在美国：

> 所有的假冒产品将在那里占据统治地位
> 所有不光彩的人造赝品
> 在那里美丽、真实的大自然不起作用
> 而且必定一劳永逸并可耻地让位
> 给所有成功的替代产品

（没有东西可生产的美国工人将成为士兵）

在所有的竞争中捍卫这种毫无意义的事情

而这些竞争必然会在各个方面出现……

因为我们有不止一个敌人

在等着我们，我的孩子，

美国是天生的资本家

而在这些敌人中

斯大林的苏联

也不乏武装人员。[71]

阿尔托对美国日益增长的全球霸权和军工巨头的危险的思考代表了他的一个新方向，他也将一些熟悉的线索编织到《与上帝的审判决裂》的结构中。言语不过是肠胃胀气：

只是为了定义

在紧急情况下

存在或

不存在的

事物：

废除这一观念，

观念和它的神话

并以这种爆炸性需要的

雷鸣般的表现

取而代之：

扩展身体的内在之夜

扩展自我的

内在虚无[72]

最后，阿尔托认为：

> 但所谓的微生物
>
> 就是上帝
>
> 你知道美国人和俄国人是怎么制造他们的核武器的吗？
>
> 他们用上帝的微生物来制造它们……
>
> 我没有发疯
>
> 我告诉你微生物终于被重新改造，以强加一种新的上帝观。[73]

上帝仍然是他最近作品中的邪恶力量，但现在也是一个概念，一种易受邪恶势力支配的可塑概念，在其追求全能的过程中，大自然成了主要的牺牲品。

阿尔托希望——并得以——完全控制整个制作过程；他给演员做出明确的指示——布林、戴维南和玛丽亚·卡萨雷斯（María Casares，与巴罗在《天堂的孩子》中合作的西班牙裔女演员）——并拒绝了布林为他寻求法国最好的广播制作人的提议（为了保持创造力，阿尔托做了最坏的打算）。多种打击乐器会作为节目的即兴伴奏。这档节目录制于 11 月 22 日至 29 日之间，定在 1948 年 2 月 2 日星期一晚上 10 点 45 分播出，这个时间足够晚，以便不冒犯一些听众的感情。然而，在节目播出的前一天，无线电传播部主任弗拉基米尔·波尔切（Vladimir Porché）听了录音；他以语言暴力和下流为由，阻止了该节目的播出。

阿尔托坐在塞纳河畔的伊夫里梅里街（rue de la Mairie）的一条长凳上，像针灸一样用一支铅笔戳着后背。他和朋友米诺什·帕斯提尔（Minouche Pastier）正在等 125 路公交车，1946—1947 年。

阿尔托坐在位于塞纳河畔的伊夫里梅里街的一条长凳上，用铅笔戳着自己的后背。

2月5日，普伊极为生气，因为他给阿尔托完全的艺术自由的承诺无法兑现了。他召集了一个由文学、视觉和听觉艺术家（此外，还有一位多明我会牧师）组成的五十人评审委员会；[74]在听过广播之后，评审委员会将决定该节目是否有艺术价值。评审委员会包括那些了解阿尔托经历的人——茹韦、艾吕雅、雷蒙·格诺、巴罗、维特拉克、波朗和科克托等人。评审委员会听了整整四十分钟的广播，阿尔托的声音夹杂着锣鼓声，超越了日常尺度；徘徊在痛苦和愤怒之间，他的尖叫和呼喊是一个人来日不多而发出的绝望警告，他把自己的痛苦与即将降临人世的痛苦融合在一起。尽管评审委员会一致投票支持节目播出，但几名记者后来表示，如果委员会成员认为波尔切有可能在投票中让步，他们可能会以其他方式投票。果然不出所料，波尔切没有动摇，因为他认为自己有责任不去冒犯更多的听众。[75]

舆论出现分歧。《战斗报》捍卫这部作品的艺术价值："他曾因粗鄙的语言受到指责，但在激荡人心的声音中这种语言消失了，这声音似乎是从天上掉下来的。"而保守的《费加罗报》（Le Figaro）则声称，"粗俗的语言和暴力的思想"也许只会使大多数听众反感或会提供淫秽的娱乐。[76]二十五年后的1973年，该节目终于在法国电台播出。

阿尔托写信给波尔切，表达了他的失望之情。他说，在这样"一种根本不存在的氛围中"，用言语中伤公众几乎是不可能的。《战斗报》的勒内·吉尔利（René Guilly）在一篇社论中说，波尔切的警告被误导了，因为"所谓公众是由对阿尔托没什么兴趣的蠢货组成的"，对此，阿尔托写道，他对公众的尊重要高于吉尔利对公众的看法；《与上帝的审判决裂》记录的是可敬的劳动人民，而不是"暗中致富的资本家，他们每个星期天都去做弥撒，最重要的是，他们

想要尊重宗教仪式并遵守法律".[77]

在阿尔托的催促下，普伊于 2 月 23 日在华盛顿街的一家老电影院组织了一场朗读会；对阿尔托来说，这是一个邀请他生活中的劳动人民——他认识的理发师和店主——来听被禁止的节目的机会。十天后，阿尔托去世了。

1947 年 10 月，德尔马去世，于是阿尔托表达了回南部家乡的愿望。他的健康状况不佳。德尔马的继任者对阿尔托的药物使用不那么宽容，当阿尔托的朋友弄不到鸦片或可卡因时，他就服用导致人虚弱的含有镇痛剂和水合氯醛的鸡尾酒。1948 年 2 月 6 日，在戴维南的干预下，索尔特佩特尔医院（Saltpêtrière Hospital）的亨利·蒙多（Henri Mondor）医生对阿尔托进行了 X 光检查；他的诊断意见是，阿尔托必须卧床，不能限制他的鸦片使用，他应该得到充分的供应。实际上，蒙多已经得出结论并向戴维南透露，阿尔托患有直肠癌，由于癌细胞已经扩散，无法手术。[78] 由于不知道自己的真实情况，阿尔托写信给波朗说，他终于能够和戴维南一起到昂蒂布（Antibes）安度晚年了；他定在 3 月 15 日动身，即在塞纳河畔的伊夫里结清他的住院费用之前。

阿尔托可能已经预感到了自己的死亡。在 2 月的最后几周，他告诉戴维南，他再也没有什么可说的了，也没有什么可写的了。3 月 3 日，他在戴维南的住所吃了午饭，给了她授权书，允许她与伽利玛出版社协商出版他的全集，拥有作者的权利并获得一切经济报酬。那天晚上，"他有生以来第一次给了他母亲一千法郎"。随着癌细胞的扩散，阿尔托的疼痛加剧，他对水合氯醛的服用也增加了。3 月 2 日，他告诉他妹妹，他必须小心，不要超过规定的剂量。阿尔托常常半夜疼得醒来，他需要服用一剂药才能再次入睡；然而，在他多次醒来的那些晚上，他很少记录自己的用药剂量。当他 3 月 3 日入睡时，他的那瓶水合氯醛几乎是满的；镜子上的一张纸条提醒他第二天穿件干净的衬衫去见皮埃尔·勒布。3月4日早晨，塞纳河畔的伊夫里的园丁走进阿尔托的房间，给他送来早餐。阿尔托坐在床脚，手里拿着一只拖鞋，旁边地板上有一只水合氯醛空瓶。安托南·阿尔托去世了。[79]

身　后

阿尔托死后不久，让·波朗安排制作死者的面部模型。作家、艺术家安德烈·沃辛（André Voisin）说：

> 在阿达莫夫、布林和其他人在场的情况下一个铸工……为死者做面部模型。阿尔托躺在床上，手里拿着一束紫罗兰；很美。我到的时候，铸造已经开始了。我看着。阿达莫夫走了，我想，他无法忍受铸工那种"刻板的"方式，我该怎么说呢，铸工像个泥瓦匠一样，漠然地完成他的工作。的确，这种操作有些让人无法忍受。就我而言，我觉得房间里的这种寂静和安宁非常令人愉快。当铸造接近尾声时，铸工揭起面具，阿尔托的脸部被琥珀色的石蜡覆盖着，就像一个年老的武士，就像皇家剧院里的所有角色，这些角色从未被写过，但他被他们吸引住了。之后，铸工给他梳头，因为头发还是湿的，他的头发形成了一个更大的发圈，一个名副其实的头冠。我记得我对罗杰·布林说过，"我们必须这样跟他告别"。显然，这是不可能的，铸工按常规重做了一次。但我仍然保留着一个不切实际的传奇军团成员的记忆；这就像一首不可或缺的诗、一首世界之歌中的士兵。他走到了这条路的尽头，然后他就躺在那里，很平静，像一个结束了战斗的战士。[80]

安托南·阿尔托死后的面
部模型。

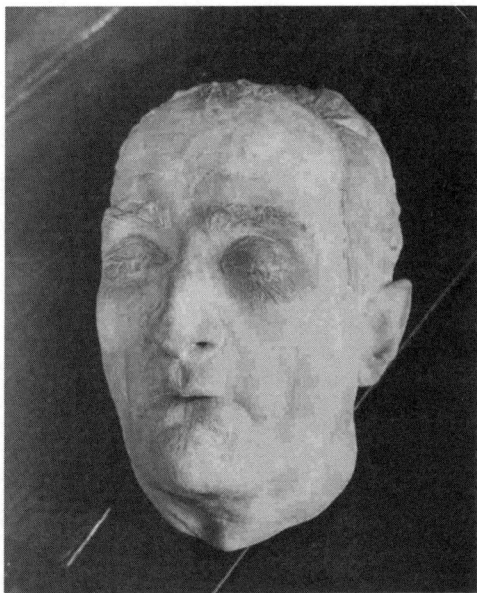

后来，这个面部模型用青铜铸造而成，成了葆拉·戴维南的一件收
藏品；她又让人做了一件给雅克·德里达。[81]

　　事实证明，面部模型并不是阿尔托遗产中唯一由戴维南保管的
部分。据塞尔日·马劳塞纳说，在通知阿尔托-马劳塞纳家族之前，
阿尔托的文学伙伴（包括戴维南）到来并带走了他所有的作品和艺
术品。[82]从阿尔托朋友的角度来看，这是必要的，以防止阿尔托的家
人——他的妈妈、妹妹和弟弟——从未来出版的阿尔托作品中删除
他们认为不合适的内容；他们特别关注的是阿尔托的家人的宗教感
情与阿尔托对宗教的排斥之间的鸿沟，以及如何保护这个浪子不受
这个他离开的家庭的伤害。更重要的是，阿尔托让戴维南负责他死
后由伽利玛出版的他的作品。

　　人们也许可以这么想，阿尔托临终前和戴维南做出这样的安排，

事情就解决了，然而，由于那不是一份合法签署的文件，阿尔托-马劳塞纳家族拥有阿尔托作品的合法权利。除了简单的法律依据外，阿尔托的家人还认为并通过信件证明，阿尔托从未抛弃过自己的家庭；他一直关心他们，直到最后。然而，如果认为阿尔托的家人只有一种声音，那就将事情过于简单化了；事实上，后阿尔托时代的行星从未在同样的星系中排列；相反，它们的轨道有时会朝着意想不到的方向偏离。围绕阿尔托文集第一卷的出版的争议就是明证：当它在1956年首次出版时，它缺失了两个重要文本——阿尔托1925年写给教皇和达赖喇嘛的信。阿尔托的弟弟费尔南多比他小十一岁，是一名狂热的天主教徒，他要求把他认为亵渎神明的文本删除；而阿尔托的妹妹（也就是塞尔日的母亲）玛丽-安吉·马劳塞纳则想要保持安托南·阿尔托作品的完整性。1970年，伽利玛再版了第一卷，这一卷包括了那两个文本。

随着费尔南多于1989年去世，塞尔日和他的妹妹盖斯兰（Ghyslaine）拥有阿尔托作品的版权。到1990年，伽利玛已经出版了阿尔托文集的二十五卷；看起来所有的作品都将可能出版。然而，第二十六卷的出版计划结束了阿尔托-马劳塞纳家族、伽利玛和戴维南之间的友好关系。塞尔日和盖斯兰反对戴维南编辑和改编《傻子阿尔托的故事》（*Histoire vécue d'Artaud-Mômo*，这是阿尔托在老鸽巢剧院朗读的一个作品）的方式。1994年7月，一家法国民事法庭裁决了这一争执，并做出了有利于伽利玛的裁决。就在判决之前，戴维南于1993年11月去世，这为家族与伽利玛的最终和解奠定了基础；自从阿尔托去世，戴维南对阿尔托家人的敌意，阿尔托家人对她在阿尔托生活中所起的巨大作用的看法，以及她对阿尔托文本的随意改动，使他们之间几乎形成了一种互不信任的气氛。到2000年，伽利玛和塞尔日之间的分歧减少了，伽利玛又出版了几本新的阿尔托的创作和艺术作品集，其中包括一个庞大的作品编目，囊括阿尔托的文学和视觉创作作品：《阿尔托作品全编》（*Artaud: Oeuvres*）。作品编目由巴黎第七大学法国文学教授伊芙琳·格罗斯曼（Évelyne Grossman）主编，按时间顺序编排了阿尔托的作品，让读者领略到阿尔托的创作"惊人的连续性和连贯性"。[83]

尽管伽利玛明确承认戴维南在出版阿尔托作品中所起的不可缺少的作用，但一些文化和学术界的知名人士——包括埃莱娜·西苏（Hélène Cixous）、朱莉娅·克里斯蒂娃（Julia Kristeva）、罗兰·杜马斯（Roland Dumas）、阿里亚娜·姆努什金（Ariane Mnouchkine）和伯纳德·诺埃尔（Bernard Noël）——认为《阿尔托作品全编》的出版是对戴维南的背叛。在一封集体起草的公开信中，他们反对戴维南被边缘化和伽利玛对她的忘恩负义；至于德里达，他特别把责任归咎于塞尔日及其与戴维南的不友好关系。[84]自然，即使在他死后，阿尔托的故事也不能断然结束。

阿尔托竭力想要控制——对他的身体、他的语言、他的信仰和他的意识——的局面在他"身后"难以维持。家人、朋友、学者、艺术家、文学爱好者和新来者——对他们来说，对阿尔托的奉承变成了一种信仰宣言（profession de foi）——几乎都确信，阿尔托的生前之谜也是后世之谜，一张被死者模型捕捉到的神秘面孔，它透过无生命之物继续散发着生命的气息。

回 归

尽管他的舅父已经去世二十七年了，但 1975 年，塞尔日还是决定实现他已故外祖母最深切的一个遗愿：将他舅父重新安葬在马赛圣皮埃尔公墓（Saint-Pierre Cemetery）的家族墓地里。[85]在巴黎郊区塞纳河畔的伊夫里举行的阿尔托的葬礼，暴露了他的朋友和他家人之间的长期冲突。他的家人想要一个天主教葬礼；他的朋友们抗议说，如果仪式由牧师主持，他们就扰乱仪式。但在 1975 年发生了诸多变化，塞尔日决定是时候把阿尔托的遗骸迁走了。阿尔托家人从塞纳河畔的伊夫里的公墓取出遗骸，但由于缺乏经费，无法进行专业搬运，他们只好自己搬运。4 月 18 日，三名乘客——塞尔日的母亲玛丽-安吉、他的父亲乔治，还有他的妹妹盖斯兰——钻进了塞尔日的雷诺 R16 汽车。棺材装不进塞尔日的车，而且将近三十年后，死者只剩下了遗骸，墓地工作人员把遗骸放进一个小松木箱子（换句话说，就是装骨头的盒子），箱子大约九十厘米（35 英寸）长、三十五厘米（14 英寸）高、三十五厘米（14 英寸）深，这完全适合雷诺 R16 的后备厢。时值春天，但路程将近八百公里（500 英里），马劳塞纳一家抵达法国南部时墓地已关闭。他们住在离马赛约二十公里（12 英里）的小镇奥巴涅（Aubagne）。由于担心窃贼会撬开后备厢，偷走装着尸骨的箱子——对这家人有价值，但对偷鸡摸狗的窃贼并无价值——这家人轮流站在雷诺 R16 和那不可替代的货物旁守夜。第二天，1975 年 4 月 19 日上午，在南方美丽的春日午后的天空下，家族墓穴被打开，存放骨头的松木箱被放入其中；就这样，安托南·阿尔托的人生之旅结束了，他的最后一次旅行是他疯狂生活的一个恰当的尾声。

尾声：后世

安托南·阿尔托的肉体在这个世界消失之后，由于他提供的参照、他的直接影响力和"酷/潮"（coolness/hipness）指数，他在艺术界的地位不断提高。容我解释一下：有些艺术家在他们的作品中，至少部分地吸收和借鉴了阿尔托的理论和实践，而对于另一些艺术家来说，他们与阿尔托的联系只是表面上的，他的名字已经成为一种定义性的咒语（mantra），用来进入某一特定的经典，或作为"古怪"（outré）的凭证。阿尔托给文化留下如此持久的影响，他或许感到受宠若惊；但他可能会惊恐地发现，他的生活已经沦为精神错乱和吸毒成瘾的标志，而他复杂的作品却常常被严重挪用和庸俗化。

包括让·鲍德里亚、雅克·德里达、米歇尔·福柯、朱莉娅·克里斯蒂娃和吉尔·德勒兹在内的文化理论家，都曾涉足过"阿尔托水域"（Artaudian waters）。在《疯癫与非理性——古典时期的疯癫史》（*La Folie et déraison: Histoire de la folie à l'âge classique*）一书中，福柯探讨了阿尔托"疯狂的悲剧意识"，质疑社会对疯狂的看法，社会视疯狂为"人类赤裸裸的真相，结果却把它置于一个苍白、中立的空间，在那里它几乎完全被抵消了。为什么它要接受奈瓦尔和阿尔托的话语，在他们的话语中，而不是在他们身上认出自己

227

呢?"[1]《符号学》[Semiotext（e）] 杂志的创始人和 70 年代中后期纽约朋克电影"无浪潮"（No Wave）的教父西尔维·洛廷格（Sylvère Lotringer）一直沉浸在阿尔托的世界中，他采访过几个曾在阿尔托生活中有过重要影响的人，他甚至猜测阿尔托是否至少有犹太人的体验。[2]

虽然知道他的生活和作品启发了一些主要的文化理论家可能令阿尔托感到高兴，但他可能更感到高兴的是他对艺术创作的贡献。视觉艺术、戏剧、电影和音乐领域的艺术家们要么从阿尔托那里寻找灵感，要么在创作中借鉴他的理论。

在视觉艺术方面，1959 年至 1964 年间移居法国的美国艺术家南希·斯佩罗（Nancy Spero）在文学杂志《原样》（Tel Quel）上看到重印的阿尔托诗歌后发现了阿尔托，回国后，她将阿尔托的文本融入题为《阿尔托绘画》（Artaud Paintings，1969—1970）的画作以及三十八卷的《阿尔托抄本》（Codex Artaud，1970—1971）中。斯佩罗对她周围的暴力——越南战争、对妇女的暴力（尽管她知道阿尔托有厌女倾向）——做出反应，表达了阿尔托的愤怒：他抨击掩盖语言狭隘的陈腐表象，他蔑视扼杀完整的艺术表达的资产阶级。"我说，就是这样，阿尔托的抱怨是从战争的暴力转向暴露自我的暴力的直接途径。"[3]斯佩罗的"画并不阐释阿尔托的文本，而是与阿尔托的文本产生共鸣，以她的声音说出他的话语"；然而，她也意识到，尽管她对他的话语的挪用与他的错位感是一致的，但如果她改变了他的话语的含义，那就会使阿尔托感到厌恶。[4]

正如人们所预料的那样，阿尔托最持久的影响是在戏剧方面。斯佩罗对视觉艺术狭隘性的幻灭，在 20 世纪 60 年代处于法国、美国和英国三角关系中的一批先锋派戏剧实践者中得到了呼应；就像斯佩罗的经历一样，他们追求一种完全不同的表达方式的道路通向了阿尔托。随着 1935 年让-路易·巴罗将《我弥留之际》搬上舞台，他第一次接受了阿尔托关于"总体戏剧"（total theatre）的思想；巴罗的作品协同地将灯光、布景设计和其他媒介相结合，将戏剧转变成一个三维诗意空间，辩证地挑战观众的先入之见和主观臆想。1959 年，巴罗被任命为久负盛名的奥德翁欧洲剧院（L'Odéon-Théâtre de l'Europe）的总监（1968 年示威游行中将剧院让给学生后被撤职），在许多以英语为母语的先锋派戏剧侨民眼中，他成了一位老前辈。

然而，20 世纪 60 年代的先锋派戏剧究竟是阿尔托的直系后代，还是"圣灵感孕"的结果，问题仍然存在。[5]60 年代以来，很难找到一个不自称是阿尔托后裔的先锋派戏剧导演或剧团，包括杰西·格洛托夫斯基（Jerzy Grotowski）、朱迪思·马利纳（Judith Malina）、朱利安·贝克（Julian Beck）的"生活剧场"（Living Theatre，还开设了阿尔托表演课程）和"芝加哥开放剧场"（Chicago's Open Theatre）。[6] 在某些情况下，他们将自己思想的形成归因于（a posteriori）阿尔托；在另一些情况下，他们与阿尔托的联系比他们——或他们的评论者——期望的要脆弱得多，并往往基于对阿尔托非常有选择性的解读和应用。换句话说，一些先锋派戏剧工作者试图通过疏远阿尔托来确认他们的独创性，而另一些人则有意识地将自己沉浸在他真诚的指导之中。格洛托夫斯基说：

> 阿尔托式混乱是正宗的……神圣的，因为它使别人获得自我认知。
>
> 在他的继任者中，混乱既不神圣，也没有足够的决心：它没有理由存在，除了掩盖未完成的事情，隐藏虚弱。阿尔托表述了这种混乱，这完全是另一回事。[7]

也许没有哪个戏剧导演比彼得·布鲁克（Peter Brook）更直接地承认他欠了阿尔托一笔人情。关于布鲁克，格洛托夫斯基写道：

> 当一个杰出的创作者有自己的风格和个性……他转向阿尔托，并不是要隐藏自己的弱点，也不是要模仿别人。只是碰巧在他发展的某一阶段，他发现自己与阿尔托达成了一致，觉得有必要进行对抗，于是测试阿尔托，并保留所有经得起测试的东西。他仍然是自己。[8]

1964年，布鲁克和查尔斯·马洛维茨（Charles Marowitz）创办了"残酷剧场"（The Theatre of Cruelty），这是皇家莎士比亚公司（Royal Shakespeare Company）旗下的一个剧团，致力于"一种行动语言，一种声音语言——这是一种把言辞当作动作的一部分、把言辞当作谎言、把言辞当作戏仿、把言辞当作垃圾、把言辞当作矛盾、把言辞当作震惊或哭泣的语言"。[9] 对布鲁克来说，阿尔托戏剧是一个"神圣的空间"：

> 他想要一个可以成为圣地的剧场：他想要剧场里有几位敬业的演员和导演，他们会根据自己的天性，创造出连续不断的强有力的舞台形象，使人类事态产生如此强大而直接的爆炸效果，再也没有人会回到奇闻逸事和闲谈的戏剧中去。他想要剧场能容纳所有通常涉及犯罪和战争的东西。他想要观众放弃所有防卫，允许自己被刺穿、被电击、被惊吓、被强暴，同时又将充满一种强大的新能量。[10]

然而，对于布鲁克来说，"对阿尔托的运用即对阿尔托的背叛"，因为对阿尔托的任何运用都只能是部分的；将阿尔托的戏剧处方应用到演员身上，要比用在随机走进剧院的观众身上容易得多。[11] 布鲁克对阿尔托戏剧的第一次尝试是为身为评论家和戏剧专业人士的观众表演一组小品。首先是一个短剧，巴罗对布鲁克讲述阿尔托为夏尔·杜兰所做的混乱试镜，接下来有两段三分钟的排练，表演阿尔托的《血的喷涌》（*Le Jet de sang*）。观众显然不感兴趣。[12]

然而，这只是布鲁克的一个起点。1964 年，他在伦敦奥德维奇剧院（London's Aldwych Theatre）为皇家莎士比亚公司执导彼得·魏斯（Peter Weiss）的《在萨德侯爵的指使下夏朗东精神病院的病人对马拉的迫害和暗杀》（*The Persecution and Assassination of Marat as Performed by the Inmates of the Asylum of Charenton under the Direction of the Marquis de Sade*），在实现阿尔托的许多想法方面更成熟也更成功。1964 年的德国版《马拉/萨德》（*Marat/Sade*）——在德意志联邦共和国与德意志民主共和国分别演出——仍然忠实于魏斯的剧本。然而在英国版中，布鲁克让演员们沉浸在一种阿尔托式的情感中，为他们放映让·鲁什（Jean Rouch）的一部人种志电影（ethnographic film），开发他们的原始状态。[13]

在这部戏剧为布鲁克和魏斯赢得托尼奖（Tony Awards）几年后，魏斯接受采访，他承认，阿尔托对导演的影响多于剧作家：

> 当我写《马拉/萨德》时，我并没有想到阿尔托，该剧是由它自己的素材发展而来的，并且必须在这种素材创造的氛围中以某种方式表演。然而，彼得·布鲁克在导演《马拉/萨德》时想到了阿尔托，他使用了阿尔托的技巧。这是导演的方式，对剧作家来说是次要的。[14]

　　阿尔托对戏剧的影响并不总是那么直接明显。费尔南多·阿拉巴尔（Fernando Arrabal）、亚历桑德罗·佐杜洛夫斯基（Alejandro Jodorowsky）和罗兰·托普（Roland Topor）的"恐慌运动"（Panic Movement）可能有意识地接受了阿尔托的启发，因为它使用"荒谬的仪式和疯狂的暴力"来制造观众的"恐慌"。[14] 在 20 世纪 90 年代，出生于伊朗、现居洛杉矶的导演兼剧作家雷扎·阿卜杜（Reza Abdoh）的后现代主义词汇和令人不安的对抗性作品，可与阿尔托而不是马洛维兹相提并论。阿卜杜自己的一些言论可以解释为受到了阿尔托式情感的刺激。在一次采访中，阿卜杜说：

　　　　语言是现成的交际工具。这是一套共享的符号，一种压抑的形式。所以，未必理解一切或者不去分享所有的符号对我来说是完全可行的；事实上，它对我的工作很有帮助，因为它变得更像一个谜，而不是容易理解的东西……我不想只是优雅地向传统低头。我接受传统，然后打破传统。这就是我对哲学和美学的全部投入。我必须颠覆我使用和学习的形式。这不是博物馆的藏品。它是活生生的。它是关于现在的，关于当代文化的。[16]

1995 年以三十二岁之龄去世之前，阿卜杜并没有直接谈论阿尔托与他的关系；但是，阿卜杜将戏剧理解为一种挑战（而不是肯定）我们的基本假设的空间，并通过向观众传达身体和情感上的痛苦来做到这一点，就像在他之前的阿拉巴尔那样，所以阿卜杜的作品与"残酷戏剧"在逻辑上是类似的。

　　偶尔，阿尔托的作品仍在上演。先锋派戏剧所采取的方向可能已经耗尽了像《钦契》这种作品的舞台效果，使其失去了令人震惊的价值，但阿尔托的戏剧观念在被应用到新的语境中时，仍可以与即时性和紧迫性的话题产生共鸣。2004 年，当美国对伊拉克和阿富汗发动战争时，戏剧导演彼得·塞拉斯（Peter Sellars）导演了《与上帝的审判决裂》。该剧在旧金山和洛杉矶演出，一名演员扮演斯图夫勒比姆将军（General Stuffiebeem），他站在舞台上，狂乱地诵读阿尔托的文本（由塞拉斯翻译），身后投射着战争的画面。

阿尔托受到东方文化的影响，他关于身体、关于作为互动体验的戏剧以及关于对社会和文化传统的颠覆的想法，启发了日本舞蹈理论家和编舞家土方巽（Hijikata Tatsumi）以及 60 年代被称为"舞踏"（Butoh）的日本舞蹈形式。得益于阿尔托所写的关于赫利奥加巴卢斯的二手知识和 1965 年日本的《戏剧及其复象》译本，土方巽既超越了性别和性的界限，也将物质性的表达推向了极端。像阿尔托一样，土方巽挑战了语言交流的首要地位，并提出，"身体的语言"是一种更原始、更直接的表达方式。[17]

虽然《贝壳与僧侣》早于路易·布努埃尔的《安达鲁之犬》，但后者被认为是超现实主义电影制作的先驱，并对电影产生了更持久的影响。话虽如此，亚历桑德罗·佐杜洛夫斯基在他的电影《圣山》（*The Holy Mountain*，1973）中，以蟾蜍和变色龙装扮征服者和阿兹特克人的形象来表达征服墨西哥的概念，这肯定受到了阿尔托《征服墨西哥》的启发。[18]

与阿尔托一样，朋克文化留给我们的是碎片，我们可以从中构建出它的马赛克，这幅新的图像依赖于它所用的瓷片。阶级冲突在英国朋克中无处不在，而很大程度上与美国朋克的文化焦虑无缘，尽管有迪尔斯（Dils）的《阶级斗争》（"Class War"）和《我讨厌富人》（"I Hate the Rich"）。[19]对一些人来说，朋克是情境主义运动

（Situationist movement）的产物，而情境主义者又与阿尔托关系密切。但"性手枪"（Sex Pistol）和"公众形象公司"（Public Image Ltd）乐队主唱强尼·莱顿（Johnny Lydon）毫不含糊地否认朋克与任何法国文化运动的渊源关系，包括超现实主义和情境主义。在制造诠释性混乱时，朋克只是忠于它的无政府主义精神，藐视任何漂亮、整洁的包装。不可否认的是，朋克经常以荒谬和直接对抗的方式挑战当下流行的资产阶级思潮——一种能量通过声音的强烈爆发，一种从意识深处发出的尖叫，在听觉和视觉上冲击认知规范，要求观众打破其习惯性的被动状态。综上所述，朋克可能包含了阿尔托的基因，但不一定是阿尔托的后代。话又说回来，朋克可能是阿尔托收养的后代。

1984 年，《文学月刊》（*Magazine littéraire*）上的一篇文章设问："如果阿尔托活到今天，他会成为一个摇滚歌手吗？"作者承认这个问题有点滑稽，他接着说，摇滚对感官的听觉冲击最好地体现了《戏剧及其复象》的精神。[20]尽管将阿尔托与朋克精神联系起来的线索在很大程度上是间接的，但从 20 世纪 70 年代中期到末期，朋克的许多先驱都直接提到了阿尔托，包括理查德·黑尔（Richard Hell），在推出"理查德·黑尔和虚空"（Richard Hell and the Voidoid）乐队之前，他是"电视"乐队（Television）的联合创始人。《创世记》（*Genesis: Grasp*）——1968 年至 1971 年间由黑尔编辑的文学期刊——第六期，也是最后一期，刊登了亚瑟·兰波和阿尔托的照片（黑尔后来说，他的发型是按照他们的发型设计的）。这一选择并非毫无道理。黑尔在为《创世记》第一期写的发刊词中写道：

> 当然，没有艺术，只有生活。从实际意义上说，一个活着

的人所能生产或想象的任何东西都不能超越他的存在。但是，艺术是完全不切实际的，它所追求的正是超越。[21]

在他的宣言中，黑尔概括了朋克的基本精神：创造出一种欢乐而又绝望的声音，这种声音既具有破坏性，又具有创造性，它要"超越"令人厌恶的资产阶级理性的世界，去发现一种无名的、模糊的"外部"世界，它的驱动力是一种混乱的冲动。[22]

帕蒂·史密斯（Patti Smith）通常被认为是朋克女祭司，她十几岁的时候通过"城市之光"（City Lights）出版的《阿尔托选集》（*Artaud Anthology*）发现了阿尔托，"爱上了这位作家的脸"。[23]被阿尔托的艺术和文字所吸引，史密斯找到了他与她自身存在感的相似之处：

> 有些人很难接受他们有一种天赋，一种独立于恶魔之类事物的召唤，我认为，如果他们不能接受这一点，那么他们就被毁了。我认为阿尔托就是这样的人。他就无法接受自己的内在美，他想尽一切办法去破坏它、掩盖它、阻挠它。我也有过同样的经历。他总是给我安慰，为我是怎样的人辩护。我不断地用他来证明我的行为，我的表演，我的存在方式，我觉得，尤其当我因为所做的事情受到很多批评——我事情做得太过分，我以一种破坏性的方式挑战极限——的时候，他总在我身后，可以依靠。[24]

英国后朋克乐队包豪斯（Bauhaus）1983年发行的专辑《内心燃烧》（*Burning from the Inside*）中收录了一首名为《安托南·阿尔托》的歌曲。歌词的开头是"年轻人拿枪指着上帝的头"，取材于阿尔托生活中众所周知的细节（"让观众行动起来""在精神病院墙上乱画""四肢扭曲""戏剧及其复象"），而结尾（"那些印第安人玩弄他的身体"）则隐晦地提到了阿尔托声称他进入铜峡谷时看到一些塔拉乌马拉人手淫的情景。

在 80 年代，一些法国音乐杂志，包括波尔多的《你好，快乐的纳税人》（*Hello Happy Taxpayers*）、《破坏者》（*Destructor*）、《雾》（*Fog*）、《雾刊》（*Fogzine*）和马赛的《奥义书/小无赖》（*Upanishads/Le Morbaque*）都发表过有关阿尔托的专题文章，在挪用他的同时又使他沦为"一个社会危机中的叛逆者、塔拉乌马拉山区的疯子、残酷戏剧里的瘟疫患者"。对于音乐杂志及其报道的乐手来说，阿尔托表明，"他们的抗议有其历史，是一场包括知名人士在内的运动的一部分；此外，他们想要肯定自己的创作自由"[25]。

生前，安托南·阿尔托是一个矛盾的人；他死后仍然是个谜。他为表演开的处方既不易获得也没有实效，他的目标比他所描绘的达到目标的方法更容易实现。他由于反抗资产阶级文化规范的操纵和压迫而上升到文化偶像的地位，阿尔托有时被误用，有时沦为陈词滥调，有时则被不当地神化。尽管后人也许会偏离真实，把阿尔托从一个疯子变成一个空想家，但当他化身为作为艺术的本质和最高理想的危险、折磨、颠覆、对抗、痛苦时，阿尔托的真正精神就得以实现了。在《与上帝的审判决裂》后记中，阿尔托写道：

> 我是谁？
>
> 我来自哪里？
>
> 我是阿托南·阿尔托
>
> 我说

正如我现在

所说

你会看到我现在的身体

分崩离析

然后自己爬起

在一千个方面

众所周知

一个新身体

从此你再也不会忘记我了。[26]

最后，阿尔托出场：在我们梦想的阿尔托中，在我们构建的阿尔托中，在我们充满器官的尖叫的身体中。省略号。

注 释

总注：除另有说明外，所有法语文本，包括阿尔托《全集》的翻译均由本书作者完成。

引 言

1 Jean Baudrillard，*The Conspiracy of Art*，ed. Sylvère Lotringer (Cambridge，MA，2005)，pp. 217，221.

2 Antonin Artaud，'Le Mexique et l'esprit primitif：María Izquierdo'，*Messages révolutionnaires* (Paris，1971)，p. 157；Terry Geis，'The Voyaging Reality：María Izquierdo，Antonin Artaud，Mexico and Paris'，*Papers of Surrealism*，4 (2005)，p. 3.

第一章 青年

1 Charles Péguy，*L'Argent* (Paris，1913)，p. 10.

2 Richard D. Sonn，*Anarchism and Cultural Politics in Fin-de-siècle France* (Lincoln，NE，1989)，p. 4.

3 Howard G. Lay，'"Beau geste!" (On the Readability of Terrorism)'，*Yale French Studies*，101 (2001)，p. 80.

4 Jill Fell, *Alfred Jarry* (London, 2010), chap. 5.

5 Robert Wohl, *The Generation of* 1914 (Cambridge, MA, 1979), p. 216.

6 Antonin Artaud, *Oeuvres complètes* (hereafter *OC*), vol. XXIV (Paris, 1988), p. 151.

7 Artaud, *OC*, vol. XX (Paris, 1984), p. 239.

8 Artaud, *OC*, vol. XIV* (Paris, 1978), p. 86.

9 Richard Gondrand, *La Tragédie de l'Asie Mineure et l'anéantissement de Smyrne: 1914—1922* (Marseille, 1935), p. 11.

10 Jonathan Pollock, 'Marseille et la langue marseillaise dans la dernière écriture d'Antonin Artaud', in *Antonin Artaud: Écrivain du Sud*, ed. Thierry Galibert (Aix-en-Provence, 2002), p. 40.

11 Thomas Maeder, *Antonin Artaud*, trans. Janine Delpech (Paris, 1978), p. 23.

12 Camille Dumoulié, *Antonin Artaud* (Paris, 1996), p. 7.

13 Artaud, *OC*, vol. I (Paris, 1970), pp. 14‑15.

14 伊冯·阿兰迪是一位女权主义者和艺术评论家，也是索邦大学哲学与科学研究小组的创始人勒内·阿兰迪的妻子。伊冯是阿尔托的好友，我们将看到，她和她丈夫是阿尔托戏剧事业最早和最持久的赞助人之一。

15 Antonin Artaud, *Oeuvres*, ed. Évelyne Grossman (Paris, 2004), p. 1441.

16 Denis Bertholet, *Le Bourgeois dans tous ses états* (Paris, 1987), pp. 90‑91.

17 Florence de Mèredieu, *C'était Antonin Artaud* (Paris, 2006), p. 45.

18 Norbert Bandier, 'Artaud et la révolution surréaliste', in *Artaud*

en revues, ed. Olivier Penot-Lacassagne (Lausanne, 2005), p. 47.

19 Maeder, *Antonin Artaud*, pp. 27 – 8; Mèredieu, *C'était*, p. 114.

20 然而，1923 年，就在安托万去世的前一年，阿尔托出版了他的第一本诗集《天空棋盘》(*Tric trac du ciel*)，献给他的父母。

21 Antonin Artaud, *Messages révolutionnaires* (Paris, 1971), p. 12.

22 同上书，pp. 17 – 18。

23 Naomi Greene, *Antonin Artaud: Poet Without Words* (New York, 1970), p. 16.

24 Marie-Ange Malausséna, 'Antonin Artaud', *La Revue théâtrale. Internationale revue du théâtre*, VIII/23 (1953), pp. 40 – 41.

25 同上书，p. 46。

26 他是法国神学家和哲学家让·吉东 (Jean Guitton) 的祖父，"基督徒和真正的天主教徒的父母不能……把他们的孩子放在一个无神论的国家里，当他们可以有其他办法的时候"。见 Adeline Daumard, *Les Bourgeois et la bourgeoisie en France depuis 1815* (Saint-Amand, 1987), p. 217。

27 Évelyne Grossman, *Artaud: 'L'Aliéné authentique'* (Tours, 2003), pp. 73 – 5.

28 Mèredieu, *C'était*, p. 83.

29 Maeder, *Antonin Artaud*, p. 31.

30 Mèredieu, *C'était*, p. 86.

31 同上书，p. 90。

32 Gregory M. Thomas, *Treating the Trauma of the Great War: Soldiers, Civilians, and Psychiatry in France, 1914—1940* (Baton Rouge, LA, 2009), p. 68.

33 Mèredieu, *C'était*, p. 99.

240

34 Mèredieu，*C'était*，p. 85.

35 同上书，pp. 84 - 85。

36 Artaud，*OC*，vol. XXVI (Paris，1994)，p. 73.

37 Artaud，*OC*，vol. X (Paris，1974)，pp. 13 - 14.

38 Maeder，*Antonin Artaud*，p. 33.

第二章 巴黎

1 Gregory M. Thomas，'Open Psychiatric Services in Interwar France'，*History of Psychiatry*，XV/2 (June 2004)，p. 133.

2 Bernard Baillaud and Martyn Cornick，'Jean Paulhan's Influences: The Review *Demain*'，*Yale French Studies*，106 (2005)，p. 14.

3 Florence de Mèredieu，*C'était Antonin Artaud* (Paris，2006)，p. 126.

4 Michel Foucault，*History of Madness*，trans. Jonathan Murphy and Jean Khalfa (London，2009)，p. 511.

5 Michel Huteau，*Psychologie，psychiatrie et société sous la Troisième République: La Biocratie d'Édouard Toulouse* (1865— 1947) (Paris，2003)，p. 180.

6 同上书，p. 38。

7 同上书，p. 50。

8 Antonin Artaud，*Oeuvres complètes* (hereafter *OC*)，vol. I (Paris，1970)，pp. 242 - 243.

9 For baccalaureate，同上书，pp. 235 - 236; for art criticism，见 Artaud，*OC*，vol. II (Paris，1961)，pp. 197 - 200。

10 同上书，pp. 195 - 196。

11 Sally Debra Charnow，*Theatre，Politics，and Markets in Fin-de-*

Siècle Paris: Staging Modernity (New York，2005)，pp. 5 - 6.

12 Harold Hobson，*French Theatre since 1830* (London，1978)，chap. 5.

13 Erin Williams Hyman，'Theatrical Terror: Attentats and Symbolist Spectacle'，*The Comparatist*，XXIX (May 2005)，p. 114.

14 Frederick Brown，*Theater and Revolution: The Culture of the French Stage* (New York，1989)，p. 203.

15 Bernard Baillaud，'Édouard Toulouse，Antonin Artaud et *la revue Demain*'，in *Artaud en revues*，ed. Olivier Penot-Lacassagne (Lausanne，2005)，p. 192.

16 Artaud，*OC*，vol. VIII (Paris，1980)，p. 174.

17 Thomas Maeder，*Antonin Artaud* (Paris，1978)，p. 42.

18 Artaud，*OC*，vol. II，p. 153；Maeder，*Antonin Artaud*，p. 43.

19 Brown，*Theater and Revolution*，pp. 284 - 303.

20 Artaud，*OC*，vol. III (Paris，1978)，p. 96.

21 Artaud，*OC*，vol. II，p. 153.

22 František Deák， 'Antonin Artaud and Charles Dullin: Artaud's Apprenticeship in Theatre'，*Educational Theatre Journal*，XXIX / 3 (1977)，p. 346.

23 同上书，p. 353。

24 Artaud，*OC*，vol. III，p. 94. 马克斯·雅各布曾出现在巴勃罗·毕加索《三个音乐家》(*Three Musicians*，1921) 中。1944 年，他在被送往德兰西 (Drancy) 集中营两周后去世，当时他正等待被驱逐到德国的一个死亡集中营中。

25 Deák，'Antonin Artaud'，p. 351.

26 Maeder，*Antonin Artaud*，p. 46.

27 Dana S. Hale, *Races on Display: French Representations of Colonized Peoples*, *1886—1940* (Bloomington, IN, 2008), pp. 146 - 153.

28 Mèredieu, *C'était*, p. 161.

29 Antonin Artaud, *Lettres à Génica Athanasiou* (Paris, 1969), p. 25.

30 同上书, p. 30。

31 同上书, pp. 41 - 42。

32 Artaud, *OC*, vol. Ⅷ, p. 319.

33 Artaud, *OC*, vol. Ⅱ, p. 219.

34 Pierre Chaleix, 'Avant le surréalisme. Artaud chez le Dr Toulouse. Interview recueillie par Pierre Chaleix', *La Tour de feu*, 63 - 64 (1959), pp. 55 - 60.

35 Artaud, *OC*, vol. Ⅷ, p. 319.

36 Maeder, *Antonin Artaud*, p. 50.

37 Alain and Odette Virmaux, '*Le Crapouillot* (1922): Quatre textes retrouvés sur des hommes de théâtre: Dullin, Signoret, Pitoëff, Sarmant', in *Artaud en revues*, pp. 31 - 39.

38 Maeder, *Antonin Artaud*, p. 51.

39 同上书, p. 55。

40 Artaud, *OC*, vol. Ⅷ, p. 177.

41 Artaud, *OC*, vol. Ⅲ, p. 103.

42 同上书, pp. 104, 105。

43 Virmaux, '*Le Crapouillot*', p. 37.

44 Jean-Louis Brau, *Antonin Artaud* (Paris, 1971), p. 47.

45 Artaud, *OC*, vol. Ⅰ** (Paris, 1976), p. 93

46 Artaud, *Lettres à Génica*, p. 342, fn. 2.

47 Norbert Bandier，'Artaud et la révolution surréaliste'，in *Artaud en revues*，p. 49.

48 Artaud，*Lettres à Génica*，p. 46.

49 1927 年，阿尔托以《与雅克·里维埃的通信》（*Correspondence avec Jacques Rivière*）为题发表了这些信件。

50 Artaud，*OC*，vol. Ⅰ，pp. 31 – 31.

51 同上书，pp. 34 – 40。

52 同上书，pp. 41 – 46。

53 同上书，p. 51。

54 同上书，p. 57。

55 Renaud de Portzamparc，*La Folie d'Artaud*（Paris，2011），p. 26.

56 Artaud，*Lettres à Génica*，p. 89.

57 同上书，p. 110。

58 同上书，pp. 115 – 116。

59 同上书，p. 123。

60 同上书，pp. 158 – 162。

61 Mark Polizzotti，*Revolution of the Mind：The Life of André Breton*（New York，1995），p. 166.

第三章　别处

1 Mark Polizzotti，*Revolution of the Mind：The Life of André Breton*（New York，1997），p. 15.

2 瓦谢死后，布勒东成为他的编年史家，把瓦谢的思想理想化，并在他死后对超现实主义作出了贡献。同上书，p. 39。

3 Tyler Stovall，*Paris and the Spirit of 1919: Consumer Struggles，Transnationalism，and Revolution*（Cambridge，2012），p. 4.

4 Polizzotti, *Revolution*, pp. 176, 209.

5 同上书, p. 96。

6 Antonin Artaud, *Oeuvres complètes* (hereafter OC), vol. I ** (Paris, 1976), p. 112.

7 Artaud, *OC*, vol. I (Paris, 1970), pp. 50 – 51.

8 Thomas Maeder, *Antonin Artaud* (Paris, 1978), p. 77.

9 Florence de Mèredieu, *C'était Antonin Artaud* (Paris, 2006), p. 262.

10 Maeder, *Antonin Artaud*, p. 78.

11 Artaud, *OC*, vol. I, pp. 315 – 316.

12 同上书, pp. 317 – 318。

13 Antonin Artaud, *Artaud: Oeuvres* (Paris, 2004), pp. 124 – 125.

14 Artaud, *OC*, vol. I, pp. 312 – 314.

15 Artaud, *OC*, vol. I **, pp. 29 – 30.

16 同上书, p. 42。

17 同上书, p. 43。

18 同上书, pp. 38 – 39, 41。

19 Martine Antle, 'Surrealism and the Orient', *Yale French Studies*, 109 (2006), p. 4.

20 Naomi Greene, *Antonin Artaud: Poet Without Words* (New York, 1970), p. 108.

21 Artaud, *OC*, vol. I **, pp. 43 – 44.

22 Greene, *Antonin Artaud*, pp. 106 – 107.

23 同上书, p. 81。

24 Polizzotti, Revolution, pp. 229 – 230.

25 Antonin Artaud, *Lettres à Génica Athanasiou* (Paris, 1969),

p. 182.

26 Greene, *Antonin Artaud*, p. 23.

27 Camille Dumoulié, *Antonin Artaud* (Paris, 1996), p. 20.

28 Polizzotti, *Revolution*, p. 237.

29 同上书, p. 251。

30 Artaud, *OC*, vol. I **, p. 67.

31 同上书, p. 71。

32 同上书, p. 59。

33 同上书, p. 61。

34 同上书, pp. 73 - 4。

36 Artaud, *OC*, vol. I **, pp. 72 - 73.

37 Artaud, *OC*, vol. I, pp. 124 - 125.

38 同上书, pp. 126 - 127。

39 同上书, p. 128。

40 John C. Stout, *Antonin Artaud's Alternate Genealogies: Self-portraits and Family Romances* (Waterloo, ON, 1996), p. 11.

41 同上书, p. 34。

42 Artaud, *OC*, vol. I, pp. 68 - 71.

43 Stout, *Antonin Artaud's*, p. 5.

44 Artaud, *OC*, vol. I, p. 165.

45 Serge Margel, *Aliénation: Antonin Artaud: Les Généalogies hybrides* (Paris, 2008), pp. 28 - 29.

46 Évelyn Grossman, *Artaud*, ' *L'Aliéne authentique* ' (Tours, 2003), p. 36.

47 Antonin Artaud, *Cahiers d'Ivry: Février 1947 - Mars 1948* (Paris, 2011), vol. II, p. 1661.

48 Antonin Artaud，*Cahiers d'Ivry: Février 1947 – Mars 1948* (Paris，2011)，vol. Ⅱ，p. 74.

第四章　演艺

1 Martyn Cornick，'Jean Paulhan and the "Nouvelle revue française"：Literature，Politics，and the Power of Creative Editorship'，*Yale French Studies*，106（2004），p. 39.

2 Bernard Baillaud and Martyn Cornick，'Jean Paulhan's Influences：The Review *Demain*'，*Yale French Studies*，106（2004）；Cornick，'Jean Paulhan and the "Nouvelle revue française" '，p. 38.

3 Jean-Louis Brau，*Antonin Artaud*（Paris，1971），p. 81.

4 Antonin Artaud，*Oeuvres complètes*（hereafter *OC*），vol. Ⅰ** (Paris，1976)，pp. 273 – 274.

5 20 世纪 20 年代中期，巴黎先锋派之间的关系可能相对不稳定。尽管罗贝尔·阿隆从来都不是超现实主义者，但他始终是个共产主义者。1925 年 5 月 29 日，在老鸽巢剧院，包括维特拉克在内的超现实主义者打断他关于"文学与普通法国人"的演讲，高呼"打倒法国！"就在那时，阿隆感受到了"戏剧的味道"，并下定决心要创办一家体现"超现实的真实生活"的剧院；见 Odette and Alain Virmaux，*Artaud vivant*（Paris，1980），pp. 179 – 180。勒内·阿兰迪是一位著名的精神分析学家，他对占星术和顺势疗法（homeopathy）很感兴趣。在他的其他病人中，有超现实主义诗人勒内·克里夫（René Crevel）和阿奈斯·宁，宁在日记中写了大量关于阿兰迪的事情，把他描述成一个俄罗斯农民，有"一双凝视水晶的眼睛"，并且"骄傲而自信"。阿兰迪也警告宁不要成为亨利·米勒（Henry Miller）和朱恩·米勒（June Miller）"中"的一员；见 Anaïs Nin，*The Diary of Anaïs Nin*（Orlando，FL，1994），vol. Ⅰ，p. 131. 据宁说，1933 年，《十年幻想》(*Decade of Illusion*》和《女巫安息日》（*Witches' Sabbath*）的作者莫里斯·萨克斯（Maurice Sachs）将伊冯·阿兰迪描述为"有一张 1789 年大革命时期的美丽面孔，严肃、自信、善良、聪明。她的眼睛美极了"，同上书，p. 139。

6 Antonin Artaud，*OC*，vol. Ⅱ（Paris，1961），p. 12.

7 同上书，p. 16。

8 同上书，p. 18。

9 同上书，p. 22。

10 同上书，p. 25，1931 年至 1932 年，布勒东明确与法国共产党分道扬镳，原因是后者的教条主义、僵化以及与超现实主义前提的根本性的不可调和。

11 Alain and Odette Virmaux，*Artaud: Un Bilan critique*（Paris，1979），p. 29.

12 Ronald Hayman，*Artaud and After*（Oxford，1977），p. 69.

13 Mark Polizzotti，*Revolution of the Mind: The Life of André Breton*（New York，1997），pp. 292 - 293.

14 Florence de Mèredieu，*C'était Antonin Artaud*（Paris，2006），p. 367.

15 Artaud，*OC*，vol. Ⅲ（Paris，1978），p. 309.

16 Virmaux，*Artaud: Un Bilan critique*，p. 31.

17 Artaud，*OC*，vol. Ⅲ，p. 134.

18 Virmaux，*Artaud vivant*，p. 59；Mèredieu，*C'était*，p. 250.

19 Roy Armes，*French Cinema*（New York，1985），p. 52.

20 Thomas Maeder，*Antonin Artaud*（Paris，1978），p. 73.

21　Alan　Williams，*Republic　of　Images:　A　History　of　French Filmmaking*（Cambridge，MA，1992），p.　86；Pierre Lherminier，*Annales　du　cinéma　français:　Les　Voies　du　silence*，*1895—1929*（Paris，2012），p. 530.

22 Lherminier，*Annales*，p. 694.

23 Artaud，*OC*，vol. Ⅲ，pp. 63 - 64.

24 同上，pp. 115 - 116。

25 Virmaux，*Artaud vivant*，p. 223.

26 Artaud，OC，vol. Ⅲ，pp. 129 - 130. 1927 年，让·爱泼斯坦执导了这部电影，但让·德布科特（Jean Debucourt）出演厄舍一角。

27 Antonin Artaud，*Lettres à Génica Athanasiou*（Paris，1969），p. 187.

28 据莱尔米尼埃（Lherminier）称，法国总统加斯东·杜梅格（Gaston Doumergue）缺席；他出现在一部庆祝帝国的电影活动中，这可能会危及法兰西共和国；见 Lherminier，*Annales*，p. 922。然而梅瑞迪欧（Mèredieu）将杜梅格安排在首映式上；见 Mèredieu，*C'était*，p. 344。

29 Artaud，*OC*，vol. Ⅲ，p. 305.

30 *Le Cinéopse*（1 September 1926）.

31 *Mon Ciné*（21 July 1927）.

32 Mèredieu，*C'était*，p. 299.

33 Ros Murray，*Antonin Artaud: The Scum of the Soul*（Basingstoke，2014），p. 112.

34 同上书，p. 113。

35 Artaud，*Lettres à Génica*，pp. 274，370 fn. 4.

36 Artaud，*OC*，vol. Ⅲ，p. 306.

37 *Gringoire*（9 November 1928）.

38 *Lettres françaises*（13 March 1952）.

39 Nin，*Diary of Anaïs Nin*，vol. Ⅰ，p. 350.

40 Mèredieu，*C'était*，p. 380.

41 Artaud，*OC*，vol. Ⅰ**，pp. 142－143.

42 Artaud，*OC*，vol. Ⅲ，pp. 9－10.

43 Mèredieu，*C'était*，pp. 344－345.

44 Maeder，*Antonin Artaud*，p. 108.

45 Artaud，*OC*，vol. Ⅲ，p. 120.

46 同上书，p. 123。

47 同上书，pp. 128－129。

48 见 Lee Jamieson，'The Lost Prophet of Cinema：The Film Theory of Antonin Artaud'，*Senses of Cinema*，ⅩLⅣ（August 2007），参见 http：//sensesofcinema. com，2014 年 7 月 16 日访问。

49 例如，杜拉克声称阿尔托甚至没有参加拍摄。而传闻却认为阿尔托参与了拍摄。

50 亚历山德拉·佩克声称，她和阿尔托以及他们的母亲一起出席了放映会。除了大喊"够了！够了！"（她说不出是谁），阿尔托没有回应；见 Alain and Odette Virmaux，*Antonin Artaud: Qui êtes-vous?*（Lyon，1986），pp. 133－134。

51 Artaud，*OC*，vol. Ⅲ，p. 325.

52 Virmaux，*Artaud vivant*，pp. 237－242.

53 Jamieson，'The Lost Profit of Cinema'.

54 Artaud，*OC*，vol. Ⅲ，pp. 18－20，332 fn. 10.

55 Artaud，*Lettres à Genica*，pp. 276－279.

56 同上书，pp. 295－297。

57 Artaud，*OC*，vol. Ⅶ（Paris，1982），p. 316. 然而，应该指出的是，萨科夫人的预测几乎是可笑的错误。例如，她预测布勒东和西蒙妮不会离婚（他们于 1929 年离婚），布勒东会领导一个政党，在中国待二十年，归来时名利双收（布勒东从未到过中国，也从未领导过政党）；见 Polizzotti，*Revolution*，p. 244。

58 Artaud，*OC*，vol. Ⅶ，pp. 317－318.

59 同上书，p. 330。

60 佩克拒绝公布她与阿尔托的来往信件，也不愿将它们存入档案。我们对这段关系的了解来自阿兰（Alain）和奥黛特·维尔莫（Odette Virmaux）对"安托南·阿尔托的一位匿名朋友"的采访；根据受访者的回答，有理由相信那位受访者是佩克。见 Virmaux，*Artaud：Qui êtes-vous?*，pp. 127－143。

61 同上书，p. 130。

62 Mèredieu，*C'était*，p. 348.

第五章　残酷

1 Antonin Artaud，*Oeuvres complètes*（hereafter *OC*），vol. Ⅲ（Paris，1978），pp. 143－144.

2 同上书，p. 307。

3 同上书，pp. 144－145。

4 在 20 世纪 20 年代的法国，广告被认为是一种艺术形式而不是商业运作。Victoria de Grazia，*Irresistible Empire: America's Advance through 20th Century Europe*（Cambridge，MA，2005），p. 229.

5 勒内·阿兰迪是巴黎精神分析学会（Psychoanalytic Society of Paris）的创始人之一，他推广梦的价值，甚至把它作为一种宣传手段；见 Florénce de Mèredieu，*C'était Antonin Artaud*（Paris，2006），p. 395。

6 Artaud，*OC*，vol. Ⅲ，p. 15。

7 Mèredieu，*C'était*，p. 399.

8 Artaud，*OC*，vol. Ⅲ，p. 147.

9 同上书，p. 158。

10 在引文中，见"我感觉到我的灵魂死了"——在这里，阿尔托用了"noyau"这个词（严格地说，是"石头"或"原子核"），但是在他写作的语境中，他指的是他的"灵魂"。阿尔托对鸦片酊进行了缩写。见 Antonin Artaud，*OC*，vol. Ⅰ＊＊（Paris，1976），pp. 144 – 147。

11 同上书，pp. 148 – 151。

12 Artaud，*OC*，vol. Ⅲ，p. 146.

13 Artaud，*OC*，vol. Ⅰ＊＊，pp. 152 – 153，282.

14 由罗伯特·德诺尔和美国人伯纳德·斯蒂尔创立，德内尔-斯蒂尔出版社出版了大量不拘一格的作家的书，其中包括几位超现实主义作家及勒内·阿兰迪、让·热内（Jean Genet）、西格蒙德·弗洛伊德（Sigmund Freud）、路易-费迪南·塞利纳（Louis-Ferdinand Céline）、富兰克林·罗斯福（Franklin Roosevelt）和阿道夫·希特勒（Adolf Hitler）。

15 Antonin Artaud，*OC*，vol. Ⅰ（Paris，1970），pp. 150 – 151.

16 Artaud，*OC*，vol. Ⅲ，pp. 160 – 162.

17 Artaud，*OC*，vol. Ⅰ＊＊，pp. 154 – 155.

18 Antonin Artaud，*OC*，vol. Ⅱ（Paris，1961），pp. 33 – 34.

19 Artaud，*OC*，vol. Ⅲ，p. 174.

20 Artaud，*OC*，vol. Ⅲ，p. 174.

21 Artaud，*OC*，vol. Ⅲ，pp. 167‑168.

22 同上书，pp. 185，191。

23 同上书，p. 177。

24 Alain and Odette Virmaux，*Antonin Artaud: Qui êtes-vous?* (Lyon，1986)，p. 134.

25 Artaud，*OC*，vol. Ⅱ，pp. 175‑177.

26 Odette and Alain Virmaux，*Artaud vivant* (Paris，1980)，pp. 61‑62.

27 Mèredieu，*C'était*，pp. 419‑421. 导演帕布斯特（G. W. Pabst）曾在汉斯·萨克斯（Hanns Sachs）的帮助下执导过一部"精神分析电影"，由德国电影公司 UFA 制作。萨克斯和阿兰迪对梦及其在电影中的表达有着共同的兴趣。

28 Artaud，*OC*，vol. Ⅲ，pp. 257‑262.

29 同上书，pp. 426‑427。

30 Antonin Artaud，*OC*，vol. Ⅵ (Paris，1982)，p. 13.

31 同上书，p. 324。

32 Donna V. Jones，'The Prison House of Modernism: Colonial Spaces and Construction of the Primitive at the 1931 Colonial Exposition'，*Modernism/modernity*，ⅪⅤ/1 (January 2007)，pp. 55‑69.

33 Dana S. Hale，*Races on Display: French Representations of Colonized Peoples，1896—1940* (Bloomington，IN，2008)，p. 167.

34 Jack J. Spector，*Surrealist Art and Writing，1919—1939* (Cambridge，1997)，p. 154.

35 尽管巴厘岛的艺术表演是舞蹈和戏剧的结合，但这两方面都令阿尔托产生了共鸣，这里将使用"巴厘岛戏剧"（Balinese theatre）一词。

36 Nicola Savarese，'1931：Antonin Artaud Sees "Balinese Theatre" at the Paris Colonial Exposition'，*Drama Review*，XXXV/3（Fall 2001），p. 67.

37 Artaud，*OC*，vol. Ⅲ，pp. 217–218.

38 Antonin Artaud，*Antonin Artaud: Selected Writings*，ed. Susan Sontag（Berkeley，CA，1976），p. 208.

39 Artaud，OC，vol. Ⅳ（Paris，1964），p. 357 fn. 2. 正如将在后面讨论的，这篇文章成为阿尔托的经典著作《戏剧及其复象》的第四章，该书出版于 1938 年。阿尔托在他为《新法兰西评论》写的原创文章被收入《戏剧及其复象》中时做了一些编辑上的修改。这一部分的引文取自他的原作，因为它们是他当时思想的最典型代表。

40 同上书，p. 65。

41 同上书，pp. 73–74。

42 同上书，p. 74。

43 同上书，p. 76。

44 Savarese，'1931'，pp. 71–72.

45 同上书，p. 68。

46 Artaud，*OC*，vol. Ⅳ，pp. 64–65.

47 Martine Antle，'Surrealism and the Orient'，*Yale French Studies*，109（2006），p. 5.

48 Artaud，*OC*，vol. Ⅰ，pp. 340–343.

49 Artaud，*OC*，vol. Ⅰ**，p. 180.

50 Naomi Greene，*Antonin Artaud: Poet Without Words*（New York，1970），p. 113.

51 Artaud，*OC*，vol. Ⅲ，p. 283.

52 同上书，p. 247。

53 Artaud，*OC*，vol. Ⅳ，pp. 165‑168.

54 Artaud，*OC*，vol. Ⅲ，p. 268.

55 同上书，pp. 196‑197，201。

56 Artaud，*OC*，vol. Ⅳ，p. 40.

57 同上书，p. 45。

58 同上书，p. 54。

59 阿尔托最初打算将其命名为"《新法兰西评论》剧院"（Théâtre de la NRF），但由于波朗和加斯顿·伽利玛都反对，他改了名字；Ronald Hayman，*Artaud and After*（Oxford，1977），p. 82。

60 Artaud，*OC*，vol. Ⅳ，pp. 120‑121.

61 同上书，p. 130。

62 同上书，p. 118。

63 同上书，pp. 106‑107。

64 同上书，p. 115。

65 Martin Puchner，*Poetry of the Revolution: Marx，Manifestos，and the Avant-Gardes*（Princeton，NJ，and Oxford，2006），p. 202.

66 在交给波朗的那份宣言的原件中，阿尔托声称安德烈·纪德将会改编这部作品。然而，在给纪德写信确认之后，阿尔托被迫写信给波朗，告诉他尽管纪德给阿尔托发了三封信，授权他使用自己的名字，但纪德不希望宣言中再出现自己的名字。见 Antonin Artaud，*OC*，vol. Ⅴ（Paris，1979），pp. 104‑106。

67 Artaud，*OC*，vol. Ⅳ，p. 119.

68 Anaïs Nin，*The Diary of Anaïs Nin*（Orlando，FL，1994），vol. Ⅰ，pp. 186‑187.

69 同上书，pp. 191 - 192。

70 Artaud, *OC*, vol. Ⅴ (Paris, 1979), pp. 146 - 147.

71 同上书，p. 150。

72 Nin, *Diary*, pp. 225 - 229。

73 同上书，p. 229。

74 Camille Dumoulié, *Artaud*, *la vie* (Paris, 2003), pp. 64 - 66.

75 Artaud, *OC*, vol. Ⅳ, p. 34。

76 同上书，p. 37。

77 同上书，p. 38。

78 Hyman, *Artaud*, pp. 92 - 93.

79 Artaud, *OC*, vol. Ⅴ, p. 181.

80 同上书，pp. 228 - 229。

81 Mèredieu, *C'était*, p. 513. 安德烈·德雷恩（André Derain）在 1934 年至 1938 年间也为阿布迪画过肖像。

82 同上书，pp. 515 - 516。

83 Virmaux, *Artaud: Qui êtes-vous?*, p. 154.

84 Thomas Maeder, *Antonin Artaud* (Paris, 1978), pp. 167 - 169. 在给了布林一份副本和一盒彩色铅笔之后，阿尔托指示布林"把我说的一切都记下来……我没说的也记下来"。

85 同上书，p. 170。

86 Mèredieu, *C'était*, p. 523.

87 Artaud, *OC*, vol. Ⅴ, p. 188.

88 Puchner, *Poetry*, p. 196.

第六章　旅行

1 Jean-Louis Barrault, *Memories for Tomorrow* (New York, 1974),

p. 68.

2 Barrault, *Memories*, p. 83.

3 Ronald Hayman, *Artaud and After* (Oxford, 1977), p. 100.

4 *Lettres de Antonin Artaud à Jean-Louis Barrault* (Paris, 1952), pp. 89 – 92.

5 Florence de Mèredieu, *C'était Antonin Artaud* (Paris, 2006), p. 527.

6 Jean-Louis Barrault, *Reflections on the Theatre* (London, 1951), p. 39.

7 Antonin Artaud, *Oeuvres complètes* (hereafter *OC*), vol. Ⅳ (Paris, 1964), pp. 168 – 171.

8 Barrault, *Memories*, p. 81.

9 同上书, p. 82。

10 Artaud, *OC*, vol. Ⅷ (Paris, 1980), pp. 281 – 284.

11 同上书, pp. 319 – 323。

12 Mèredieu, *C'était*, pp. 531 – 532.

13 同上书, pp. 285 – 288。

14 Mèredieu, *C'était*, p. 543.

15 Sylvère Lotringer, *Fous d'Artaud* (Paris, 2003), p. 119.

16 Artaud, *OC*, vol. Ⅳ, pp. 146 – 153.

17 Artaud, *OC*, vol. Ⅷ, p. 290.

18 同上书, pp. 293 – 295。

19 Artaud, *OC*, vol. Ⅴ (Paris, 1979), p. 192.

20 同上书, pp. 196 – 197。

21 同上书, p. 197; Artaud, *OC*, vol. Ⅷ, p. 304。

22 Antonin Artaud, *Nouveaux écrits de Rodez* (Paris, 1977),

p. 167.

23 Artaud，*OC*，vol. Ⅷ，p. 307.

24 Mèredieu，*C'était*，p. 557.

25 Artaud，*OC*，vol. Ⅷ，p. 247.

26 同上书，p. 250。

27 同上书，pp. 251 - 255。

28 Terri Geis，'The Voyaging Reality：María Izquierdo and Antonin Artaud，Mexico and Paris'，*Papers of Surrealism*，4 (2005).

29 同上书，pp. 1，8。

30 Luis Cardoza y Aragón，'Pourquoi le Mexique'，*Europe: Revue littéraire mensuelle*，667 - 8 (1984)，p. 105.

31 同上书，p. 101。

32 同上书，p. 103。

33 Mèredieu，*C'était*，pp. 558 - 560.

34 Artaud，*OC*，vol. Ⅷ，pp. 141 - 150.

35 Artaud，*OC*，vol. Ⅷ，pp. 160 - 168. 也许是他与乔治·索利·德·莫朗相识时的作品（见第五章），阿尔托还谈到了古代中国在预防霍乱方面取得的成效。

36 同上书，pp. 192 - 196。

37 Artaud，*OC*，vol. Ⅴ，pp. 202 - 203. 这些神的实际名字是 rayénare（太阳神）和 michá（月亮神）。William L. Merrill，*Rarámuri Souls: Knowledge and Social Process in Northern Mexico* (Washington，DC，1988)，p. 203，fn 5.

38 Mèredieu，*C'était*，pp. 568 - 569.

39 Artaud，*OC*，vol. Ⅷ，pp. 314 - 315.

40 Maeder，*Antonin Artaud* (Paris，1978)，p. 184.

41 同上书，pp. 183 - 184。

42 J. M. G. Le Clézio，'Antonin Artaud: Le Rêve mexicain'，
   Europe: Revue littéraire mensuelle，667 - 8 (1984)，p. 115.

43 Odette and Alain Virmaux，*Artaud vivant* (Paris，1980)，pp. 150 - 151.

44 Maeder，*Antonin Artaud*，p. 185.

45 Artaud，*OC*，vol. Ⅸ (Paris，1979)，pp. 40，49.

46 同上书，pp. 35 - 36。

47 同上书，pp. 35 - 36。

48 同上书，pp. 35 - 36。

49 同上书，p. 68。

50 同上书，pp. 91，31。

51 同上书。

52 同上书，p. 42。

53 同上书，p. 27。

54 同上书，p. 81。

55 同上书，p. 91。

56 同上书，p. 49。

57 同上书，p. 102。

58 同上书，p. 30。

59 Mèredieu，*C'était*，p. 577.

第七章　262 602

1 Cécile Schrammer，*Souvenirs familiers sur Antonin Artaud* (Paris，
   1980).

2 Antonin Artaud，*Oeuvres complètes* (hereafter *OC*)，vol. Ⅶ

(Paris，1982)，p. 155.

3 同上书，pp. 160 – 161。

4 同上书，pp. 161 – 162。

5 同上书，pp. 166 – 168。

6 Thomas Maeder, *Antonin Artaud* (Paris，1978)，p. 195.

7 同上书。

8 Artaud, *OC*, vol. Ⅶ (Paris，1980)，pp. 433 – 434.

9 同上书，p. 173。

10 同上书，p. 173。

11 同上书，p. 178。

12 同上书，pp. 117 – 144。

13 Kimberly Jannarone, *Artaud and his Doubles* (Ann Arbor, MI，2010).

14 Florence de Mèredieu, *C'était Antonin Artaud* (Paris，2006)，p. 600.

15 Artaud, *OC*, vol. Ⅷ，p. 424. 阿尔托给希特勒题词的时候加斯顿·费迪埃医生已经开始在罗德兹对他进行电击治疗了，根据费迪埃医生的说法，这是阿尔托精神错乱的进一步证据。Gaston Ferdière, 'J'ai soigné Antonin Artaud,' *Le Tour de feu*，63 – 64 (1959)，pp. 31 – 32.

16 Artaud, *OC*, vol. Ⅷ，p. 190.

17 Maeder, *Antonin Artaud*，pp. 197 – 198.

18 Mèredieu, *C'était*，pp. 607 – 608.

19 Artaud, *OC*, vol. Ⅶ，p. 202.

20 Artaud, *OC*, vol. Ⅶ，p. 219。

21 Mèredieu, *C'était*，pp. 615 – 623.

22 Artaud，*OC*，vol. Ⅶ，pp. 226 – 227.

23 Artaud，*OC*，vol. Ⅴ (Paris，1979)，p. 171.

24 Artaud，*OC*，vol. Ⅶ，p. 203.

25 同上书，p. 209。

26 Maeder，*Antonin Artaud*，pp. 204 – 205.

27 Artaud，*OC*，vol. Ⅺ (Paris，1974)，p. 62.

28 Mèredieu，*C'était*，pp. 637 – 640.

29 Artaud，*OC*，vol. Ⅺ，pp. 62 – 63.

30 这条法律在 1990 年被修改之前几乎没有受到影响。

31 Maeder，*Antonin Artaud*，p. 309.

32 Mèredieu，*C'était*，p. 643.

33 Maeder，*Antonin Artaud*，p. 216.

34 Mèredieu，*C'était*，p. 667.

35 同上书，p. 668。

36 Artaud，*OC*，vol. Ⅺ，pp. 211 – 212，234，245.

37 Mèredieu，*C'était*，p. 663.

38 Maeder，*Antonin Artaud*，p. 217.

39 Artaud，*OC*，vol. Ⅻ (Paris，1974)，p. 16.

40 André Roumieux，*Artaud et l'asile 1* (Paris，1996)，p. 59.

41 第一次世界大战开始时，克洛岱尔被诊断出患有"妄想型痴呆"和受迫害症，在人员疏散期间，她被转出维尔-埃弗拉尔，并在距马赛北部约一百公里的沃克吕兹（Vaucluse）的一家精神病院度过了她最后的二十九年。

42 Cited in Roumieux，*Artaud*，p. 68.

43 Maeder，*Antonin Artaud*，p. 221.

44 Mèredieu，*C'était*，pp. 677 – 679.

45 Maeder，*Antonin Artaud*，p. 223.

46 Antonin Artaud，*Lettres à Génica Athanasiou*（Paris，1959），p. 307.

47 Quoted in Roumieux，*Artaud*，p. 73.

48 Quoted in Maeder，*Antonin Artaud*，pp. 225－226.

49 Max Lafont，*L'Extermination douce*（Latresne，2000）.

50 同上书，p. 39。

51 同上书，p. 41。

52 Roumieux，*Artaud*，p. 69.

53 Mèredieu，*C'était*，pp. 730－733.

54 Antonin Artaud，*Nouveaux écrits de Rodez*（Paris，1977），p. 28.

55 Konstantin Mochulsky，*Dostoevsky: His Life and Work*，trans. Michael A. Minihan（Princeton，NJ，1971），p. 37.

56 Mèredieu，*C'était*，p. 740.

57 Maeder，*Antonin Artaud*，pp. 226－228.

58 Roumieux，*Artaud*，pp. 80－82.

59 同上书，p. 121。

60 Ferdière，'J'ai soigné'，pp. 28－37.

61 Maeder，*Antonin Artaud*，pp. 230－231.

62 Roumieux，*Artaud*，p. 123.

63 Artaud，*Nouveaux écrits*，p. 44.

64 同上书，p. 28。

65 同上书，p. 45。

66 同上书，p. 28。

67 Sylvère Lotringer，*Fous d'Artaud*（Paris，2003），p. 136.

68 Artaud，*OC*，vol. X（Paris，1974），p. 43.

69 Lotringer，*Fous*，p. 219.

70 Artaud，*OC*，vol. XI，p. 134.

71 Artaud，*Nouveaux écrits*，p. 73.

72 Artaud，*OC*，vol. X，p. 92.

73 Lotringer，*Fous*，pp. 213 - 214.

74 费迪埃声称，作为阿尔托知己的葆拉·戴维南，是绝大多数罗德兹时期作品的作者，她实质上是阿尔托的"复象"；见上书，p. 215。

75 Anne Tomiche，'Glossolalies：Du sacré au poétique'，*Revue de littérature comparé*，CCCV/1 (2003).

76 Antonin Artaud，*OC*，vol. XIV** (Paris，1978)，p. 148.

77 Antonin Artaud，*Oeuvres* (Paris，2004)，p. 1467.

78 关于卡巴拉，见上书，p. 1513；Artaud，*OC*，vol. VIII，p. 131.

79 Évelyne Grossman，'Préfacée'，*50 Dessins pour assassiner la magie* (Paris，2004)，p. 6.

80 Artaud，*OC*，vol. XXI (Paris，1985)，p. 266.

81 Artaud，*Oeuvres*，p. 962.

82 Artaud，*OC*，vol. X，p. 247.

83 Artaud，*Oeuvres*，p. 247.

84 Artaud，*OC*，vol. IX (Paris，1979)，p. 51.

85 Gérard Durozoi，*Artaud: L'Aliénation et la folie.* (Paris，1972)，p. 186.

86 Artaud，*OC*，vol. IX，pp. 181 - 182.

87 Artaud，*OC*，vol. X，p. 197.

88 Maeder，*Antonin Artaud*，pp. 250 - 256.

89 Roumieux，*Artaud*，p. 150.

90 同上书，pp. 150 - 153。

91 Marie-Ange Malausséna，'Notes bio-bibliographiques'，*La Tour de feu*，63 - 64（1959），p. 82.

第八章　重生

1 这家疗养院已经不复存在，几年前被塞纳河畔的伊夫里市政厅的扩建部分和附设停车场所取代。

2 André Roumieux，*Artaud et l'asile*（Paris，1996），vol. Ⅰ，p. 150.

3 Florence de Mèredieu，*C'était Antonin Artaud*（Paris，2006），p. 888.

4 同上书，p. 887。

5 Jacques Prevel，*En compagnie d'Antonin Artaud*（Paris，1994），p. 58.

6 Thomas Maeder，*Antonin Artaud*（Paris，1978），p. 267.

7 根据法律规定，必须去警察局登记，但委员会直到 1947 年 6 月 10 日才这样做。在阿尔托的一生中，这不是一个问题；然而，委员会和阿尔托的家庭之间的冲突——在许多方面——导致后者在阿尔托死后要求掌管这笔资金。

8 Maeder，*Antonin Artaud*，p. 275.

9 同上书，p. 265。

10 *Antonin Artaud: Un Poète à Ivry*，*1946—1948*，exh. cat.，Parc Maurice Thorez，Ivry-sur-Seine（2008），p. 35.

11 Antonin Artaud，*Oeuvres complètes*（hereafter *OC*），vol. ⅩⅤ（Paris，1981），pp. 162 - 163.

12 Maeder，*Antonin Artaud*，p. 263.

13 典型的是 1946 年 10 月 22 日的记录："然后是永远的鸦片酊问题。我为明天作保证，我接受一百法郎。另外还有什么？"见 Prevel，

En compagnie，p. 110。

14 Prevel，*En compagnie*，p. 162.

15 Antonin Artaud, *Cahiers d'Ivry: Février 1947—Mars 1948*，*cahiers 233—309* (Paris，2011)，vol. Ⅰ，p. 1115.

16 Artaud，*Artaud: Oeuvres* (Paris，2004)，p. 1311.

17 安娜·科尔宾（Ana Corbin）仍是个谜；虽然阿尔托称她是他的一个心灵女孩，但没有其他人提到她，她很可能是捏造的。

18 "朱安党人"是法国西部一群农民的称呼，他们在法国大革命期间反抗革命当局。

19 Artaud，*Artaud Oeuvres*，p. 1293.

20 Prevel，*En compagnie*，p. 154.

21 Artaud，*Oeuvres*，p. 1322.

22 同上书，p. 1427。

23 同上书，p. 1431。

24 F. de Mèredieu，*C'était*，*Antonin Artaud* (Paris，2006)，p. 872.

25 René (Colette Thomas)，*Le Testament de la fille morte* (Paris，1954)，p. 51.

26 Artaud，*Oeuvres*，p. 1160.

27 同上书，p. 1329。

28 同上书，p. 1417。

29 同上书，pp. 1418‑1419。

30 Naomi Greene，*Antonin Artaud: Poet Without Words* (New York，1970)，p. 160.

31 Kimberly Jannarone，*Artaud and his Doubles* (Ann Arbor，MI，2010).

32 Artaud，*OC*，vol. ⅩⅢ (Paris，1989)，p. 13.

33 Artaud, *OC*, vol. XIII (Paris, 1974), p. 104.

34 Maeder, *Antonin Artaud*, pp. 280 – 281.

35 Mèredieu, *C'était*, p. 952.

36 Paul Denis, 'D'une folie l'autre', in *Van Gogh / Artaud: Le Suicidé de la société*, exh. cat., Musée d'Orsay, Paris (2014), p. 41.

37 Artaud, *OC*, vol. XIII, p. 32.

38 同上书, pp. 14 – 15。

39 同上书, p. 16。

40 同上书, p. 17。

41 同上书, p. 20。

42 同上书, p. 30。

43 Artaud, *Oeuvres*, pp. 1623 – 1625.

44 Artaud, *OC*, vol. XII I , p. 20.

45 同上书, pp. 31 – 32。

46 Paule Thévenin, 'The Search for a Lost World', in Jacques Derrida and Paule Thévenin, *The Secret Art of Antonin Artaud* (Cambridge, MA, 1998), pp. 3 – 4.

47 Artaud, *OC*, vol. II (Paris, 1961), p. 203.

48 Artaud, *OC*, vol. XI (Paris, 1974), p. 20.

49 Thévenin, 'The Search', p. 6.

50 Artaud, *Oeuvres*, pp. 1534 – 1535.

51 Thévenin, 'The Search', p. 31.

52 同上书, p. 37。

53 同上书, p. 38。

54 莫莫（Mômo）可以指任何东西。用马赛人的话说，"莫莫"就是一个傻瓜。然而，"莫莫"可能是 môme（小孩或顽童）的变体，也可能是 momie（妈咪）的变体；关于"烤肉"（barbaque），见 Artaud，*OC*，vol. XII，p. 29；关于刺激（stimulation），见 Artaud，*OC*，vol. XII，p. 29。

55 同上书，pp. 1383 – 1384。

56 Artaud，*OC*，vol. XII，p. 52.

57 同上书，pp. 78，92。

58 Artaud，*Oeuvres*，p. 1577.

59 Maeder，*Antonin Artaud*，p. 279.

60 Prevel，*En compagnie*，pp. 132 – 134.

61 Artaud，*Oeuvres*，p. 1198.

62 同上书，p. 1190。

63 同上书，p. 1192。

64 同上书，p. 1191。

65 同上书，p. 1193。

66 同上书，p. 1204。

67 Mark Polizzotti，*Revolution of the Mind*（New York，1997），p. 543.

68 Artaud，*Oeuvres*，p. 1208.

69 同上书，p. 1227。

70 同上书，p. 1229。

71 同上书，pp. 1639 – 1641。

72 同上书，p. 1649。

73 同上书，p. 1653。

74 后来，阿尔托给拉瓦尔牧师写了一封信，承认拉瓦尔捍卫他个人表达的权利，但因为他主持弥撒而痛斥他，"在我看来，这简直是一种诅咒"。Artaud, *Oeuvres*, p. 1674.

75 Maeder, pp. 283 – 285.

76 同上书, p. 1665。

77 同上书, pp. 1671 – 1672。

78 费迪埃医生否认阿尔托患有癌症, 声称 1943 年在罗德兹做的 X 光
检查没有发现任何癌症的迹象, 并进一步认为鸦片成瘾会造成阻
塞, 而这可能在 X 光检查中被误认为是癌症。然而, 正如梅德尔
所指出的, 从罗德兹的 X 光片到巴黎的 X 光片, 五年过去了, 癌
症已经有足够的时间发展了。

79 Maeder, *Antonin Artaud*, pp. 287 – 289.

80 Odette and Alain Virmaux, *Artaud vivant* (Paris, 1980), pp. 82 – 83.

81 Florence de Mèredieu, *L'Affaire Artaud: Journal ethnographique*
(Paris, 2009), p. 41.

82 据阿尔托的妹妹玛丽-安吉·马劳塞纳说, 阿尔托的家人直到九个
小时后才被告知他的死讯。Marie-Ange Malausséna, 'Affaire
Antonin Artaud: Ce qu'il faut savoir', *La Tour de feu ou la santé
des poètes*, 63 – 4 (Paris, 1961), p. 38.

83 Olivier Penot-Lacassagne, ' "La Juste place..." ', in *Artaud en
revues* (Lausanne, 2005), p. 195.

84 Penot-Lacassagne, ' "La Juste" ', p. 196.

85 这件逸事是塞尔日和西蒙妮·马劳塞纳亲自跟我讲的。

尾声: 后世

1 Michel Foucault, *History of Madness* (London, 2009), pp. 27,
541 – 542.

2 Sylvère Lotringer, 'Artaud juif', *Antonin Artaud: Figures et portraits*

vertigineux (Ville Saint-Laurent, QC, 1995), pp. 173 – 189.

3 Margit Rowell and Sylvère Lotringer, 'A Conversation with Nancy Spero', in *Antonin Artaud: Works on Paper*, exh. cat., Museum of Modern Art, New York (1996), p. 137.

4 Lucy Bradnock, 'Lost in Translation? Nancy Spero/Antonin Artaud/ Jacques Derrida', *Papers of Surrealism*, 3 (2005), p. 12.

5 Christopher Innes, *Avant-garde Theatre*, *1892—1992* (New York, 1993), p. 61.

6 Arnold Aronson, *American Avant-garde Theatre*: *A History* (London, 2000), p. 56.

7 Jerzy Grotowski, 'He Wasn't Entirely Himself', in *Antonin Artaud*: *A Critical Reader*, ed. Edward Scheer (London, 2004), p. 63.

8 Grotowski, 'He Wasn't', pp. 59 – 60.

9 Peter Brook, *The Empty Space* (New York, 1996), p. 49.

10 Brook, *Empty*, p. 53.

11 同上书, p. 54。

12 Innes, *Avant-garde*, pp. 125 – 126.

13 同上书, p. 130。

14 Anne Beggs, 'Revisiting *Marat/Sade*: Philosophy in the Asylum, Asylum in the Theatre', *Modern Drama*, LVI/1 (2013), p. 62.

15 Allen Thiher, 'Fernando Arrabal and the New Theater of Obsession', *Modern Drama*, XIII/2 (1970), p. 174.

16 Aronson, *American Avant-garde Theatre*, p. 197.

17 Bruce Baird, *Hijikata Tatsumi and Butoh: Dancing in a Pool of Gray Grits* (New York, 2012), pp. 124 – 135.

18 'Interview with Alejandro Jodorowsky', in *Electric Sheep: A Deviant View of Cinema* (16 April 2007), www. electricsheepmagazine. co. uk.

19 Roger Sabin, ed., *Punk Rock: So What? The Cultural Legacy of Punk* (London, 1999), pp. 3 - 4; 关于对比的视角，见 Fabien Hein, *Do-it-yourself: Auto-détermination et culture punk* (Congé-sur-Orne, 2012), p. 37。

20 Alain Clerc and Olivier Penot-Lacassagne, 'Artaud dans la presse alternative: L'Exemple des fanzines rock', in *Artaud en revues*, ed. Olivier Penot-Lacassagne (Lausanne, 2005), p. 177.

21 Daniel Kane, 'Richard Hell, Genesis: Grasp, and the Blank Generation: From Poetry to Punk in New York's Lower East Side', *Contemporary Literature*, LⅡ/2 (2011), p. 341.

22 同上。

23 Margit Rowell, 'A Conversation with Patti Smith', in *Antonin Artaud: Works on Paper*, exh. cat., Museum of Modern Art, New York (1996), p. 141.

24 同上书, p. 143。

25 Clerc and Penot-Lacassagne, 'Artaud dans la presse', pp. 187 - 188.

26 Antonin Artaud, *Artaud: Oeuvres* (Paris, 2004), p. 1663.

相关书目

阿尔托的一些主要作品是单独出版的（如《戏剧及其复象》，纽约，1958）。以下是他的一些作品集。

法国版

50 Dessins pour assassiner la magie（Paris，2004）

Antonin Artaud:Oeuvres complètes（Paris，1956 - 94）

    伽利玛出版了权威的安托南·阿尔托注释版作品集，共 28 卷；第 26 卷（分为两册）出版于 1994 年。尽管这部作品集可能比较完备——特别是在研究了他在罗德兹写的几本几乎难以理解的书之后——但全面阅读阿尔托的作品还需要查阅以下书籍：

Antonin Artaud: Cahiers d'Ivry，2 vols（Paris，2011）

    这个两卷本包含了阿尔托在塞纳河畔的伊夫里时期的四百多本学生笔记本上记录的所有诗歌、随想和绘画。

Artaud: Nouveaux écrits de Rodez（Paris，1977）

    这些信是阿尔托在罗德兹写的，主要写给加斯顿·费迪埃医生。

Artaud: Oeuvres（Paris，2004）

    此书是由阿尔托研究学者伊芙琳·格罗斯曼编辑，伽利玛出版的一卷本阿尔托作品集；本书的许多作品可以在《全集》中找到。然而，此书也包含了一些在《全集》中没有收录的作品，包括许多书信和其他后期作品。

Lettres à Génica Athanasiou (Paris，1969)

阿尔托和阿塔纳西奥关系的书信体编年史。

Lettres d'Antonin Artaud à Jean-Louis Barrault (Paris，1952)

阿尔托作品（英译本）

Antonin Artaud: Collected Works，4 vols，trans. Victor Corti (London，1968 – 74)

Antonin Artaud: Selected Writings: Edited，*and with an Introduction*，*by Susan Sontag*，trans. Helen Weaver (Berkeley，ca，1976)

Artaud Anthology，ed. Jack Hirschman (San Francisco，ca，1965)

Artaud on Theatre，ed. Claude Schumacher and Brian Singleton (London，1989)

Watchfiends and Rack Screams：*Works from the Final Period by Antonin Artaud*，ed. and trans. Clayton Eshleman and Bernard Bador (Boston，ma，1995)

博物馆目录

Antonin Artaud: Works on Paper，Museum of Modern Art (New York，1996) Fau，G.，*Antonin Artaud*，Bibliothèque nationale de France (Paris，2006)

Antonin Artaud: Un Poète à Ivry，*1946 – 1948*，exh. cat. Parc Maurice Thorez，Ivry-sur-Seine (2008)，p. 35.

Van Gogh / Artaud: La Suicidé de la société，Musée d'Orsay（Paris，
  2014）

阿尔托回忆录（法文版）

Lotringer，S.，*Fous d'Artaud*（Paris，2003）

La Tour de feu：Antonin Artaud ou la santé des poètes，63－4
  （1959）

*La Tour de feu：De la contradiction au sommet ou pour en finir avec
  Artaud*，69（April 1961）

Prevel，J.，En *compagnie d'Antonin Artaud*（Paris，1974）

Schrammer，C.，*Souvenirs familiers sur Antonin Artaud*（Paris，
  1980）

Virmaux，A. and O.，*Antonin Artaud：Qui êtes－vous?*（Lyon，
  1986）

——，*Artaud vivant*（Paris，1980）

阿尔托回忆录（英文版）

Barrault，J. -L.，*The Memoirs of Jean-Louis Barrault:Memories for
  Tomorrow*（New York，1974）

——，*Reflections on the Theatre*（London，1951）

Nin，A.，*The Diary of Anaïs Nin*，7 vols（New York，1966－80）

阿尔托研究（法文版）

Borie，M.，*Antonin Artaud：Le Théatre et le retour aux sources*
  （Paris，1989）

Dumoulié，C.，Antonin Artaud（Paris，1996）

——, *Nietzsche et Artaud*: *Pour une éthique de la cruauté* (Paris, 1992)

Durozoi, G., *Artaud*: *L'Alienation et la folie* (Paris, 1972)

Europe: *Revue littéraire mensuelle*: *Antonin Artaud*, LXII/667 - 8 (November- December 1984)

Galibert, T., *Antonin Artaud*, *Écrivain du Sud* (Aix-en-Provence, 2002)

Grossman, É., *Artaud*, '*L'Aliéné authentique*' (Tours, 2003)

——, *Antonin Artaud*: *Un Insurgé du corps* (Paris, 2006)

Harel, S., *Antonin Artaud*: *Portraits et figures vertigineux* (Montreal, 1995)

Maeder, T., *Antonin Artaud* (Paris, 1978)

Margel, S., *Aliénation*: *Antonin Artaud*: *Les Généalogies hybrides* (Paris, 2008)

Mèredieu, F. de, *C'était Antonin Artaud* (Paris, 2006)

——, *L'Affaire Artaud*: *Journal ethnographique* (Paris, 2009)

Neyrat, F., *Instructions pour une prise d'armes*: *Artaud et l'envoûtement occidental* (Strasbourg, 2009)

Penot-Lacassagne, O., *Artaud en revues* (Lausanne, 2005)

——, *Vies et morts d'Antonin Artaud* (Saint-Cyr-sur-Loire, 2007) de Portzamparc, R., *La Folie d'Artaud* (Paris, 2011)

Rogozinski, J., *Guérir la vie*: *La Passion d'Antonin Artaud* (Paris, 2011)

Roumieux, A., *Artaud et l'asile*, 2 vols (Paris, 1996)

Thévenin, P., *Antonin Artaud*: *Fin de l'ère chrétienne* (Paris, 2006)

Virmaux, A. and O., *Artaud*: *Un Bilan critique* (Paris, 1979)

阿尔托研究（英文版）

Barber, S. , *Antonin Artaud : Blows and Bombs* (London, 1993)

Bernel, A. , *Artaud's Theatre of Cruelty* (New York, 1977)

Derrida, J. , and P. Thévenin, *The Secret Art of Antonin Artaud* (Cambridge, ma, 1998)

Greene, N. , *Antonin Artaud : Poet Without Words* (New York, 1970)

Hayman, R. , *Artaud and After* (Oxford, 1977)

Jannarone, K. , *Artaud and his Doubles* (Ann Arbor, mi, 2010)

Knapp, B. L. , *Antonin Artaud : Man of Vision* (New York, 1969)

Murray, R. , *Antonin Artaud : The Scum of the Soul* (Basingstoke, 2014)

Scheer, E. , ed. , *100 years of Cruelty : Essays on Artaud* (Sydney, 2002)

——, ed. , *Antonin Artaud : A Critical Reader* (London, 2004)

Stout, J. , *Antonin Artaud's Alternate Genealogies : Self — portraits and Family Romances* (Waterloo, on, 1996)

致　谢

不管怎样，在过去的十年里，阿尔托一直是我的好伙伴。因此，几乎每一个认识我的人，不管情况怎样，都以这样或那样的方式，同阿尔托在一起。很多人都值得我感谢，但为了把感激之情限于那些重要的人，我首先感谢以下单位及个人。位于长滩的加州州立大学文学院（College of Liberal Arts at California State University）帮助我支付了费用（比如版权费用），并为我提供了急需的休假时间来完成文稿。利克欣书社（Reaktion）的维维安·康斯坦丁诺普洛斯（Vivian Constantinopoulos）慷慨地为我提供了额外的时间和篇幅。几位朋友和同事阅读了手稿的部分内容，我想感谢霍里·伯布里安（Houri Berberian）、杰夫·劳勒（Jeff Lawler）、理查德·霍金斯（Richard Hawkins）、阿里·伊格门（Ali Igmen）、凯尔·哈姆利特（Kyle Hamlett）和凯尔·约翰森（Kjehl Johansen）提供的意见。在超过四分之一世纪的时间里，帕斯卡·杜普伊（Pascal Dupuy）和安妮·加德纳（Anne Gardiner）一直是我最好的朋友；除了他们的善心和支持，他们还提醒我注意丰富文献资料。我感到非常幸运，能够认识塞尔日和西蒙妮·马劳塞纳并成为朋友。在本书写作过程中，他们是绝对不可或缺的，他们和我分享趣闻逸事以及他们收集的大量的家庭照片，并与我共度了一些时光。在这本书的许多阶段，艾菲克斯（Idéfix）都是一个忠诚而不苛求的伙伴；我想念他。从写作项目一开始，我的孩子们——安德鲁（Andrew）、艾利森（Alison）和安妮丽丝（Annèlise）——就阅读文稿的关键部分，提供见解和批评，听没完没了的故事，并给予鼓励。通过这个研究项目，安妮丽丝对塔拉乌马拉产生了特别的兴趣，在获得戏剧学士学位的同时，她也欣赏阿尔托。安德鲁阅读了整部手稿，并将他作为戏剧专业人士的视角、才智和看法运用到书中几个关键部分。艾利森和格里高利·莫埃尔（Grégory Moille）慷慨地为我在巴黎提供住处，认真地解答我对阿托尔文章的疑问，并陪我同塞尔日和西蒙妮做了长时间的访谈，最后变得同我一样了解他们。最重要的是，我想对我的生活伴侣塞尔玛·塞尔曼纳吉奇（Selma Selmanagic）表达我的感激和挚爱。塞尔玛比任何人都深知这一写作项目的起伏、我的沮丧和兴奋、我的拖延和疯狂的写作。在整个过程中，她鼓励我，给予我完成这本书所需的动力，并弥补我个人的缺失。

图片版权说明

本书作者和出版方在此向提供图片资料的个人及机构表示感谢。

江苏省版权局著作权合同登记　图字:10-2019-205 号

图书在版编目(CIP)数据

安托南·阿尔托 /(美)大卫·A. 谢弗
(David A. Shafer) 著;唐建清译. —南京:南京大
学出版社,2021.6
书名原文:Antonin Artaud
ISBN 978-7-305-24048-5

Ⅰ.①安…　Ⅱ.①大…②唐…　Ⅲ.①安托南·阿尔
托(Antonin Artaud 1896-1948)—传记　Ⅳ.
①K835.655.78

中国版本图书馆 CIP 数据核字(2021)第 006134 号

出版发行　南京大学出版社
社　　址　南京市汉口路 22 号　　　　邮　编 210093
出 版 人　金鑫荣
书　　名　安托南·阿尔托
著　　者　〔美〕大卫·A. 谢弗
译　　者　唐建清
责任编辑　甘欢欢
照　　排　南京紫藤制版印务中心
印　　刷　南京爱德印刷有限公司
开　　本　880×1230　1/32　印张 9　字数 217 千
版　　次　2021 年 6 月第 1 版　2021 年 6 月第 1 次印刷
ISBN 978-7-305-24048-5
定　　价　65.00 元

网　　址:http://www.njupco.com
官方微博:http://weibo.com/njupco
官方微信:njupress
销售咨询:(025)83594756